JN261113

田上博道・森本正崇

輸出管理論

——国際安全保障に対応するリスク管理・コンプライアンス——

理論と実際シリーズ
3
国際関係・政治

信山社

はしがき

　「日本の輸出管理を勉強するための入門書を紹介してほしい。」――経済産業省が開催する安全保障貿易管理説明会で出席者から一再ならず質問され、我々筆者は返答に窮したことがある。法令集を見ても初めて輸出管理業務に携わる人には何のことやらさっぱり分からない。しかしながら、国連安保理決議で輸出管理が各国の責務とされるなど昨今の国際的な安全保障情勢を踏まえれば、一人でも多くの人たちに輸出管理を理解してもらうことの重要性はいささかも減じていない。むしろ今後ますます重要になっていくと言えよう。一方で、輸出管理に違反することに伴うリスクが正しく認知されていないのではないかとも感じている。

　本書はそうした問題意識を持ちつつ日本の輸出管理を包括的に解説したものである。その際、国際政治や国際法との関係を示すとともに、単なる知識の提供だけに止まらず、実際に輸出管理業務に従事する方々に役立つ実践的な内容を可能な限り盛り込むようにした。それはこうした制度を紹介する入門書が往々にして制度の概要を説明するに止まり、実際にどのように運用されているのかについては踏み込んだ解説が少ないことがある。本書では可能な限り具体的な内容を紹介できるよう心掛け、輸出者のリスク管理のために利用できるよう努めた。本書が少しでも我が国における輸出管理実務の向上に役立ち、企業や大学・研究機関が大量破壊兵器の開発といった不測の事態に巻き込まれることがなくなることに多少なりとも貢献できればと考えている。

　日本の輸出管理制度を紹介した本は、本書を含めて極めて少ない。本書の内容も筆者の知見に限られており、内容については様々な議論が可能である。今後、輸出管理に従事する企業や大学・研究機関の方や大学等で国際政治を研究する方などからの本書の内容に関する様々な批判や提案などを通じて、日本の輸出管理に関する議論が活発化することを願っている。そうした過程こそが、日本の輸出管理の向上、ひいては国

はしがき

際的な安全保障に資すると考えている。

　なお、本書の内容は筆者個人の見解であり、筆者が所属する組織の見解を示すものではないことを予め付言しておきたい。

　最後に、本書の出版をご快諾してくださった信山社と編集ご担当の今井守氏には、大変お世話になった。記して御礼申し上げる。

　　2008年10月25日

　　　　　　　　　　　　　　　　　　　　　田上博道・森本正崇

【目　　次】

はしがき

序　章　輸出管理とは何か──本書の目的と構成 …………………1
　　1　輸出管理とは (1)
　　2　本書の目的及び構成 (3)

第1章　大量破壊兵器の拡散と輸出管理の意義 ………………6
　　1　大量破壊兵器とその拡散 (6)
　　（1）大量破壊兵器とは…6／（2）大量破壊兵器の種類…7／（3）大量破壊兵器の拡散…11／（4）大量破壊兵器使用の危険性の高まり…13／（5）大量破壊兵器への民生技術転用の危険性の高まり…14

　　2　大量破壊兵器の拡散防止における輸出管理の意義 (16)
　　（1）大量破壊兵器の拡散防止に関する国際条約…16／（2）国際的に共有される輸出管理の必要性…17／（3）輸出管理の果たす役割…18

　　コラム1　通常兵器の取引や関連技術の移転と国際輸出管理レジーム (26)
　　コラム2　迂回輸出事件に見る国際協力の重要性 (31)
　　コラム3　輸出管理は自由貿易のインフラストラクチャー (32)
　　コラム4　輸出管理から見たPSIの位置付け (33)

　　3　大量破壊兵器拡散の状況 (33)
　　（1）北朝鮮…34／（2）中　国…41／（3）インド…48／（4）パキスタン…51／（5）イラン…53／（6）イスラエル…56／（7）リビア…57／（8）非国家主体…59

　　コラム5　中国の通常兵器 (45)
　　コラム6　「カーン・ネットワーク」と我が国 (63)

第2章　我が国の輸出管理制度 …………………………………66
　　1　概　観 (66)
　　（1）外為法による輸出管理と安全保障…66／（2）安全保障環境に対応した輸出管理の変遷…68

　　コラム7　外為法と憲法 (67)

v

2　外為法による輸出管理 (72)

(1) 総　論…72／(2) リスト規制…74／(3) キャッチオール規制…80／(4) 技術移転規制 (technology transfer control) の特質…91／(5) 諸外国における技術移転規制について…97

- コラム8　武器輸出三原則等 (78)
- コラム9　外国ユーザーリスト (84)
- コラム10　懸念貨物例リスト (84)
- コラム11　Know Your Customer Guidance (86)
- コラム12　インフォームの効力について (87)
- コラム13　通常兵器キャッチオール (90)

3　我が国の輸出管理の特徴──自主管理の原則 (100)

- コラム14　輸出者の自主管理とCISTEC (100)

4　輸出管理とコンプライアンス (101)

(1) 輸出管理におけるコンプライアンス…102／(2) CPの内容…103／(3) CP整備に対するインセンティブ…106／(4) 海外子会社と海外支社の管理…109

5　輸出管理の実践 (111)

(1) 違反事例からみる輸出管理上の留意点…111／(2) 大学・研究機関における輸出管理について…116

- コラム15　企業等における不正転売防止のための取組 (116)
- コラム16　大学等における研究は外為法の規制対象か (118)
- コラム17　大学等の輸出管理強化に向けた政府の取組 (120)
- コラム18　研究成果は狙われている (121)

第3章　判例等から学ぶ違反事件の研究と外為法の解釈 ……… 126

1　外為法違反に対する罰則・処分等 (126)

(1) 刑事罰…126／(2) 行政上の措置 (行政制裁 (輸出等の禁止)、許可取消等)…130／(3) 社会的制裁…134

- コラム19　外為法と罪刑法定主義 (127)
- コラム20　諸外国における不正輸出に対する罰則 (128)
- コラム21　行政刑罰 (刑事罰) と行政制裁の併科について (131)
- コラム22　個人に対する行政制裁の可否について (131)
- コラム23　事業部単位を客体とした制裁処分の可否について (131)
- コラム24　インフォームの処分性について (132)

2　過去の主要な外為法違反事件 (134)

(1) リスト規制違反事件…135／(2) キャッチオール規制違反

　　　　事件…142／（3）最近の不正輸出事件…145／（4）検　討…148
　　　コラム25　非該当証明書について（137）
　　　コラム26　税関の対応と関税法（143）
　　3　判例等から学ぶ解釈論の研究（152）
　　　（1）「輸出」に関する解釈…152／（2）輸出許可の効力…156／
　　　（3）不実申請…158／（4）違法性の認識…160
　　　コラム27　輸出の定義と国連安保理決議1540（156）

第4章　輸出管理の課題 ……………………………………… 163
　　1　安全保障環境に対応した輸出管理制度（163）
　　　（1）技術移転規制の適正化…163／（2）国連安保理決議1540の
　　　履行…170／（3）法人に対する処罰のあり方…175／（4）通常
　　　兵器に係る補完的輸出規制の導入…177
　　2　形式的な輸出管理の防止（180）
　　　（1）政府職員が自ら使用する武器…181／（2）過剰なイン
　　　フォームの防止…185
　　3　輸出管理の実効性向上──キャッチオール規制における
　　　　情報収集・分析体制の充実（187）
　　　（1）客観要件の課題…187／（2）インフォーム要件の課題…190

終わりに──輸出管理のもつリスク管理・コンプライアンスの側面 ……… 196

・参考資料──外為法・関係政省令（199）／国連安保理決議等（216）
・輸出管理 Q&A ……………………………………………………… 222
・安全保障貿易管理用語集 …………………………………………… 226

　　法令用名略語一覧（巻末）

輸出管理論

序　章　輸出管理とは何か──本書の目的と構成

1　輸出管理とは

　輸出管理とは、国際的な平和と安全の維持を妨げるおそれがあると認められる場合に、貨物の輸出又は技術の提供に際して、輸出管理当局の許可を要求することをいう(1)。例えば、ある貨物が輸出先で核兵器の開発に使われる疑いがある場合には、輸出許可申請を許可しないことによって、核兵器の開発に使われることを未然に防止しようとするものである。どのような貨物や技術を国際的な平和と安全の維持の観点から管理すべきかについては、輸出管理のための国際的な枠組み（国際輸出管理レジーム）で議論されている(2)。我が国を含め国際輸出管理レジームに参加している諸国は、これらのレジームで決定された貨物や技術の輸出管理を各国の国内法によって実施してきた。我が国では外国為替及び外国貿易法（外為法）に基づき輸出管理を実施してきた。

　我が国は自由貿易国家であるし、国家が輸出を管理するのはかつての社会主義国のようであり、いかにも自由貿易とは相容れない概念のようにも見える。しかし、歴史的には輸出管理は西側諸国が旧東側諸国（旧ソ連をはじめとする社会主義体制の国々）に対して実施してきた政策を淵源とする自由貿易諸国の政策である。また、輸出管理は技術的な先進国が技術流出を阻止するためのカルテルだという批判もある。確かにかつての西側諸国による旧東側諸国に対する輸出管理はこうした側面を色濃

（1）外務省『日本の軍縮・不拡散外交〔第三版〕』（太陽美術出版部、2006）218頁。なお、輸出管理における「貨物」とは物品一般を指しており、資機材も含め完成品か部品かを問わない。およそ物として化体しているものは、ほとんど「貨物」に該当する。外為法上の定義につき、後述72頁注(246)参照。
（2）国際輸出管理レジームについては、後述第1章2(3)②「輸出管理の意義と国際輸出管理レジーム」参照。

序　章　輸出管理とは何か──本書の目的と構成

く反映していた。しかしながら、輸出管理の目的は旧東側諸国に対する技術格差の維持から核兵器などの大量破壊兵器を開発、保有することを防止する不拡散等に変化している。輸出管理の対象も旧東側諸国から全世界に広がる一方で、輸出管理を行う主体も西側諸国だけでなく、全ての国が実施することが求められている(3)。核兵器をはじめとする大量破壊兵器の拡散に対する懸念が国際的に広がる中、2004年には大量破壊兵器の不拡散に関する国連安保理決議1540が採択された。本決議により、輸出管理は国連加盟各国の責務とされた。

　輸出管理は国際的な合意に基づくものであるから、その実施は政府のみが当たり、政府関係者以外には関係のないことのように思われているが、これは誤りである。確かに外為法をはじめとする輸出管理の制度設計は政府の役割であるが、その制度に基づき個別の輸出の際に輸出許可申請をするのは輸出者であり、輸出者の輸出管理に対する理解なくしては効果的な輸出管理は期待し得ない。武器そのものや核兵器の材料となるウランやプルトニウムといったものであれば、いかにも輸出管理が必要なものとして想像することが可能であるが、民生品でも核兵器などの大量破壊兵器に使用することが可能なものは多く、輸出管理が必要なものがある。

　近年、企業が輸出の許可を受けずに違法に輸出してしまったという報道を耳にすることも多い(4)。現実には我が国の主要企業における輸出管理の認識は着実に向上しており、これら企業の輸出管理担当者が日々最前線で努力して、我が国の輸出管理を支えている(5)。これらの企業では不適切な輸出管理により、結果として大量破壊兵器の拡散に関与してしまうことのリスクが広く認知されている。しかしながら、中には輸

（3）大量破壊兵器とは核、生物・化学兵器を指す。また、ミサイル等の大量破壊兵器の運搬手段も大量破壊兵器と同様に開発や製造等に利用可能な関連貨物や技術の輸出管理が求められる。詳しくは後述第1章1（1）「大量破壊兵器とは」参照。
（4）最近の主な不正輸出事件としては、中国向け無人ヘリコプター不正輸出未遂事件、マレーシア等向け三次元測定機の不正輸出事件、北朝鮮向け凍結乾燥機不正輸出事件等がある。詳しくは、後述第3章「判例等から学ぶ違反事件の研究と外為法の解釈」参照。
（5）第2章3【コラム14：輸出者の自主管理とCISTEC】参照。

出許可が必要だということを知らずに輸出してしまう場合もあり、輸出管理の知識を身につけることで、こうしたリスクを減少させることが可能になる。

　他方、輸出というと、貿易又はモノの取引を連想するが、輸出管理が必要な場面はそれに止まらない。技術移転も輸出管理上、許可が必要な場合がある。さらに、大学や研究機関の研究者が輸出管理上必要な許可を取得せずに輸出をする危険性については、これまでほとんど認知されてこなかった。例えば、海外に調査のために機器を搬出したところ、その機器は外為法上輸出許可が必要なものであった、といった事例がある。持ち帰るから、又は無償だから輸出管理は関係ないという意見を聞くことがあるが、これも誤りである。原子力専攻の学部であれば、核兵器開発に利用可能な技術が多いのでこうした許可が必要な場合が想定しうると思うかもしれないが、広く工学系や医学・薬学系、理学系等の分野でも同様の問題が生起し得る。

　輸出管理の目的は前述のように国際的な平和と安全の維持である。自国の安全保障を維持し、国際関係を良好なものにしていくことを追求する際、輸出管理は外交交渉や軍事力の行使と並んで、こうした目的を達成するための重要な手段の一つを提供している。したがって、輸出管理は国際法や国際関係論、安全保障論等と関連が深い分野である。軍縮条約等は大学や大学院の講義でも触れられると思うが、輸出管理について大学で講義を受ける機会は残念ながら極めて少ない。また、軍縮や安全保障等に関心がある学生でも、輸出管理にまで関心がある者は稀である。輸出管理は現実の安全保障や国際関係に直結する極めて実践的な分野である。

2　本書の目的及び構成

　本書は今や国際的な責務ともなっている輸出管理の意義と概要を紹介し、少しでも多くの読者に輸出管理に対する理解を深めてもらうことを目的としている。そして、リスク管理やコンプライアンスの一部として輸出管理を位置づけ、大量破壊兵器の開発等に巻き込まれないよう日々の輸出管理を実践する際の一助となることを願っている。こうした目的

序　章　輸出管理とは何か——本書の目的と構成

から、本書では以下のような構成で輸出管理に関する基本的な解説を行ったものである。

　第1章では、現在の核兵器や生物・化学兵器といった大量破壊兵器や、その運搬手段である弾道ミサイル等の開発、保有が広がっている現状を概観するとともに、こうした状況に対処するために、輸出管理の必要性や有効性につき議論をしている。いわば輸出管理の導入部分であり、輸出管理とは何かを始めて学習する者はもちろん、企業や研究機関等でなぜ輸出管理が必要なのかについて従業員等に対して理解を深めてもらう場合にも参考となるよう心掛けた。また、大学等で国際法や国際関係論、安全保障論等を研究している者には、これら分野における輸出管理の位置付けについても検討しているので参考となろう。

　第2章では、外国為替及び外国貿易法（外為法）を中心とする我が国の輸出管理制度を検討する。外為法上の輸出管理に関する条文上の規定は僅かであるが、政令等による規定や企業の自主管理といった幅広い裾野を有している。また、貨物の輸出だけでなく、プログラムやノウハウ等の技術の提供も輸出管理の対象となっており、輸出管理が適用される場面がその名称に比して広範にわたる。具体的な輸出管理の実例も紹介しており、「輸出管理を知らなかった」という不慮の違反を減らすために、少しでも多くの読者に我が国の輸出管理制度に対する理解を深めてもらえることを期待している。輸出管理の法体系そのものに関心を有する場合は、第2章から読み始めてもいいだろう。

　第3章は、外為法違反事件の検討を中心に議論している。第2章での外為法の制度に関する理解を基に、第3章では実際にどのような違反事件が過去に発生しているのかを検討する。さらに、そこからどのような教訓が引き出せるのかについても検討した。第3章では、第2章で検討する我が国の輸出管理制度について、ある程度の基礎知識があることを前提としている。「どのような行為が違反に問われるのか」という実例を豊富に取り上げた。

　第4章では、我が国の輸出管理の課題を取り上げた。外為法は既に制定から半世紀以上を経ており、その間様々な変遷を遂げてきた。これからの時代に対応した輸出管理を実施していくためにはどのような課題が

残されているのかについて検討したものである。

　本書の副題にもあるとおり、輸出管理は国際安全保障に対応した企業や大学・研究機関によるリスク管理やコンプライアンスの一部という位置づけがあると考えている。本書最後の「終わりに」でこうした我々の考え方をまとめているので、変則的ではあるが、はじめに最後の部分を読んで我々の問題意識を共有した上で、本書を読むという方法もよいと思う。また、輸出管理は国際政治、国際安全保障、経済、法律、物理、生物、化学等が重複している複雑な分野であり、初めて輸出管理を学習する場合、一読して全体像を理解するのは困難であると思われる。そこで巻末に「輸出管理Q&A」として基本的な質問集を用意した。このQ&Aに従って関心のあるテーマから読み始め、徐々に各論に入っていくという方法もあるので利用されたい。

第1章　大量破壊兵器の拡散と輸出管理の意義

1　大量破壊兵器とその拡散

(1) 大量破壊兵器とは

　大量破壊兵器とは、Weapons of Mass Destruction の和訳であり、WMD と略される。一般的には核、生物、化学兵器が該当する[6]。大量破壊兵器以外の兵器を指す通常兵器と対になる概念である[7]。通常兵器と大量破壊兵器の違いについて、米軍の定義によれば、大量破壊兵器とは大規模な破壊力がある、又は大量の人員を殺傷するために使用することができる、もしくはその両者の機能を持つ兵器であるとされている[8]。換言すれば、大量破壊兵器とは無差別・大量殺戮そのものが目的となっている兵器である。

　さらに、ミサイルも大量破壊兵器の問題を議論する際にはよく指摘される。ミサイルは大量破壊兵器そのものではないが、大量破壊兵器を運搬する手段として利用することが懸念されるためである[9]。大量破壊兵器を運搬できるシステムはミサイルに限られるものではなく、例えば2004年の大量破壊兵器の不拡散に関する国連安保理決議1540では大量破壊兵器の運搬手段を「核兵器、化学兵器又は生物兵器を運搬する能力を有するミサイル、ロケット及びその他の無人システムであって、そのよ

---

(6) Nuclear Threat Initiative (NTI), "WMD411 - Definitions of WMD" (http://www.nti.org/f_wmd411/f1a1.html) (last visited April 9, 2007).

(7) U.S. Department of Defense, "Dictionary of Military and Assiciated Terms" (2001. 4) (http://www.dtic.mil/doctrine/jel/new_pubs/jp1_02.pdf) (last visited April 9, 2007).

(8) *Ibid.* なお、米軍の定義では核兵器、化学兵器又は生物兵器に加え放射性兵器等も大量破壊兵器に分類されている。

(9) 防衛庁『日本の防衛──防衛白書〔平成16年版〕』(国立印刷局、2004) 8頁。

うに特別に設計されたもの」と定義している(10)。大量破壊兵器にミサイル等の大量破壊兵器の運搬手段を含めて一般的には「大量破壊兵器等」という。なお、本章において大量破壊兵器という場合には、特に断りのない限りミサイル等の大量破壊兵器の運搬手段も含めて議論することとする(11)。

(2) 大量破壊兵器の種類

① 核兵器(12)　核兵器には核分裂反応を利用するもの(いわゆる原爆)、及び核融合反応を利用するもの(いわゆる水爆)の二つに大別できる。より初歩的な核兵器は核分裂反応を利用する核兵器である。したがって、核兵器の開発が懸念される場合の核兵器とは、一般的に核分裂反応を利用した核兵器を指すことが多い。核分裂反応には基本的にウラン、又はプルトニウムを利用する。広島に投下された原子爆弾はウランを利用したもので、長崎に投下された原子爆弾はプルトニウムを利用したものであった。

天然ウランにはウラン235(U235)とウラン238(U238)という同位体があり、核分裂反応を起こすのはU235であるが、天然ウランにはわずか0.7％しか含まれていない。そこで、天然ウランからU235を選別・抽出する過程が必要となる。この過程を「濃縮」と呼ぶ。U235の濃度が20％以上のウランを高濃縮ウラン(HEU)と呼び、U235が天然ウラン以上HEU未満の濃度のウランを低濃縮ウラン(LEU)と呼ぶ(13)。

---

(10) United Nations Security Council Resolution 1540 (2004. 4) (http://www.un.org/Docs/sc/unsc_resolutions04.html) (last visited April 9, 2007). 和訳は、外務省告示第239号「国際連合安全保障理事会決議第1540(大量破壊兵器等の不拡散等に関する決議)に関する件」(2004. 6. 7) (http://www.mofa.go.jp/mofaj/gaiko/un_cd/gun_un/pdfs/anpori_1540.pdf) 参照。

(11) 本章では「大量破壊兵器等」が頻出することになるため、一般読者には非常に読みづらいものになることから、あえて区別すべき場合を除き「等」を付さなくても運搬手段も含めることとした。なお、第2章以下では「大量破壊兵器等」と記述している。

(12) U.S. Department of Defense, Office of Under Scretary of Defense for Acquisition and Technology, "Military Critical Technology List (MCTL)" (1998. 2) (http://www.fas.org/irp/threat/mctl98-2/p2sec05.pdf) (last visited April 9, 2007).

U235の濃度が高ければ高いほど、核分裂反応を起こしやすい。核兵器に利用するためには90％以上の濃度が必要であると言われている[14]。

　プルトニウムの生成には、原子炉でのウランの核分裂反応を利用する。原子炉内でU238がU235の核分裂により発生した中性子を吸収してプルトニウム239（Pu239）が生成する。こうして原子炉内で生成したPu239を抽出する過程を「再処理」と呼ぶ。

　このように、ウラン濃縮技術、及びプルトニウム再処理技術は核兵器開発には不可欠である。他方、こうした技術をはじめ核関連技術の多くは平和目的の原子力発電や核燃料サイクルにも利用されている。つまり、核関連技術の多くは核兵器開発にも転用が可能であり、こうした技術の移転の際には慎重な判断が求められる。

　ウランとプルトニウムを比較すると、核爆発に必要な量がU235よりPu239の方が少ないことからプルトニウムを利用した方が兵器の小型化に適すると言われている。核不拡散条約（NPT）上の核兵器国である米国、ロシア、英国、フランス、中国はプルトニウムを利用した核兵器を保有しており、中国を除き、最初の核実験もプルトニウムを利用した核兵器だと言われている[15]。核兵器開発の疑惑がある諸国のうち、パキスタンを除く各国（北朝鮮、インド、イスラエル）もプルトニウムを利用した核兵器の開発であると推測されている[16]。

---

[13]　我が国の原子力発電で利用されるウランはU235の比率が3～5％に濃縮されたLEUである（資源エネルギー庁編『原子力2008』（日本原子力文化振興財団、2008）21頁）。

[14]　U.S. Department of Defense, "MCTL", *supra* note 12. ただし、90％未満であれば核分裂反応を起こさないわけではないので、兵器に全く利用できないわけではない。例えば、南アフリカがかつて開発したウラン型核兵器のU235の濃縮度は80～93％だったと言われている。

[15]　U.S. Department of Defense, "MCTL", *supra* note 12. 米国が広島に投下した原子爆弾はウラン型だったが、この爆弾は実験をせずに投下された。他方、長崎に投下されたプルトニウム型の原子爆弾は1945年7月に実験を行っており、これが最初の核実験となる。

[16]　北朝鮮についてはウラン型の開発疑惑もあるが、プルトニウム型の方がはるかに進行しており、既に核兵器を保有している可能性もある（後述第1章3（1）「北朝鮮」参照）。なお、既述のように南アフリカがかつて開発した核兵器はウラン型であった（前掲注（14）参照）。

② **生物・化学兵器**　生物兵器とは、細菌やウイルス、毒素(以下、「細菌等」という。)を利用した兵器である。主な生物兵器に利用できるとされる細菌等には、2001年の米国同時多発テロの直後に発生した炭疽菌事件で利用された炭疽菌、他にも天然痘ウイルスやボツリヌス毒素等がある[17]。

　化学兵器は毒ガスを利用した兵器だが、以下のような種類がある。まず、人の神経系統を麻痺させ死に至らしめる神経剤、代表的なものは地下鉄サリン事件で使われたサリンやVXである。この他、人の皮膚や粘膜をただれさせるびらん剤、特定の酵素の作用を阻害し、細胞の呼吸作用を妨害する血液剤、主に肺に作用して肺水腫を起こし、窒息させる窒息剤がある[18]。

　生物兵器や化学兵器は核兵器のような大規模な施設を必要とせず、実験室や工場で安価に、迅速かつ秘密裏に製造することができる。薬品工業や化学工業から容易に応用できるため、技術的には核兵器や弾道ミサイルより容易であると言われる[19]。このことは輸出管理の観点から見れば、民生用途と軍事用途の区別が容易にはつかないことを意味する。

③ **ミサイル**　ミサイルは弾道ミサイルと巡航ミサイルに大別される。弾道ミサイルとは、ロケット式推進システムで大気圏外に打ち上げられ、推進力を失った後は慣性の力で飛翔するミサイルである。巡航ミサイルとは、有翼式で発射から目標に到達するまで概ね一定の高度・速度で目標まで誘導しながら飛翔するミサイルである[20]。弾道ミサイルはその推進技術はロケットと類似した点が多く、巡航ミサイルは航空機と類似した点がある。すなわち、そうした技術がミサイル開発にも転用が可能である。

　弾道ミサイルはその射程から短距離弾道ミサイル(SRBM)、準中距

---

[17] 外務省「生物兵器・化学兵器とは何か」(2002. 10)(http://www.mofa.go.jp/mofaj/gaiko/bwc/whatis.html)(最終訪問日:2007年4月9日)。
[18] 同上。
[19] 外務省国際連合局訳『化学・細菌(生物)兵器とその使用の影響——ウ・タント国連事務総長報告』(大蔵省印刷局、1969)13、30頁。
[20] 外務省・前掲注(1)211、214頁。U.S. Department of Defense, "Department of Defense Dictionary of Military and Associated Terms", *supra* note 7.

第1章　大量破壊兵器の拡散と輸出管理の意義

離弾道ミサイル（MRBM）、中距離弾道ミサイル（IRBM）、大陸間弾道ミサイル（ICBM）に分類される。また、潜水艦から発射される弾道ミサイルを潜水艦発射型弾道ミサイル（SLBM）と言う。地上発射型の弾道ミサイルは固定式サイロから発射されるものと、移動式の発射台付き車両（TEL）に搭載して発射するものがある。移動式ミサイルの方が隠匿が容易であることから、攻撃を受ける可能性は低く、かつ自らの攻撃を探知される可能性も低いことから軍事的には優れている[21]。また、ミサイルの推進方式から液体燃料推進型及び固体燃料推進型に分類される。固体燃料推進方式のミサイルは、燃料が前もって装填されているため即時に発射が可能であることや、保管や取扱が容易なことから液体燃料推進方式と比べて軍事的に優れていると言われている[22]。

　弾道ミサイルは目標に対する命中精度が低いことから、通常弾頭を使用した場合、軍事的効果が低く大量破壊兵器を搭載しないと割に合わない。しかし、大量破壊兵器を搭載した場合、その効果は広範囲に及ぶことから命中精度が低いことは致命的な問題になりにくい[23]。また、ミサイルの維持管理はパイロットの養成等の他の運搬手段に比べ安価かつ容易である一方で、ひとたび大量破壊兵器を搭載したミサイルを発射すれば破滅的な効果が期待できる[24]。さらに、弾道ミサイルの攻撃に有効に対処しうるシステムの配備を完了した国はないため、弾道ミサイルによる攻撃を完全に防ぐことはできない[25]。

---

(21) U.S. Missile Defense Agency (MDA), "Ballistic Missile Characteristics" (http://www.mda.mil/mdalink/bcmt/bcmt.html) (last visited August 21, 2008).

(22) 防衛庁『日本の防衛──防衛白書〔平成18年版〕』（ぎょうせい、2006）30頁注13。

(23) 外務省「STOP！死の宅急便──大量破壊兵器の運搬手段となる弾道ミサイルの拡散問題とMTCR」(2002.7) (http://www.mofa.go.jp/mofaj/annai/listen/interview/intv_03.html) （最終訪問日：2007年4月9日））

(24) MDA, "The Threat" (http://www.mda.mil/mdalink/bcmt/bcmt.html) (last visited August 21, 2008).

(25) 防衛庁・前掲注（22）9頁。我が国も弾道ミサイル防衛（BMD）システムの整備を進めているが、いかなる形態での弾道ミサイルによる攻撃も完全に防ぐことはできるわけではないため、今後とも研究・開発が必要なシステムである（同書・124-133頁）。

1 大量破壊兵器とその拡散

射程ごとの弾道ミサイルの分類

種類	最大射程
短距離弾道ミサイル（SRBM）	～1,000km
準中距離弾道ミサイル（MRBM）	1,000km～3,000km
中距離弾道ミサイル（IRBM）	3,000km～5,500km
大陸間弾道ミサイル（ICBM）	5,500km～

出典：米国ミサイル防衛庁（MDA）"Ballistic Missile Characterristics"[26]

【巡航ミサイルと無人航空機（UAV）】
　大量破壊兵器の運搬手段として拡散が懸念されているものとして弾道ミサイルが挙げられることが多いが、これは弾道ミサイルが最も拡散が進んでいるという要素が大きい。一般的に巡航ミサイルはまだ保有国が多くない点で弾道ミサイルほど喫緊の課題と思われていない。しかしながら、巡航ミサイルの保有国が増加してくれば、弾道ミサイルと同様の懸念が高まってくる。さらに、巡航ミサイルはより精密な攻撃が可能であり、この点では弾道ミサイルより軍事的に利用しやすい。したがって、巡航ミサイルの開発に資する貨物や技術の輸出管理も弾道ミサイル同様に重要である。
　同様のことは無人航空機（UAV）にも当てはまる。UAVには大量破壊兵器の運搬手段としてだけでなく、偵察用途等の通常兵器としての幅広い用途が考えられ、UAVに利用可能な貨物や技術の輸出管理は慎重でなければならない。

（3）大量破壊兵器の拡散

　「大量破壊兵器の拡散」とは、大量破壊兵器を保有する者が増大していくことを指す[27]。

　大量破壊兵器の拡散の歴史を、核兵器と弾道ミサイルを例に簡単に振り返ってみたい。核兵器の歴史は、第二次世界大戦中に米国がマンハッタン計画の下、原爆開発に従事し、1945年広島及び長崎に投下したことに始まる。その後、旧ソ連、英国、フランス、中国と核兵器保有国は増加した。これらの国々は1968年に締結された核兵器不拡散条約（NPT）上、「核兵器国」とされ、核兵器の保有が認められている。その他の国

---

[26] MDA *supra* note 21.
[27] Department of Defense, "Department of Defense Dictionary of Military and Associated Terms", *supra* note 7.

第1章　大量破壊兵器の拡散と輸出管理の意義

は、核兵器の保有がNPT上認められていないが、1974年にインドが初の核実験を実施、1998年にはインドと並んでパキスタンも核実験を実施した。また、イスラエルも核兵器を保有していると言われる。さらに1990年代前半以降の北朝鮮の核兵器開発疑惑は10年以上が経過した現在でも解決されず、ついに2006年には北朝鮮が核実験を実施したと発表するに至り、我々にとって身近な脅威となっている。さらに、最近ではイランの核開発が平和目的なのか、平和目的を隠れ蓑にした核兵器開発なのかが国際的な懸念となっている。

　弾道ミサイルは、第二次世界大戦中にドイツが開発したＶ１、Ｖ２ロケットに始まる。その後、米ソ両国をはじめ各国が開発・保有しており、現在では数十か国が保有しているとみられる[28]。1991年の湾岸戦争では、イラク軍がイスラエルに弾道ミサイルを発射した。さらに、2006年、北朝鮮がテポドン２やノドンを日本海に向けて発射したことは、弾道ミサイルの脅威が我々の身近にあることを感じさせることになった。

　このような大量破壊兵器の拡散は国際社会の重大な関心事であり、その防止に向けて様々な取り組みが行われてきた。例えば、2004年に採択された大量破壊兵器の不拡散に関する国連安保理決議1540でも冒頭で「核兵器、化学兵器及び生物兵器並びにそれらの運搬手段の拡散が国際の平和及び安全に対する脅威」[29]であると確認している。世界中に大量破壊兵器が広がる、すなわち大量破壊兵器の拡散が進むと国際社会にいかなる否定的な影響をもたらすのであろうか。先に整理したように大量破壊兵器の使用は無差別の殺戮や広範囲の汚染を生じさせる可能性があることである[30]。大量破壊兵器を使用する際に、軍事目標主義を掲げ、民間人や非戦闘員の犠牲を避けることは不可能に近い。

　こうした大量破壊兵器の性質に基づく懸念に加え、最近では、大量破壊兵器が使用される危険性が増大していることや、民生技術が大量破壊

---

[28] 例えば、「我が国が取り組むべき安全保障上の課題と我が国に対する脅威について」（第２回『安全保障と防衛力に関する懇談会』資料（2004））５頁では、弾道ミサイル保有国を46か国としと評価している。

[29] 前掲注（10）。

[30] 防衛庁・前掲注（9）7頁。

1　大量破壊兵器とその拡散

兵器の開発に転用される危険性が高まっていることが懸念されており、これまでにも増して大量破壊兵器拡散の防止が必要であると認識されるようになっている。これらの比較的新しい懸念を次に検討する。

（4）大量破壊兵器使用の危険性の高まり

　大量破壊兵器の拡散は、冷戦後、特に2001年の米国同時多発テロ以降深刻な懸念として認識されるようになってきた。大量破壊兵器の拡散が喫緊の課題として認識される理由の第一は、大量破壊兵器が実際に使用される危険性が増大していると考えられていることである。冷戦時は米国と旧ソ連が大量破壊兵器をほぼ独占しており、「相互確証破壊（Mutual Assured Destruction：MAD）」に基づきある種の抑止が働いていたと考えられている。MADとは一方が他方に対して先制核攻撃を加えても、攻撃を受けた国が攻撃国に対して耐え難い被害を与えうる第二撃（反撃）を加える能力を確保することにより、お互いに核攻撃を思いとどまる（抑止）という考え方を指す[31]。こうして米ソ両国はお互いに核兵器による攻撃を加えることはなく、皮肉なことであるが結果的に冷戦中は平和が保たれた。しかし、現在では大量破壊兵器の拡散は進み、多くの国が大量破壊兵器を実際に開発・保有し、ないしは開発が疑われている。これらの国の中にはこうした抑止理論が働きにくい国家もある。自国の国土や国民を危険にさらすことに対する抵抗が少ない国家に大量破壊兵器が拡散し、実際に大量破壊兵器を使用することが懸念されている[32]。

　さらに特定の国家に属して活動を行っているわけではない国際テロ組織をはじめとする非国家主体が大量破壊兵器を入手する危険性が現実のものとなっている[33]。我が国の防衛に関する基本的指針を示している

---

(31) 防衛庁・前掲注（22）24頁。
(32) 防衛庁『日本の防衛──防衛白書〔平成17年版〕』（ぎょうせい、2005）8頁。例えば、イラン・イラク戦争の際、イラク軍は化学兵器を使用したと言われている。
(33) 防衛庁・前掲注（9）7頁。非国家主体とは、国連安保理決議1540によると「この決議が対象とする活動を行うにあたり、いかなる国の法律に基づく権限の下でも行動していない個人又は団体」と定義されている。なお、同決議が対象とす

第1章　大量破壊兵器の拡散と輸出管理の意義

「防衛計画の大綱」でも「我が国を取り巻く安全保障環境」として、「守るべき国家や国民を持たない国際テロ組織などに対しては、従来の抑止が有効に機能しにくい」と指摘し、「国際テロ組織」等の非国家主体を「重大な脅威」と位置付けている[34]。非国家主体には統治する領域もなくMAD理論が適用できる余地はない。彼らは領域ではなくネットワークで結びついた主体である。したがって、抑止の働かない国家や国際テロ組織等の非国家主体によって実際に大量破壊兵器が使用される危険性は高まっていると考えられるようになった。こうした懸念が現実化した例として1995年の地下鉄サリン事件や2001年の米国炭疽菌事件が挙げられる。これらの事件は米国同時多発テロとも相まって、テロリストが大量破壊兵器を使用する脅威を現実のものと認識させる契機となった。

このように大量破壊兵器が抑止の働きにくい国へ拡散することや、非国家主体が大量破壊兵器を入手する危険性が認識されることにより、大量破壊兵器の使用が冷戦中と比較してより身近な脅威として感じられるようになっている。

(5) 大量破壊兵器への民生技術転用の危険性の高まり

　大量破壊兵器の使用が身近な脅威として認識されてきたことに加え、大量破壊兵器を開発、製造することがより「身近」になったことも、近年大量破壊兵器の脅威が注目されるようになった背景として指摘できる。すなわち大量破壊兵器の開発等に使用可能な技術を身近な民生技術から入手できるようになったことである。米国の原爆開発計画であるマンハッタン計画が国家プロジェクトであったように、過去においては大量破壊兵器を開発するための、莫大な資源や高度な技術を有している国は僅かであった。現在では科学技術の進展や情報の流通により多くの国がこうした技術を有するようになっている。また、多くの民生技術は大量破壊兵器の開発等の軍事用途に転用することが可能となっている。この

　　る活動とは非国家主体による大量破壊兵器の開発や取得、使用等を指す（前掲注(10)）。
(34) 防衛庁・前掲注 (32) 83頁。防衛庁「平成17年度以降に係る防衛計画の大綱」(2004)。

ように民生用途にも大量破壊兵器などの軍事用途にも利用可能な技術を汎用（dual-use）技術と呼ぶ[35]。その結果、意図的であるかどうかに関わらず、大量破壊兵器の開発に結果的に関与してしまう危険性は高まっており、特に経済発展の著しいアジア地域では高いと言えよう。後述の「カーン・ネットワーク」によるリビア向け核関連機材（遠心分離機の部品）の提供にあたり、原子力産業とは何の関係もなかったマレーシア企業を利用して核関連機材を製造させたことは、アジアの一民間企業が大量破壊兵器関連の技術を保有していたことを示唆している[36]。もちろん、こうした民間企業自身が大量破壊兵器開発に従事していたわけではなく、民生品の技術力（「カーン・ネットワーク」に利用されたマレーシア企業の場合、精密機械の製造技術）が向上することによって、当該企業の技術は悪意ある需要者（例えば、大量破壊兵器を開発しようとする国や「カーン・ネットワーク」のように大量破壊兵器開発を支援する者）にとっては、大量破壊兵器開発に転用可能な「魅力的」な技術であったということである。こうした傾向を2006年に発表された米国国防省の「4年ごとの国防計画の見直し（Quadrennial Defense Review：QDR）」では、「核兵器や、先進的でバイオ・エンジニア技術を使った生物剤、非伝統的な化学剤は、かつては完全に大規模で複雑な国家的兵器計画の範疇であったが、近い将来には多くの主体の手に届く範囲になるだろう。技術的進歩と広範に開示されている技術情報は、より危険な兵器をより簡単に製造することを可能にする[37]」と指摘している。

　このように大量破壊兵器の開発等に必要な技術は決して特殊なものではなく、広く民生用途に用いられている多くの汎用技術の中に含まれるようになっている。その結果、汎用技術が大量破壊兵器の開発等に転用される危険性も高まっている。

---

(35) 米国輸出管理規則（Export Administration Regulation（EAR））Part.772における定義（http://www.access.gpo.gov/bis/ear/txt/772.txt）（last visited January 30, 2008）。

(36) 第一章3（8）①「カーン・ネットワーク」参照。

(37) U.S. Department of Defense, "Quadrennial Defense Review Report（QDR）"（2006.2）（http://www.defenselink.mil/qdr/report/Report20060203.pdf）, p.33（last visited May 10, 2007）。

第1章　大量破壊兵器の拡散と輸出管理の意義

汎用技術の民生用途と軍事用途について

貨物・技術の種類	民生用途	軍事用途
三次元測定装置	自動車・電機・金型等における精密測定	核兵器の開発等（遠心分離機の精度確認等）
凍結乾燥機	冷蔵庫、バイオ実験	生物（細菌）剤の開発等
無人ヘリコプター	農薬散布 空撮（映画撮影や原発監視等）	化学剤・生物剤の散布 偵察・監視
ロボット	産業用機械の製造 監視用ロボット	武器等の製造 偵察・軍用ロボットスーツ
炭素繊維	スポーツ用品（テニスラケット等） 航空機の構造材	戦闘機やミサイル等の構造材
光ファイバー	光通信用	有線誘導型のミサイル
レーザー半導体	CD・DVDプレーヤー等	ミサイルの誘導装置等

出典：筆者作成

2　大量破壊兵器の拡散防止における輸出管理の意義

（1）大量破壊兵器の拡散防止に関する国際条約

　核兵器や生物・化学兵器の開発や保有等は国際条約で基本的に禁止されている。核兵器に関しては核兵器不拡散条約（NPT）により核兵器国として認められた米国、ロシア、英国、フランス、中国を除き、核兵器の開発や保有が禁止されている（NPT第2条、第9条）。これら非核兵器国は国際原子力機関（IAEA）の査察を受け、自国の核関連活動が平和目的であり、軍事目的に転用されていないことの確認を受ける義務がある（NPT第3条）。一方で核兵器国は核軍縮を行う義務がある（NPT第6条）。

　生物兵器に関しては、生物兵器禁止条約（BWC）によって、生物兵器の開発や保有等が禁止されている（BWC第1条）[38]。化学兵器も化学兵器禁止条約（CWC）によって、化学兵器の開発や保有が禁止されて

---

[38] BWCの正式名称は「細菌兵器及び毒素兵器の開発、生産及び貯蔵の禁止並びに廃棄に関する条約」。

いる（CWC 第1条）(39)。CWC の実施状況を検証するための機関として化学兵器禁止機関（OPCW）が設立され、化学兵器貯蔵施設だけでなく、化学兵器の開発が行われていないかを確認するために化学産業に対しても査察を行っている(40)。なお、弾道ミサイルをはじめ運搬手段となる兵器の開発や保有等を制限する国際条約は存在しない(41)。

（2）国際的に共有される輸出管理の必要性

現在、国際的に大量破壊兵器の拡散は安全保障上の重大な脅威と広く認識されているが、こうした懸念に基づき、国連をはじめとした国際的な枠組みで、拡散防止の重要性とそのための具体的な方策の実施が要求されている。その際、拡散を阻止するための方策として NPT 等の国際条約に加え、輸出管理の重要性が累次にわたり指摘されている。

2003年10月、バンコクで開催された APEC の首脳宣言では、「国際的なテロと大量破壊兵器の拡散が、自由で開かれ、繁栄した経済という APEC の展望に対して直接的かつ重大な挑戦を突きつけているとの認識」を示し、「国際的な不拡散体制を強化し、効果的な輸出管理の採用・執行、及び拡散を防止するその他の合法的かつ適切な方策を講じることにより、大量破壊兵器の拡散及びその運搬手段による深刻かつ増大する危険を除去する(42)」ことを宣言した。また、同年12月、日・ASEAN 特別首脳会議で発表された東京宣言でも不拡散分野での協力をうたっており、その際の行動計画では「大量破壊兵器の拡散に反対し、効果的な輸出規制を採用・実施し、また、核兵器を含む全ての大量破壊兵器の全

---

(39) CWC の正式名称は「化学兵器の開発、生産、貯蔵及び使用の禁止並びに廃棄に関する条約」。
(40) 外務省・前掲注（1）121頁。
(41) 弾道ミサイルの拡散防止に向けた国際的な取組としては「弾道ミサイルの拡散に立ち向かうためのハーグ行動規範（HCOC）」を指摘することができるが、HCOC は国際条約のような法的拘束力を持つものではなく、弾道ミサイルの開発や保有等が禁止されているものではない。
(42) APEC 首脳宣言「未来に向けたパートナーシップに関するバンコク宣言（仮訳）」（2003.10.21）（http://www.mofa.go.jp/mofaj/gaiko/apec/2003/shuno_sen.html）（最終訪問日：2007年5月10日）。

第1章　大量破壊兵器の拡散と輸出管理の意義

面撤廃という軍縮問題に関して、市民社会の参加を含め、様々な行動志向的な措置を通じて緊密に協力する(43)」としている。さらに、加盟国に拘束力のある2004年4月の大量破壊兵器の不拡散に関する国連安保理決議1540でもこうした認識が再度強調され、決議の冒頭において「核兵器、化学兵器及び生物兵器並びにそれらの運搬手段の拡散が国際の平和及び安全に対する脅威を構成することを確認」した上で、「適切で効果的な国内的輸出…管理」を国連加盟各国に要求している(44)。すなわち、国連安保理決議1540の採択により輸出管理の実施は国連加盟各国の責務となったのである。また、管理の対象も大量破壊兵器そのものはもとより、その「関連物資」も管理することが求められている。「関連物資」とは大量破壊兵器の開発等に使用可能な貨物や技術を指しており、大量破壊兵器専用に使われる貨物や技術だけでなく、民生品や民生技術だが大量破壊兵器の開発等にも利用可能な汎用品や汎用技術の管理も求められている。国連安保理決議1540では「関連物資」を「核兵器、化学兵器及び生物兵器並びにそれらの運搬手段の設計、開発、生産又は使用のために用いることができる物資、設備及び技術であって、関係する多国間条約及び取決めの対象となっているもの又は国内管理表に含まれているもの」と定義されている。2006年に採択された国連安保理決議1673では、国連安保理決議1540で決定された事項を実施することの重要性を再確認している。

　さらに北朝鮮の弾道ミサイル発射や核実験の発表に対して採択された国連安保理決議1695や1718（拘束力あり）では、加盟国に対して具体的な輸出管理の内容を定めた上で、その実施を求めている。

（3）輸出管理の果たす役割 ─────────────

　① **拡散防止の方策と輸出管理**　　大量破壊兵器の拡散が深刻な懸念となっている現在、拡散を防止するために何らかの方策が必要であること

---

(43) 日・ASEAN特別首脳会議「日・ASEAN行動計画（仮訳）」（2003. 12. 12）（http://www.mofa.go.jp/mofaj/kaidan/s_koi/asean_03/pdfs/keikaku.pdf）（最終訪問：2007年5月10日）。
(44) 前掲注（10）。

については国連安保理決議1540等にみられるように国際的に認識が共有されている。それでは拡散を防止するためには、具体的にはどのような方策が考えられるだろうか。APEC首脳宣言や国連安保理決議1540等では、輸出管理の重要性が必ず指摘されている。拡散に対処するために、なぜ輸出管理が必須なのであろうか。

　ハーバード大学のカーター教授は拡散に対抗する方策として8つの「D」、すなわち「説得」(dissuasion)、「軍縮」(disarmament)、「外交」(diplomacy)、「拒否」(denial)、「緩和」(defusing)、「抑止」(deterrence)、「防衛」(defense)、「破壊」(destruction) を挙げている[45]。「説得」により大量破壊兵器の開発や保有が断念されることがあれば望ましい。リビアが大量破壊兵器の開発を断念したのは、英米をはじめとする国際社会の説得を受け入れたと言えるかもしれない。しかし、「カーン・ネットワーク」がリビアに核関連機材を提供しようとして、失敗し、露見したBBCチャイナ号事件が、リビアを大量破壊兵器の廃棄宣言に追い込んだという側面も指摘できる[46]。「軍縮」は言うまでもなく大量破壊兵器そのものの保有量を減少させることである。また、「外交」を通じて大量破壊兵器の開発や保有が断念できればそれが望ましい。こうした方策で断念させることが可能であれば、我々はこのような方策を用いるべきであるが、現実にはこうした方法を誰もが受け入れているわけではないことは現状からも明らかである。さらに、テロ組織や「カーン・ネットワーク」のような違法調達ネットワークを想定した場合、我々は説得や交渉をすべき相手すら見つけることができないおそれが高い。

　「緩和」とは、二国間に直接のホットラインを設ける等の方法により

---

(45) "Overhauling Counterproliferation- Statement of Ashton B. Carter before The Committee on Foreign Relations United States Senate"（2004.3.10）（http://foreign.senate.gov/testimony/2004/CarterTestimony040310.pdf）（last visited May 10, 2007）．なお、アシュトン・カーター教授は、ハーバード大学ケネディ・スクールの教授でクリントン政権時の国防次官補である。

(46) The White House, "President Announces New Measures to Counter the Threat of WMD"（2004.2.11）（http://www.whitehouse.gov/news/releases/2004/02/20040211-4.html）（last visited May 10, 2007）．リビアの大量破壊兵器廃棄に関する宣言については、後述第1章3（7）「リビア」、「カーン・ネットワーク」については後述第1章3（8）①「カーン・ネットワーク」参照。

第 1 章　大量破壊兵器の拡散と輸出管理の意義

偶発的な大量破壊兵器の使用を防止しようとするものであり、例えば印パ間での核戦争を防止するために考えられる方策である。「抑止」とは、MAD で既述したとおり報復の恐れを抱かせることによって大量破壊兵器の使用を思いとどまらせるものである。これらの措置はかつての米ソ間のようにお互いに大量破壊兵器を保有していることが前提となっており、大量破壊兵器の使用に対する抑止としては有効でも、大量破壊兵器の開発や保有を阻止するためには有効な方法とはなり得ない。また、繰り返しになるがテロ組織にはこれらの方策は全く無力であることは明らかである。

「防衛」や「破壊」はさらに直接的な方策である。「防衛」とは、核シェルターの建設やガスマスクの配布等、大量破壊兵器の攻撃に物理的に耐えられるような対策を取ることであり、我が国が進めている弾道ミサイル防衛も含まれるであろう。「破壊」とは、攻撃される前に相手の軍隊や兵器を攻撃し、破壊することである。こうした措置は大量破壊兵器による攻撃を確実に防ぐとは言えないため、「防衛」や「破壊」の能力さえ獲得すれば十分とは言えない。また、そもそも大量破壊兵器が使用されてからでは遅く、大量破壊兵器が保有される前に何らかの手を打つ必要がある。

そこで「外交」や「説得」と並行して直接的に大量破壊兵器の開発や製造を妨害する方策、すなわち大量破壊兵器や関連する貨物や技術の移転を「拒否」することが、大量破壊兵器の開発や保有を妨害する方策として考えられる。この移転を「拒否」する方法の一つこそが輸出管理である。また、前述の BBC チャイナ号事件のように、リビアへの核関連物資の輸送を阻止したことも「拒否」の一例と言える。そして「拒否」による圧力をかけつつ「外交」や「説得」を進めることが、こうした措置の有効性を高めることにもつながる。また、「防衛」の措置を可能な限り講じつつ、「外交」や「説得」が不調に終わった場合には、より直接的な方策、すなわち「抑止」や「破壊」に移行することもあり得ると考えられる。その際も、外交努力や説得工作、輸出管理等の方策を一切放棄する訳ではなく、並行的に進めていくことになろう。このように、これらの方策はいずれも排他的ではなく、また一つで万能の方策とはな

らないことから、状況に応じて常に最適な組み合わせを考えることが必要である。しかしながら、輸出管理をはじめとする「拒否」の方策が不可欠な要素となっていることは否定できない。

② **輸出管理の意義と国際輸出管理レジーム**　輸出管理は大量破壊兵器の開発や製造を企図する国やテロリストに対して、必要な材料や技術の入手を妨害する方策として一定の有効性がある。すなわち、大量破壊兵器を開発しようとする国やテロリストは、開発に必要となる材料や技術を自国内又はテロ組織内で調達することができないことが多い。そこでこうした材料や技術を海外から入手する必要があるが、輸出管理は大量破壊兵器の開発や製造に必要な関連貨物の移動や技術の移転を阻止し得る点において有効な手段と考えられている。したがって、国連安保理決議1540でも輸出管理の確立が全ての国連加盟国の責務とされたのである[47]。

　こうした観点から、大量破壊兵器の開発や製造に利用可能な貨物や技術の供給能力を持ち、不拡散の目的に同意する諸国が輸出管理についての国際的な紳士協定に基づく枠組みを組織している。これを「国際輸出管理レジーム」という[48]。国際輸出管理レジームでは、規制が必要な貨物や技術について検討、合意し、リスト化している。合意されたリストに規定された貨物や技術について、レジーム参加各国がそれぞれの国内法に基づき輸出管理を実施している。また、拡散が懸念される国の動向に関する情報交換も実施している[49]。大量破壊兵器関連の国際輸出管理レジームとして、核関連の貨物や技術の移転を規制する原子力供給国グループ（NSG）、生物・化学兵器関連の貨物や技術の移転を規制するオーストラリア・グループ（AG）、ミサイル関連の貨物や技術の移転を規制するミサイル技術管理レジーム（MTCR）がある[50]。これら国

---

(47) Australian Government Department of Foreign Affairs and Trade, "Weapons of Mass Destruction : Australia's Role in Fighting Proliferation" Chapter 4 (http://www.dfat.gov.au/publications/wmd/chapter_4.html) (last visited May 10, 2007).
(48) 外務省・前掲注（1）152頁。
(49) 同上。

第1章　大量破壊兵器の拡散と輸出管理の意義

際輸出管理レジームは、大量破壊兵器を開発しようとする国が機微な技術を入手することを防止し、遅延させ、そのためのコストを増大させるように努力してきた。国際輸出管理レジームがなければこうした国々の開発は現在より加速していたであろうし、こうした努力を通じて拡散しようとする者がより巧妙な調達ネットワークを利用し、旧式の技術に頼らざるを得ず、開発を遅らせることとなったという指摘もある[51]。例えば、ブラジルはロケット開発を進めるために外国からミサイル技術を導入しようとしたものの、MTCR による輸出規制によって技術導入が進まなかった。そのため、MTCR による規制を自国が遵守することを誓約し、ミサイルや機微な技術を拡散させることを停止し、MTCR に参加することによって技術導入を進めたと指摘されている[52]。これは潜在的に拡散懸念のあった国を国際輸出管理レジーム内に取り込んだ例と言えよう。

大量破壊兵器の保有や開発等を禁じる条約の概要及び国際輸出管理レジームの目的

①　国際条約
NPT： 核不拡散（米、露、英、仏、中の5ヵ国を「核兵器国」と定め、「核兵器国」以外への核兵器の拡散を防止）、核軍縮、原子力の平和利用について規定[53]
BWC： 生物兵器を包括的に禁止[54]
CWC： 化学兵器の開発、生産、保有などを包括的に禁止し、同時に、米国やロシア等が保有している化学兵器を一定期間内（原則として10年以内）に全廃することを定めたもの[55]

---

[50] 核関連の輸出管理にはザンガー委員会もあるが、NSG の方が広範な規制を実施しており、規制内容は NSG に包含されている。

[51] U.S. General Accounting Office（GAO）, "Nonproliferation- Strategy Needed to Strengthen Multilateral Export Control Regimes"（2002. 10）pp. 5, 8-9.（http://www.gao.gov/new.items/d0343.pdf）（last visited May 10, 2007）

[52] Joseph Cirincione, Jon B. Wolfsthal and Miriam Rajkumar, "Deadly Arsenals (Second Edition)"（Carnegie Endowment, 2005）, p. 400

[53] 外務省「核兵器不拡散条約（NPT）の概要」（http://www.mofa.go.jp/mofaj/gaiko/kaku/npt/gaiyo.html）（最終訪問日：2008年7月19日）。

[54] 外務省「生物兵器禁止条約（BWC）の概要」（http://www.mofa.go.jp/mofaj/gaiko/bwc/bwc/gaiyo.html）（最終訪問日：2008年7月19日）。

[55] 外務省「化学兵器禁止条約（CWC）の概要」（http://www.mofa.go.jp/mofaj/gaiko/bwc/cwc/gaiyo.html）（最終訪問日：2008年7月19日）。

② 国際輸出管理レジームの目的
NSG： 平和目的の核関連物資の取引や協力を阻害することなく、こうした取引によって核兵器拡散に寄与しないこと[56]
MTCR：ペイロード500kgを300km以上運搬する能力があるミサイル、完成したロケットシステム、無人航空機、関連技術や大量破壊兵器の運搬目的のシステムの拡散を防止すること[57]
AG： 特定の化学剤や生物剤、汎用の化学剤、生物剤製造設備や資機材の輸出により生物・化学兵器の拡散に寄与しないこと[58]

【軍縮条約と国際輸出管理レジームとの関係】

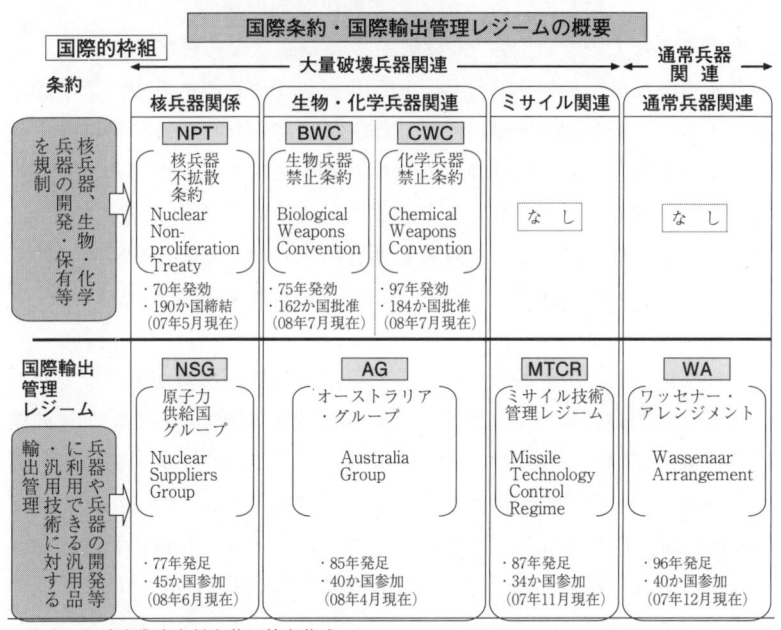

国際条約・国際輸出管理レジームの概要

国際的枠組	大量破壊兵器関連			通常兵器関連
条約	核兵器関係	生物・化学兵器関連	ミサイル関連	通常兵器関連
核兵器、生物・化学兵器の開発・保有等を規制	**NPT** 核兵器不拡散条約 Nuclear Non-proliferation Treaty ・70年発効 ・190か国締結（07年5月現在）	**BWC** 生物兵器禁止条約 Biological Weapons Convention ・75年発効 ・162か国批准（08年7月現在） **CWC** 化学兵器禁止条約 Chemical Weapons Convention ・97年発効 ・184か国批准（08年7月現在）	なし	なし
国際輸出管理レジーム 輸出管理 兵器や兵器の開発等に利用できる汎用品・汎用技術に対する	**NSG** 原子力供給国グループ Nuclear Suppliers Group ・77年発足 ・45か国参加（08年6月現在）	**AG** オーストラリア・グループ Australia Group ・85年発足 ・40か国参加（08年4月現在）	**MTCR** ミサイル技術管理レジーム Missile Technology Control Regime ・87年発足 ・34か国参加（07年11月現在）	**WA** ワッセナー・アレンジメント Wassenaar Arrangement ・96年発足 ・40か国参加（07年12月現在）

出典：経済産業省資料を基に筆者作成

---

[56] Nuclear Suppliers Group, "What are the Guidelines?" (http://www.nsg-online.org/guide.htm) (last visited July 19, 2008).

[57] Missile Technology Control Regime, "Objectives of the MTCR" (http://www.mtcr.info/english/objectives.html) (last visited July 19, 2008). なお、ペイロードとは一般的には貨物の積載重量を指すが、ミサイルでは弾頭部分に搭載する爆薬や起爆装置等の重量を指す (Department of Defense, "Department of Defense Dictionary of Military and Associated Terms", *supra* note 7)。

[58] Australia Group, "Objectives of the Group" (http://www.australiagroup.net/en/objectives.html) (last visited July 19, 2008).

第1章　大量破壊兵器の拡散と輸出管理の意義

③　**国際輸出管理レジームの歴史──冷戦の崩壊と9.11の衝撃**　冷戦中の輸出管理は、共産圏諸国に対する高度技術輸出規制の調整を目的とするココムを基本としていた。規制されていた品目は武器、原子力関連及び産業用ハイテク貨物及び技術であった[59]。ココムは1949年に設立され西側の欧米諸国や我が国、オーストラリアが参加していた。ココムは国際条約ではなく、合意事項は参加各国の国内法により実施していた。一方で、ココムは規制品の個別輸出の可否について参加国の全会一致方式を採用していたため、ある参加国の輸出を他の参加国が拒否することが可能であった[60]。他方、大量破壊兵器の開発を防止すること等を目的とする不拡散型の輸出管理は、1970年代以降逐次拡大した。まず1974年のインドの核実験を契機としてNSGが設立された。1984年にはイラン・イラク戦争においてイラクが化学兵器を用いたことが明らかとなった。これに対して1985年化学剤の輸出管理のためにAGが設立された。AGは後に生物兵器関連にも規制範囲を拡大した。さらに1987年にはミサイル関連の輸出管理の枠組みであるミサイル技術管理レジームMTCRが設立された[61]。

冷戦が崩壊し、湾岸戦争を経て、大量破壊兵器の拡散が主要な脅威であることが明確になった。まずココムの規制対象国であった旧ソ連の崩壊及び東側諸国の変化はココムの必要性を減少させた。その一方で、湾岸戦争後の国連大量破壊兵器廃棄特別委員会（United Nations Special Commission：UNSCOM）が査察を行った際に、イラクが輸出管理の対象となっていない汎用品を活用して化学兵器を開発し、さらには核兵器の完成の一歩手前まで進めていた事実が判明した[62]。輸出管理もこうし

---

(59) 通商産業省貿易局輸出課編『安全保障輸出管理の今後のあり方』（通商産業調査会、1994）79頁。
(60) Richard F. Grimmett, "Military Technology and Conventional Export Controls: The Wassenaar Arrangement"（CRS Report for Congress）(Updated 2006. 9)（http://www.fas.org/sgp/crs/weapons/RS20517.pdf）(last visited January 30, 2008), p.1.
(61) 外務省・前掲注（1）153-159頁。
(62) 産業構造審議会安全保障貿易管理小委員会「大量破壊兵器不拡散のための今後の方向──日本版キャッチオール制度の導入──」（2001.12）3頁（http://www.

た情勢に対応し、共産圏諸国を対象とするハイテク貿易の管理から全世界を対象とする大量破壊兵器の不拡散のための輸出管理により重点が置かれるようになった。NSGでは、それまで原子力専用の貨物や技術だけを規制していたが、原子力以外の用途もある汎用品や汎用技術も規制されることとなった[63]。また、幅広い民生用途があり国際輸出管理レジーム等における合意で規制対象として明示されていない品目であっても、需要者や用途から大量破壊兵器の開発等に転用される可能性がある場合には、輸出許可の対象とするキャッチオール規制が欧米を中心に導入された[64]。一方、ココムは1994年に解消され、1996年に通常兵器の過度な蓄積を防止すること等を目的としてワッセナー・アレンジメント（Wassenaar Arrangement：WA）が設立された。WAでは規制対象国を特定せず全世界を対象としている[65]。また、現在の国際輸出管理レジームでは、ココムのように個別輸出の可否に参加国の全会一致方式は採用せず、個別輸出の可否の判断は参加各国政府の裁量となっている。ただし、規制貨物リストの合意等、規制のあり方については、参加各国の全会一致方式を採用している[66]。

　さらに、2001年に米国で発生した同時多発テロ以降は、各国政府関係者が、テロ組織による大量破壊兵器保有の可能性や関連する貨物の調達の動きがある旨の発言を繰り返し行っている。米国では同時多発テロの直後に炭疽菌による被害が連続して発生するなど、テロリスト等による

---

meti.go.jp/policy/anpo/kanri/catch-all/shingikai/houkokusyo/houkokusyo.doc）（最終訪問日：2008年7月29日）。
[63] 原子力専用品や技術のリストを「パート1」品目、原子力関連汎用品や汎用技術を「パート2」品目と言う。Nuclear Suppliers Group, "History of the NSG"（http://www.nsg-online.org/history.htm）(last visited July 19, 2008).
[64] 通商産業省貿易局輸出課編・前掲注（59）6頁、12-13頁。我が国におけるキャッチオール規制導入の経緯については第2章1（2）「安全保障環境に対応した輸出管理の変遷」、我が国のキャッチオール規制の概要については第2章2（3）「キャッチオール規制」参照。
[65] 外務省・前掲注（1）152、160頁。
[66] 全会一致方式が国際輸出管理レジームの柔軟な運用に対する障害となっているとの指摘について、GAO, "Nonproliferation- Strategy Need to Strengthen Multi-lateral Control Regimes", *supra* note 51参照。

第1章　大量破壊兵器の拡散と輸出管理の意義

大量破壊兵器の使用のリスクは著しく高まっていると考えられた(67)。このような情勢の変化に対応して、輸出管理の目的は大量破壊兵器の開発や保有等が懸念される国に対する拡散阻止に加えて、テロリストによる大量破壊兵器を利用したテロを阻止することにも広がりつつある(68)。

このように冷戦時代は管理すべき対象も規制すべき貨物や技術も比較的明確であったが、冷戦終結以降、これらが拡大し複雑化しており、輸出管理はより難しくなってきている(69)。輸出管理は安全保障環境の変化に対応し、対象が拡大する傾向が続いている。

輸出管理の変遷

	冷戦中 （ココム型）	冷戦後 （不拡散型）	今後の方向性
対象貨物	ハイテク貨物	汎用品（＋大量破壊兵器キャッチオール）	原則全ての貨物（キャッチオール）（通常兵器転用懸念を含む））
対象者	共産圏諸国	全世界（特に大量破壊兵器開発懸念国）	全世界（特に大量破壊兵器開発懸念国＋テロ組織（テロリスト個人））

出典：筆者作成

コラム1　通常兵器の取引や関連技術の移転と国際輸出管理レジーム

　現在、通常兵器全般の開発や保有、取引等を禁止又は制限する条約はない。対人地雷禁止条約のようにごく限られた兵器の保有等を禁止する条約は存在するが、通常兵器全般に広がる動きはない。通常兵器の開発や保有、取引等を違法とする国際規範はなく、開発や保有等が禁止される大量破壊兵器と同列に論じることはできない。むしろ、国連憲章第51条では加盟国の自衛権を認めているし、自国の安全保障を確保するために兵器の取引が認められている。

　しかしながら、何らの制約なく通常兵器やその関連する貨物や技術について移転をすることによって、国際的な平和と安全を損なうことがないよう、通常兵器関連の貨物や技術の移転を規制する国際輸出管理レジームとしてワッセナー・アレンジメント（WA）がある。通常兵器取引の合法性という性格を踏まえ、WA は NSG 等の大量破壊兵器関連の輸出管理レ

---

(67) 産業構造審議会安全保障貿易管理小委員会・前掲注（62）3頁。
(68) なお、こうした輸出管理の目的がテロを阻止することにも広がっていることは通常兵器分野の国際輸出管理レジームである WA でも同様に見られる。
(69) 中嶋貿易経済協力局長の指摘（「経済産業ジャーナル」（2005.2）8頁）。

ジームと違い、兵器そのものの移転や拡散を阻止すること自体が目的ではない。WA の目的は「通常兵器及び汎用品、汎用技術の移転の透明性及び責任を高め、不安定化させる蓄積を防止することによって地域的及び世界的な安全と安定に貢献すること(70)」となっている。

こうした通常兵器やその関連する貨物や技術についての輸出管理は、大量破壊兵器関連の輸出管理より重要性が低いということではない。通常兵器関連貨物や技術の場合、当該貨物や技術が通常兵器に使用される場合、一律に輸出を不許可とすべきとは考えられていないことは、通常兵器そのものの取引が合法であることからも自明である。他方、現在の多発する地域紛争を踏まえれば放置できないこともまた自明である。むしろ、国内や地域の安定のためにはある程度の武器の提供が望ましい場合さえある(71)。したがって、どのような場合に武器輸出を不許可にすべきか、すなわち国際的な平和と安全を損なうような通常兵器の蓄積となるかについて、輸出管理当局の慎重な検討と判断の蓄積が重要となる。この点で我が国の武器輸出三原則等は、こうした点について検討することなく、ごく限られた例外的な場合を除き、いかなる場合においても武器輸出は一律に不許可を前提としている点で国際的には極めて特殊なものであると言える（武器輸出三原則等については後述第2章2【コラム8：武器輸出三原則等】参照）。

【国際輸出管理レジームをめぐる主な変遷】

年	内　容
1949	ココム発足
1952	ココムに我が国が参加
1970	核兵器の不拡散に関する防止条約（NPT）に我が国が署名
	NPT 発効
	核兵器の不拡散に関する防止条約の規制対象とされている核物質、設備及び資材の具体的範囲を協議するため、ザンガー委員会が発足
1976	我が国が NPT を批准
1977	ロンドン・ガイドライン（NSG パート1）合意

---

(70) Wassenaar Arrangement, "Introduction"（http://www.wassenaar.org/introduction/index.html）(last visited January 30, 2008).
(71) 例えば、独立まもない東チモールの警察力強化やイラクの治安回復の必要性を念頭におき考えてみたい。

第1章　大量破壊兵器の拡散と輸出管理の意義

1985	オーストラリア・グループ（AG）発足
1987	ミサイル技術管理レジーム（MTCR）発足
1992	G7ワーキンググループにおいて、イラン、イラク、リビア及び北朝鮮を対象に、各不拡散レジーム（NSG,AG及びMTCR）の品目及びココム産業リスト品目の輸出規制を行うことを合意
	NSGにおいて核兵器関連資機材輸出規制（NSGパート2に合意）
	AG会合において、生物兵器製造に転用されるおそれのある微生物・毒素（人・動物に対するもの）及び開発製造装置についての規制リストを合意
1993	第17回AG会合において生物兵器製造に転用されるおそれのある微生物（植物に対するもの）についての規制リストを合意

出典：筆者作成

④　**国際協力の重要性**　　国際輸出管理レジームは拡散の防止に有効であるが、それだけでは不十分である。すなわち、大量破壊兵器の開発や製造に必要な貨物や技術を国際輸出管理レジームに参加しない諸国から調達することが可能であれば、それらの国で調達することによって開発や製造は可能である。その結果、こうした国々が抜け穴となってしまい、輸出管理の実効性が低下してしまう。こうした状況を防ぐためには、より多くの国々で調和した輸出管理を実施することが必要であり、そうすることで大量破壊兵器を開発しようとする者が必要な貨物や技術を入手する機会を乏しくすることが必要である[72]。そこで輸出管理の実施を国際的に広めていくことが重要となる。こうした活動をアウトリーチ活動と呼んでおり、我が国ではアジア地域の諸国に対して積極的に輸出管理の重要性を訴え、協力を進めている。

輸出管理をめぐるアジアの現状はどのようなものであろうか。経済発展に伴ってアジア諸国では大量破壊兵器開発にも民生用途にも利用可能な汎用技術の生産能力が高まっている。もちろん、こうした技術がある

---

[72] Australian Government Department of Foreign Affairs and Trade, *supra* note 47.

2 大量破壊兵器の拡散防止における輸出管理の意義

ことがこれらの国や企業が大量破壊兵器の開発に関与しているということを意味するわけではない。しかしながら、こうした汎用技術を有する企業が意図しないうちに大量破壊兵器拡散関連の調達活動に巻き込まれる可能性があることは、「カーン・ネットワーク」によるリビア向け核関連機材(遠心分離機の部品)の提供にあたり、原子力産業とは何の関係もなかったマレーシア企業を利用して部品を製造させたことからも明らかである。同時に貿易量の増大に伴い、こうした大量破壊兵器に転用可能な汎用品の取引量も増大することが予想される。繰り返しになるが、こうしたことは知らないうちに拡散関連の調達活動に巻き込まれる危険性が高まっていることを示している。

他方、アジアの多くの国々ではこうした状況に対処するのに十分な法体系を有しておらず、輸出管理に関する法制が存在しない国が多い。また、中国、インド、パキスタンといった国々では法は整備されているが、依然として執行面で課題を抱えている。我が国は引き続きこれらの国々に対して厳格な輸出管理の実施を呼びかけるとともに、積極的に協力している。

我が国では1993年よりアジア諸国の輸出管理担当者を招き、「アジア輸出管理セミナー」を毎年開催し、輸出管理の重要性についてアジア諸国の理解促進に努めている[73]。(財)安全保障貿易センター(CISTEC)が主催するこのセミナーには我が国より輸出管理を所掌する経済産業省や、不拡散外交を所掌する外務省だけでなく、企業の輸出管理担当者も参加している[74]。アジア諸国の輸出管理担当者にとっては政府関係者との議論では制度論や「べき」論に傾きがちであるが、輸出管理の実務に関する知見を課題も含めて企業関係者からは聞くことができる。また、2003年にはアジア各国政府の輸出管理部局の責任者クラス(具体的には局長クラス)による「第一回アジア輸出管理政策対話」を開催し、地域内における輸出管理向上の必要性等につき議論を行った[75]。2004年の

---

[73] 木原晋一「主要国の輸出管理制度とその実態:日本」浅田正彦編『兵器の拡散防止と輸出管理』(有信堂、2004)148頁。

[74] (財)安全保障貿易センター(CISTEC)については第2章3【コラム14:輸出者の自主管理と CISTEC】参照。

第1章　大量破壊兵器の拡散と輸出管理の意義

「第二回アジア輸出管理政策対話」では輸出管理強化のための基本原則が合意され、議長声明として発表された(76)。

【輸出管理強化のための基本原則】

> 1　厳格な輸出管理の実施
> 　アジア各国・地域は、国際輸出管理レジームと整合的な規制リストやキャッチオール規制等を内容とする厳格な輸出管理制度を整備し、その効果的な運用を行う。
> 2　迂回輸出の効果的防止
> 　各国・地域における輸出管理制度の強化に対し、大量破壊兵器の入手を試みる者は迂回調達等手段を巧妙化させており、これに対応すべく、アジア各国間・地域の間で情報交換を初めとする協調行動を採る。
> 3　アジア全体に対するアウトリーチ（輸出管理制度の構築・運営支援）の強化
> 　アジアの全ての国・地域が厳格な輸出管理を実施することが必要との認識を共有し、セミナーの開催や専門家の派遣等により、他のアジア各国・地域へのアウトリーチ活動を強化する。

　二国間の協力も進めている。我が国政府の輸出管理当局及び企業の輸出管理担当者が2004年には中国で、2005年には韓国で産業界向けの輸出管理セミナーに参加した。これらの国々では輸出管理の制度は整っている（韓国）、又は整えつつある（中国）ものの、企業側の輸出管理に対する意識がまだまだ低いことが問題視されている。さらに、我が国は2004年から2005年にかけて東南アジア各国で開催された輸出管理セミナーに参加し、輸出管理の重要性について認識を共有した。さらにパキスタンでも輸出管理セミナーを実施し、アジア諸国の輸出管理向上を支援している。アウトリーチ活動はすぐに成果が期待できるものではないが、地道に続けていくことが重要である。

---

(75) 経済産業省主催で実施し、日本の他、米、豪、韓国、中国、シンガポール、タイ、香港の8ヵ国・地域が参加。
(76) 経済産業省「第二回アジア輸出管理政策対話」(2004.10.18) (http://www.meti.go.jp/policy/trade_policy/press/frame/000177.html)（最終訪問日：2008年9月19日）。

2 大量破壊兵器の拡散防止における輸出管理の意義

コラム 2 迂回輸出事件に見る国際協力の重要性

　後述する核兵器の開発等に用いられるおそれのある直流安定化電源装置をタイを経由して北朝鮮向けに無許可輸出を行った「北朝鮮向けタイ経由迂回輸出事件」では、香港当局との緊密な協力なくしては輸出を成功裏に阻止することはできなかった[77]。香港税関と我が国は従来からアジア輸出管理セミナー等の場で緊密な協力関係を築いていたことから、本件においてもタイ向けに輸出された貨物を経由地である香港で差し押さえることを依頼し、香港税関の手で貨物のタイへの輸送を阻止することができた。この事件は各国の輸出管理当局の連携の重要性を示したものと言え、また輸出国だけでなく中継国等との協力が必要であることも示している。こうした観点から我が国は香港及びシンガポール輸出管理当局と輸出管理分野で協力を進めていくことに合意しており、輸出管理分野における協力を強化している[78]。

【我が国のアウトリーチ】

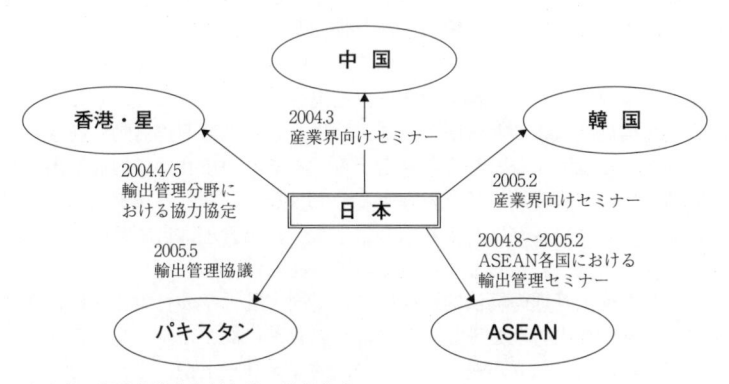

```
           中 国
          2004.3
    香港・星  産業界向けセミナー    韓 国
                              2005.2
  2004.4/5                   産業界向けセミナー
  輸出管理分野に    日 本
  おける協力協定         2004.8〜2005.2
                        ASEAN各国における
  2005.5                輸出管理セミナー
  輸出管理協議
   パキスタン           ASEAN
```

出典：経済産業省資料を基に筆者作成

---

(77)「北朝鮮向けタイ経由迂回輸出事件」の概要は後述第3章2（2）Ⅳ参照。
(78) 経済産業省「安全保障貿易管理分野における我が国と香港の協力関係の強化について」（2004．5．20）（http://www.meti.go.jp/policy/trade_policy/press/frame/000158.html）（最終訪問日：2008年9月19日）、「日本国経済産業省とシンガポール税関における二国間輸出管理協力強化に関する声明文」（2004．4．22）（http://www.meti.go.jp/kohosys/press/0005160/0/040422state.pdf）（最終訪問日：2008年9月19日）。

第1章 大量破壊兵器の拡散と輸出管理の意義

コラム3 輸出管理は自由貿易のインフラストラクチャー

　アジア諸国で輸出管理に関するアウトリーチ活動を行うと、「輸出管理の重要性については理解できるが、こうした規制は自由貿易に反するのではないか」という質問をしばしば受ける。こうした疑問はアジア各国でのアウトリーチ活動だけでなく、国内企業向けの説明会を実施したりする際にも散見されるし、アジア各国の輸出管理担当者が国内で議論する際にも直面する問題であると思われる。実際に、輸出管理を未だ実施していないアジア諸国において輸出管理は追加的な負担であり、自由貿易や経済発展に対する障壁だという見方がある。輸出管理が自由貿易に反しないことは、多くの自由貿易国が採用していることに加え、WTO協定からも明らかであるが、さらに輸出管理に特化し議論する際には、輸出者又は輸出国の輸出管理担当者の立場に立って議論することが有益であると考える。これまでの議論からも明らかなように輸出者や輸出国の輸出管理担当者は当該輸出が大量破壊兵器の開発といった拡散関連活動に利用されないかを懸念している。その際、リスク管理の観点からは輸出管理制度のよく整った国向けの輸出の方がより許可しやすいと考えるのが自然である。なぜなら、輸出管理が未整備な国では、輸出された貨物がどこに転売されるか分からないといった不安がある。他方、輸出管理の整った国では、輸出先における用途さえ確認しておけば輸出国から再輸出される際にもしっかりとした輸出管理が実施されることが期待され、結果として拡散関連活動に巻き込まれるリスクは低減すると考えられるからである。つまり効果的な輸出管理を実施していれば経済成長を阻害するのではなく、むしろ技術移転を促進し、健全な経済発展がはかられると言える。輸出管理は自由貿易のインフラストラクチャーであるとすら言えるのである[79]。

　こうした輸出管理の経済的側面について同志社大学の村山教授は、東アジアの国々が輸出管理を遵守するのは輸出管理に関するルールを遵守することで、経済的な孤立が避けられ、経済的なメリットがあるからだという興味深い指摘をしている[80]。こうした輸出管理のもつ経済的側面は、我が国もかつては輸出管理の必要性を議論する際に中心的に論じていた点であり、経済発展と輸出管理の関係を考える上で示唆に富む。すなわち、かつてココムに参加する理由として我が国だけが抜け駆け的に共産圏に規制対象品目を輸出すれば、主な貿易相手である西側諸国との貿易関係に支障を来す。だからココムを遵守するのだと経済的側面からもココムに基づく

---

[79] 2004.9.21付朝日新聞朝刊8面、赤津安全保障貿易管理課長の指摘。
[80] 村山裕三『経済安全保障を考える』（NHKブックス、2003）81-82頁。

規制を説明していた(81)（後述第2章1【コラム7：外為法と憲法】参照）。

コラム4 　輸出管理から見たPSIの位置付け

　これまで述べたように輸出管理は大量破壊兵器の拡散を防ぐために重要な役割を果たしている。しかし、輸出管理だけでは拡散を完全に防止できるわけではない。そこで、従来は各国が自国の領域内において輸出管理等の措置を実施してきたが、それに加えてさらに、各国が自国の領域内に限らず、自国の領域を越える範囲でも他国と連携して大量破壊兵器の拡散を阻止する取組が行われている。2003年に米国のブッシュ大統領が提唱した拡散に対する安全保障構想（Proliferation Security Initiative：PSI）と呼ばれるこの取組は、具体的には国際社会の平和と安定に対する脅威である大量破壊兵器やミサイル及びそれらの関連物資の拡散を阻止するために、国際法・各国国内法の範囲内で、参加国が共同してとりうる移転及び輸送の阻止のための措置を検討・実践することを目指している。PSIには我が国を含む15か国が参加し、60か国以上がPSIに対する支持を表明している(82)。このように輸出管理とPSIは拡散を阻止するための一連の措置であると言え、前述のカーター教授も「拒否」の手段として輸出管理とPSIを例示している(83)。また、PSIを「強制的輸出管理」と位置付ける専門家もいる(84)。

3　大量破壊兵器拡散の状況

　本節では、現在（2008年7月1日現在）の大量破壊兵器の拡散状況を分析する。具体的には、大量破壊兵器又は弾道ミサイルを開発、配備しているか、その疑惑が持たれている国々であって、国際輸出管理レジームに参加していない（中国はNSGのみ参加）国々について論じることとするが、その中でも特に核兵器を既に保有している又は保有、開発の疑

---

(81) 昭和62年9月1日 参議院・商工委員会 畠山通産省貿易局長答弁（第109回国会 参議院商工委員会議録第3号5-6頁（1987.9.1））。
(82) 外務省・前掲注（1）152、167頁。外務省「拡散に対する安全保障構想」（http://www.mofa.go.jp/mofaj/gaiko/fukaku_j/psi/psi.html）（最終訪問日：2008年7月19日）。
(83) 前述カーター教授の議会証言（前掲注（45）参照）。
(84) Michael A. Levi, Michael E. O'Hanlon, "The Future of Arms Control"（Brookings, 2005）p.70ではPSIを"coercive export control"と位置付けている。

惑がある国々を中心に論じる(85)。また、非国家主体としてリビアに核関連貨物や技術を提供した「カーン・ネットワーク」と呼ばれる非合法の調達ネットワーク、及びテロ組織について検討する。

（1）北朝鮮

核		化学・生物兵器			ミサイル	通常兵器
NPT	NSG	CWC	BWC	AG	MTCR	WA
脱退宣言	×	×	○	×	×	×

（2008年7月1日現在）

〈凡例〉
【国際条約】
NPT：核兵器不拡散条約／CWC：化学兵器禁止条約／BWC：生物兵器禁止条約
【国際輸出管理レジーム】
NSG：原子力供給国グループ／AG：オーストラリア・グループ／MTCR：ミサイル技術管理レジーム／WA：ワッセナー・アレンジメント

① **核** 北朝鮮はNPTに加盟していたが2003年1月にNPT脱退を宣言した。NSGには参加していない。

（ⅰ）**プルトニウム型** 北朝鮮は1994年の米朝「枠組み合意」により、核兵器開発が疑われていたヨンビョン（寧辺）の原子炉や再処理施設等の核関連施設の稼働を停止（凍結）した。しかしながら、この稼働凍結以前に抽出したプルトニウムから「核兵器1発、ひょっとすると2発」の核兵器を保有していると指摘されていた(86)。その後、後述する高濃

---

(85) 核兵器開発・保有を中心に選定した理由は、生物・化学兵器の開発疑惑は後述の各国の状況でも明らかなように非常に曖昧な状況しか分からないため、より疑惑として「可視的」な核を選択したものである。本章で検討しないが大量破壊兵器開発懸念国として指摘される国としては例えばシリアが挙げられる。
(86) 防衛庁・前掲注（9）40頁注2（ケリー国務次官補の下院外交委員会における証言（2003年2月））、George J. Tenet, Director of Central Intelligence, "The Worldwide Threat 2004: Challenges in a Changing Global Context Testimony of Director of Central Intelligence George J. Tenet Before the Senate Select Committee

縮ウラン計画の発覚により、北朝鮮の核兵器開発に対する懸念が深まる中、北朝鮮は2003年、「枠組み合意」によって凍結されていたヨンビョンの原子炉を再稼働させた(87)。また、北朝鮮は「枠組み合意」で凍結されていた8,000本の使用済燃料棒の再処理が完了した旨、発表した(88)。米国中央情報局（CIA）によると、仮に北朝鮮側の発表どおり再処理が完了していると、プルトニウム25kgから30kgが抽出されたと推定されている(89)。こうして抽出されたプルトニウムは核兵器6発分に十分な量という指摘があり、これらの推定から単純に計算するとプルトニウム型の核兵器一発にはプルトニウムは4～5kg必要ということになる(90)。また、再稼働したヨンビョンの原子炉からは年間6kgのプルトニウムが生産されると推測されている(91)。

(ii) **高濃縮ウラン（Highly Enriched Uranium：HEU）型**　　2002年10月、米国はケリー国務次官補が訪朝した際に北朝鮮が核兵器用高濃縮ウラン計画の存在を認めたと発表した(92)。米国は北朝鮮が「米朝枠組み合意」や朝鮮半島非核化宣言に違反して過去何年にもわたってこの計

---

on Intelligence"（2004. 2. 24）（https://www.cia.gov/news-information/speeches-testimony/2004/dci_speech_02142004.html）（last visited September 19, 2008）.
(87) 防衛庁・前掲注（22）28頁。
(88) Korean Central News Agency, "DPRK to Continue Increasing Its Nuclear Deterrent Force"（2003. 10. 2）（http://www.kcna.co.jp/index-e.htm）（last visited August 16, 2008）.
(89) U. S. Central Intelligence Agency, "Unclassified Report to Congress on the Acquisition of Technology Relating to Weapons of Mass Destruction and Advanced Conventional Munitions, 1 July Through 31 December 2003"（2004. 11）（https://www.cia.gov/library/reports/archived-reports-1/july_dec2003.htm）（last visited August 16, 2008）.
(90) John R. Bolton, Under Secretary for Arms Control and International Security Testimony before the House International Relations Committee, "U.S. Efforts to Stop the Spread of Weapons of Mass Destruction"（2003. 6. 4）（http://www.state.gov/t/us/rm/21247.htm）（last visited August 16, 2008）.
(91) Siegfried S. Hecker, "Senate Committee on Foreign Relations Hearing on "Visit to Yongbyon Nuclear Scientific Research Center in North Korea"（2004. 1. 21）（http://foreign.senate.gov/testimony/2004/HeckerTestimony040121.pdf）（last visited January 31, 2008）.
(92) 防衛庁・前掲注（22）28頁。

画を進めてきたと考えている(93)。他方、北朝鮮はHEU計画の存在を否定し続けている。

米国のブッシュ大統領は2004年2月の米国国防大学における演説で「『カーン・ネットワーク』がイラン、リビア、北朝鮮に遠心分離機を提供した(94)」と指摘した。パキスタンのムシャラフ大統領も自伝で「カーン・ネットワーク」が北朝鮮に遠心分離器を提供したと考えているという(95)。また、2003年には北朝鮮が4,000本の遠心分離機に使用可能なアルミニウム管を調達しようとしたが、ドイツ当局によって輸出を阻止された(96)。ただ、HEU型については、その計画の存否も含めてプルトニウム型と比較して不明な部分が多い。

(iii) **核実験** 北朝鮮の核をめぐり緊張が高まる中、2005年2月には北朝鮮は「自衛のために核兵器をつくった」と宣言し、ついに06年10月には核実験を実施した(97)。これまでに明らかになっている経緯から北朝鮮が保有し、実験したとしている核兵器はプルトニウム型の核兵器だと考えられる。また、北朝鮮が核実験の実施を発表したことに対して国連安保理決議1718が採択され、国連加盟国に対して北朝鮮との間で全ての大量破壊兵器関連貨物及び技術の取引を禁止することを義務づけた(98)。

(iv) **現　状** 2007年になりようやく北朝鮮はヨンビョンの核関連施設の再停止に応じ、IAEAも再停止を確認した(99)。その後、IAEAや

---

(93) James A. Kelly, Assistant Secretary for East Asian and Pacific Affairs, Statement to the Senate Foreign Relations Committee, "Dealing With North Korea's Nuclear Programs" (2004. 7. 15) (http://www.state.gov/p/eap/rls/rm/2004/34395.htm) (last visited August 16, 2008).
(94) The Whitehouse, *supra* note 46.
(95) New York Times, "In Book, Musharraf Expands on North Korean Nuclear Link" (2006. 9. 26) (http://www.nytimes.com/2006/09/26/world/asia/26musharraf.html?scp=3&sq=musharraf%20north%20korea&st=cse) (last visited August 16, 2008).
(96) U.S. Central Intelligence Agency, *supra* note 89.
(97) 防衛省『日本の防衛　防衛白書〔平成19年版〕』(ぎょうせい、2007) 34-35頁。
(98) なお、同決議は奢侈品の取引の禁止や資産凍結等広範な内容を含んでいる。
(99) IAEA Press Releases, "IAEA Team Confirms Shutdown of DPRK Nuclear

米国の監視の下、使用済燃料棒の解体が進められている。2008年には北朝鮮は18,000ページにものぼる過去の核関連活動に関する書類を提出した(100)。さらに、紆余曲折を経ながらも北朝鮮の核関連活動の検証方法につき米朝間で合意したことから、米国は北朝鮮をテロ支援国家の指定から解除した。今後は過去の活動を具体的に検証するとともに、将来の活動を監視していくことが必要となる(101)。

② 生物・化学兵器　北朝鮮はBWC締約国であるが、CWCには署名していない。AGには参加していない。

北朝鮮の生物・化学兵器の開発保有状況については、北朝鮮が極めて閉鎖的な体制であることに加え、生物・化学兵器の製造に必要な貨物・技術等が汎用であるため偽装が容易であることから、詳細については不明である(102)。

しかし、生物兵器については一定の生産基盤を有しているとみられ、炭疽菌、天然痘、コレラ等の細菌を保有しているという指摘もある(103)。また、化学兵器については、化学剤を生産できる複数の施設を維持しており、既に相当量の化学剤等を保有しているとみられている。韓国国防部によるとその保有量は2,500〜5,000トンと見積もられている(104)。

③ 弾道ミサイル　北朝鮮はMTCRに参加していない。

北朝鮮は射程300kmのスカッドB、射程500kmのスカッドC、射程1,300kmのノドンを配備している（全て液体燃料推進方式）。ノドンは我が国のほぼ全域が射程内に入る可能性がある(105)。スカッドは600基以

Facilities" (2007.7) (http://www.iaea.or.at/NewsCenter/PressReleases/2007/prn200712.html) (last visited January 30, 2008).

(100) U.S. Department of State, Office of the Spokesman, "Update on the Six-Party Talks" (2008.5.10) (http://www.state.gov/r/pa/prs/ps/2008/may/104558.htm) (last visited August 16, 2008).

(101) U.S. Department of State, Office of the Spokesman, "North Korea: Presidential Action on State Sponsor of Terrorism (SST) and the Trading with the Enemy Act (TWEA) (2008.6.26) (http://www.state.gov/r/pa/prs/ps/2008/jun/106281.htm) (last visited August 16, 2008).

(102) 防衛庁・前掲注（22）29頁。

(103) 同上 29頁注10（韓国国防白書（2005年2月）を引用）。

(104) 同上。

第1章　大量破壊兵器の拡散と輸出管理の意義

上、ノドンは200基が配備されていると考えられている[106]。また、1998年に発射されたテポドン1（射程1,500km以上、2段式液体燃料推進方式）により、多段式推進装置の分離等が検証できたと考えられている。さらに、新型ブースターを1段目、ノドンを2段目にしたテポドン2（射程6,000km、2段式液体燃料推進方式）を開発中であると考えられている[107]。このほか、固体燃料推進方式の新型短距離弾道ミサイル（SRBM）や新型中距離弾道ミサイル（IRBM）を開発し、2005年には新型SRBMの発射実験を行ったと言われている[108]。2006年7月、北朝鮮はテポドン2を含む弾道ミサイルを7発発射した。テポドン2の発射は失敗したとみられるが、スカッド、ノドンの発射には成功している[109]。北朝鮮も一連の発射を「自衛的国防力強化」のため実施した「軍事訓練の一環」だと主張し、ミサイルの発射を認めた[110]。

なお、北朝鮮は閉鎖的な体制からその軍事活動の意図を確認することが極めて困難であること、全土にわたって軍事関連の地下施設が存在す

---

(105) 同上 30頁。
(106) Statement of General B. B. Bell Commandar, United Nations Command; Commandar, Republic of Korea-United States Combined Forces Command; and Commandar, United States Forces Korea before the Senate Armed Sevices Committee (2006. 3. 7)（http://armed-services.senate.gov/statemnt/2006/March/Bell%2003-07-06.pdf）(last visited January 30, 2008).
(107) 防衛庁・前掲注（22）30頁。
(108) Vice Admiral Lowell E. Jacoby, U.S. Navy, Director, Defense Intelligence Agency, Statement for the Record, Senate Select Committee on Intelligence, "Current and Projected National Security Threats to the United States" (2005. 2. 16)（http://www.dia.mil/publicaffairs/Testimonies/statement15.html）(last visited January 31, 2008). Lieutenant General Michael D. Maples, U.S. Army, Director, Defense Intelligence Agency, Statement for the Record, Senate Armed Services Committee, "Current and Projected National Security Threats to the United States" (2006. 2. 28)（http://armed-services.senate.gov/statemnt/2006/February/Maples%2002-28-06.pdf）(last visited January 31, 2008).
(109) 額賀防衛庁長官会見（2006. 9. 15）（http://www.mod.go.jp/j/kisha/2006/09/15.html）(最終訪問日：2008年1月31日)。
(110) Korean Central News Agency, "DPRK Foreign Ministry Spokesman on Its Missile Launches" (2006. 7. 6)（http://www.kcna.co.jp/index-e.htm）(last visited August 16, 2008).

3 大量破壊兵器拡散の状況

るとみられていることに加え、スカッドやノドンは発射台つき車両(TEL)に搭載され移動して運用されると考えられることにより、ノドンの発射については、その発射位置や発射のタイミング等の個別具体的な兆候を事前に把握することは困難であると考えられる[111]。2006年7月の弾道ミサイル発射の際もスカッドやノドンはTELから発射された[112]。

北朝鮮の弾道ミサイル発射に対して国連安保理決議1695が採択され、その中では全ての加盟国に対して、「自国の国内法上の権限及び国内法令に従い、かつ、国際法に適合する範囲内で、監視を行い、ミサイル並びにミサイルに関連する品目、資材、物品及び技術が北朝鮮のミサイル又は大量破壊兵器計画に対して移転されることを防止する」ことが要求されている[113]。

北朝鮮の弾道ミサイル

名　称	射　程	備　考	配備数
スカッドB	300km	配備	約600
スカッドC	500km	配備	
ノドン	1,300km	配備	約200
新型SRBM	不明	開発中	—
新型IRBM	不明	開発中	—
テポドン1	1,500km以上	1998年に発射実験	—
テポドン2	6,000km	開発中	—

出典：防衛白書等を基に筆者作成

④ **北朝鮮による拡散**　後述のようにイラン、パキスタン、リビアはいずれも北朝鮮と同じ弾道ミサイルを保有している。これは北朝鮮がイランやパキスタン、リビアに弾道ミサイルを拡散してきたためであり、イランのシャハブ3、パキスタンのガウリは北朝鮮のノドンが基になったと指摘されている[114]。また、2002年12月にはイエメンに向けて輸出

---
[111] 防衛庁・前掲注（22）30頁。
[112] 前掲注（109）。
[113] 国連安保理決議1695。

第1章　大量破壊兵器の拡散と輸出管理の意義

されたスカッドを運搬中の北朝鮮船舶が発見され、検査を受けた(115)。この事件に対して北朝鮮自身が「外貨稼ぎを目的」に弾道ミサイルを輸出していると認めており、北朝鮮からの拡散の懸念が強いことを示している(116)。この事件に対して北朝鮮自身が「外貨稼ぎを目的」に弾道ミサイルを輸出していると認めており、北朝鮮からの拡散の懸念が強いことを示している。さらに、北朝鮮からシリアが秘密裏に行っている核開発を支援しているとも批判されており、核拡散の懸念も顕在化しつつある(117)。

---

(114) 防衛庁・前掲注（9）43頁。イランへの拡散はボルトン米国国務次官の下院外交委員会における証言（John R. Bolton, Under Secretary for Arms Control and International Security, Testimony Before the House International Relations Committee Subcommittee on the Middle East and Central Asia, "Iran's Continuing Pursuit of Weapons of Mass Destruction"（2004.6.24）(http://www.state.gov/t/us/rm/33909.htm)（last visited August 16, 2008））を参照。リビアへの拡散はリビア政府の懸念国との武器取引停止等に関するボルトン米国国務次官の発表（John R. Bolton, Under Secretary for Arms Control and International Security, Excerpt from Daily Press Briefing, "Libya Ending Military Trade with States of Serious Weapons of Mass Destruction Proliferation Concern"（2004.5.13）(http://www.state.gov/p/nea/rls/rm/32491.htm)（last visited August 16, 2008））を参照。この発表によると北朝鮮はリビアにスカッドBを数百基とスカッドCを5基輸出していた。U.S. Department of Defense, Office of the Secretary of Defense, "Proliferation: Threat and Response"（2001.1）(http://www.dod.mil/pubs/ptr20010110.pdf)（last visited August 16, 2008), pp. 28, 35.

(115) 防衛庁『日本の防衛防衛白書〔平成15年版〕』（ぎょうせい、2003）48頁。

(116) Korean Central News Agency, "DPRK Foreign Ministry condemns U.S. piracy"（2002.12.13）(http://www.kcna.co.jp/index-e.htm)（last visited August 16, 2008).

(117) The Whitehouse, "Statement by the Press Secretary",（2008.4.24）(http://www.whitehouse.gov/news/releases/2008/04/print/20080424-14.html)（last visited August 16, 2008).

（2）中　国

核		化学・生物兵器			ミサイル	通常兵器
NPT	NSG	CWC	BWC	AG	MTCR	WA
○ 核兵器国	○	○	○	×	×	×

（2008年7月1日現在）

① **核**　中国はNPT上の核兵器国であり、2004年5月にNSGに加盟した。

中国は限定的でも長射程の攻撃能力を有する核戦力が国家の強さと威信の鍵であり、中国が独立した外交政策を実施し、国際的地位を保持するために重要な能力であると考えている。また、核兵器の近代化により中国は核戦力を質的に改善していると考えられている[118]。

米国の評価では中国は現在100発を超える核弾頭を保有し、核兵器を搭載できるミサイル戦力は量的に増大し、質的にも正確性や残存性が向上している[119]。

② **生物・化学兵器**　中国はBWC、CWC加盟国である。AGには参加していない。

米国の分析によれば、中国は生物剤の開発・生産に十分に発達したバイオテクノロジー基盤を有している。1984年に中国がBWCを批准する以前に開発した技術に基づき攻撃的な生物戦能力を有していると考えられている[120]。中国の化学産業は多くの化学剤を生産する能力があり、その中には化学兵器の開発に使用可能なものもある。こうした化学剤の外国への売却は中国の外貨源となっている。さらに中国は化学剤を保有していないと主張しているが、化学剤を保有しているのではないかと考えられている[121]。

---

[118] U.S. Department of Defense, "Proliferation: Threat and Response", *supra* note 114, p. 13.

[119] *Ibid.* p. 14. なお、残存性とは敵からの先制（核）攻撃の際に破壊されず、反撃可能な能力のことで、残存性の向上により、核抑止力の向上が期待される。

[120] U.S. Department of Defense, "Proliferation: Threat and Response", *supra* note 114, p. 15.

第 1 章　大量破壊兵器の拡散と輸出管理の意義

③　弾道ミサイル　　中国は MTCR に参加していない（参加を申請中）[122]。

中国は、大陸間弾道ミサイルから短距離ミサイルまで各種の弾道ミサイルを多数保有している。大陸間弾道ミサイル（Intercontinental Ballistic Missile：ICBM）DF-5（東風 5 ／ CSS-4：液体燃料推進式）[123]を約20基保有するほか、潜水艦発射弾道ミサイル（Submarine-Launched Ballistic Missile：SLBM）（JL-2：固体燃料推進式）の開発も進めている[124]。さらに、新型 ICBM の DF-31（東風31／ CSS-9：固体燃料推進式）が配備された[125]。JL-2は2009～10年に運用態勢に入ると考えられる[126]。DF-31や後述の DF-21等は移動式（TEL に搭載して運用する）であり、移動式のミサイルは北朝鮮のノドン等と同様に探知が困難である。また、潜水艦発射弾道ミサイルを保有することは核兵器搭載弾道ミサイルの残存性が高まる[127]。

中距離弾道ミサイルは、我が国を含むアジア地域を射程に収めるミサイルを保有しており、従来の DF-3（東風 3 ／ CSS-2：液体燃料推進式[128]）から、命中精度等の性能が向上した新型の DF-21（東風21／ CSS-5：固体燃料推進式[129]）への転換が進行中である[130]。

---

(121) *Ibid*.
(122) 中国政府「2004年　中国の国防」第10章（http://www.china-embassy.or.jp/jpn/zgbk/gfzc/t182206.htm）（最終訪問日：2008年 1 月31日）。
(123) DF-5が CSS-4であることは Duncan Leeox Ed. "Jane's Strategic Weapen Systems" Issue Forty（2004）を参照。
(124) U.S. Department of Defense, Office of the Secretary of Defense, "Annual Report to Congress: Military Power of the People's Republic of China 2008"（http://www.defenselink.mil/pubs/pdfs/China_Military_Report_08.pdf）（last visited August 20, 2008), pp. 3, 24.
(125) *Ibid*.
(126) *Ibid*.
(127) U.S. Department of Defense, Office of the Secretary of Defense, "Annual Report to Congress: Military Power of the People's Republic of China 2005"（http://www.defenselink.mil/news/Jul2005/d20050719china.pdf）（last visited August 20, 2008), p. 29.
(128) 推進方式は前掲注（124）参照。
(129) 同上。
(130) 防衛庁・前掲注（ 9 ）55-56頁。

3　大量破壊兵器拡散の状況

短距離弾道ミサイルも990〜1070基保有しており、台湾対岸におけるDF-15（東風15／CSS-6：固体燃料推進式）やDF-11（東風11／CSS-7：固体燃料推進式）の配備数増加の動きが見られる[131]。さらにこれら短距離弾道ミサイルは年間100基以上のペースで増加していると指摘されている[132]。これらミサイルは衛星を利用したナビゲーション技術と相まって正確性が向上されていると考えられる[133]。

中国の主な弾道ミサイル

種別	名称	射程	配備数[134]
ICBM	DF-5（CSS-4）	12,000〜13,000km	約20
	DF-31（CSS-9）	8,000〜10,000km	10未満
MRBM	DF-3（CSS-2）	2,650〜2,800km	15〜20
	DF-21（CSS-5）	2,150〜2,500km	60〜80
SRBM	DF-15（CSS-6）	600km	990〜1070
	DF-11（CSS-7）	300km	

出典：防衛白書等を基に筆者作成

④　**中国による拡散と輸出管理**　中国はこれまでパキスタンの核開発やミサイル開発を支援し、イランのミサイル開発等を援助してきたと言われている。

最近の中国政府は積極的に不拡散に関与する姿勢を見せており、輸出管理分野においても法制度の整備を進めている。2003年12月、中国政府は「中国の拡散防止の政策と措置」を発表し、大量破壊兵器の拡散に反対する立場を明確にした。輸出管理法制度については、核兵器、生物・化学兵器、ミサイル関連の輸出管理法制を順次整備してきた[135]。2003

---

[131] 同上56頁。配備数は前掲注（124）56頁参照。
[132] U.S. Department of Defense, "Annual Report to Congress: Military Power of the People's Republic of China 2008", *supra* note 124, p.56.
[133] U.S. Department of Defense, "Proliferation: Threat and Response", *supra* note 114, p.17.
[134] U.S. Department of Defense, "Annual Report to Congress: Military Power of the People's Republic of China 2008", *supra* note 124, p.56.
[135] 中華人民共和国国務院報道弁公室「中国の拡散防止の政策と措置」(2003.12)

第 1 章　大量破壊兵器の拡散と輸出管理の意義

年 9 月には、中朝国境において核開発に転用可能な化学薬品の北朝鮮向け輸出を阻止した(136)。本事案について米国のパウエル国務長官は中国が米国と協力して阻止したことを示唆し、評価している(137)。さらに、2004年には NSG にも加盟した。

このように中国は NSG に加盟し、輸出管理法制を整備する等、拡散に対する姿勢を改善している。しかしながら、依然として中国企業がパキスタンやイランへの拡散に関与していると指摘されている(138)。実際米国政府は中国企業を拡散に関与したとして累次にわたり制裁を課しており、例えば2006年 6 月にはイランのミサイル開発に関与したとして中国企業 4 社に対して資産凍結を課した(139)。さらに、北朝鮮がイランに軍需品を輸出する際に中国の空港や港湾で積替を行うことを中国が容認しているとも批判されている(140)。一方、ジョージア大学の報告書によ

(http://en.invest.china.cn/ja-book/fangkuosan/fangkuosan.htm)（最終訪問日：2008年 8 月20日）。
(136) U.S. Central Intelligence Agency, *supra* note 89.
(137) Secretary Colin L. Powell, "Remarks at Conference on China-U.S. Relations" (http://www.state.gov/secretary/former/powell/remarks/2003/25950.htm) (last visited August 20, 2008). また、輸出が阻止されたのはプルトニウムを抽出する再処理の過程で使用される溶媒であるリン酸トリブチル（TBP）であるという報道もある（2004．2．21付朝日新聞朝刊 1 面）。なお、TBP は経済産業省が公表している「懸念貨物例リスト」にも掲載されている（第 2 章 2 (3)【コラム10：懸念貨物例リスト】参照）。
(138) U.S. Central Intelligence Agency, *supra* note 89.
(139) 米国政府の制裁は U.S. Department of States, Bureau of International Security and Nonproliferation (ISN), "Nonproliferation Sanctions" (http://www.state.gov/t/isn/c15231.htm) (last visited September 9, 2008) を参照。WMD 拡散に関与したとして資産凍結が課されたのは、Alite Technologies Company, Ltd. (ALCO), LIMMT Economics and Trade Company, Ltd, China Great Wall Industry Corporation (CGWIC), China National Precision Machinery Import/Export Corporation (CPMIEC)。米国財務省の発表 (U.S. Department of Treasury, "Treasury Designates U.S. and Chinese Companies Supporting Iranian Missile Proliferation" (2006.6.13) (http://www.treas.gov/press/releases/js4317.htm) (last visited September 9, 2008)) 参照。このうち、CGWIC については2008年 6 月に制裁が解除された。
(140) U.S.-China Economic and Security Review Commission, "2007 Report to Congress", (http://www.uscc.gov/annual_report/2007/report_to_congress.pdf) (last

ると、中国政府で汎用品の輸出管理を担当する商務部で輸出管理の任にあたっている者はわずか7名である[141]。我が国の輸出管理担当部局である経済産業省安全保障貿易管理課や安全保障貿易審査課の人数と比べても十分な人数とは言い難い。したがって、広大な国土を有し、経済発展が著しい中国はさらなる輸出管理の充実が課題であろう。MTCR等の国際輸出管理レジームに加盟を申請しながら認められないことの背景には、このように中国が輸出管理において十分な実効性を担保できていないことが指摘されている[142]。制度整備を進めた次の課題は確実な執行であり、輸出管理の実効性向上が求められている。

コラム5 中国の通常兵器

本書は大量破壊兵器の拡散を中心に論じているため、通常兵器の蓄積動向については基本的に議論していないが、中国は我が国周辺地域で安全保障に大きな影響力を有することから、核兵器や弾道ミサイル戦力だけでなく通常戦力、特に海空軍の近代化、海洋における活発化等の動向には注目しなければならない[143]。輸出管理の観点からも、中国の通常戦力の水準がワッセナー・アレンジメント（WA）の目的にもある通常兵器の過度な蓄積に該当しないか、その結果として地域や国際社会の安定に否定的な影響を与える可能性はないか、常に念頭におくことが重要である。

①通常戦力概観

中国はWAに加盟していない。

中国は核兵器や弾道ミサイル戦力と並んで海空軍力の近代化を進めている。海軍ではロシアからキロ級潜水艦やソブレメンヌイ級駆逐艦を導入し、空軍ではSu-27戦闘機のライセンス生産及びSu-30戦闘機の導入を進めている。さらに、空中給油機や早期警戒管制機の獲得へ向けた努力や、巡航ミサイルの開発も進めている[144]。また、2004年中国は新型の元（Yuan）級潜水艦が進水し、新型原子力潜水艦（093型）も艦隊に配備された[145]。

---

visited August 20, 2008), p.117.

[141] Center for International Trade and Security, University of Georgia "Export Controls in the People's Republic of China" (http://www.uga.edu/cits/documents/pdf/CITS%20China%20Final.pdf) (last visited August 20, 2008) (2005.2).

[142] U.S.-China Economic and Security Review Commission, *supra* note 140, p.111.

[143] 防衛庁・前掲注（34）。

[144] 防衛庁・前掲注（32）57-58頁。

第1章　大量破壊兵器の拡散と輸出管理の意義

　　こうした装備の近代化と並行して中国軍の活動も活発化している。特に海洋における活動が活発化しており、2004年11月には原子力潜水艦が国際法に違反して我が国の領海内を潜没航行したことは記憶に新しい。この他にも海洋調査活動を行っていると考えられる海軍艦艇が確認されており、2005年には日中中間線付近のガス田周辺を海軍艦艇が航行した[146]。こうした活発な活動の目的としては、領土や領海を防衛するためのほか、ガス田などの海洋権益を獲得し、維持することや、経済活動の活発化に伴って海上輸送路を保護すること等が指摘されている[147]。

②国防予算

　　中国の公表国防予算は19年連続で10%以上の伸びを記録している。この公表国防費の増額ペースは5年毎に倍増するペースであり、過去19年間で公表国防費は名目上16倍の規模になった[148]。また、公表国防費の内訳の詳細について公表していない[149]。しかも、公表国防費には外国からの兵器調達費（ロシアからだけでも年間30億ドルにも上るという）や、準軍隊である人民武装警察の費用、核兵器や弾道ミサイル部隊（第二砲兵という）の維持経費、防衛産業への補助金、防衛関連研究費等が含まれていないという。合計するとこれらの追加的経費により真の国防予算は公表されている予算の数字の2～3倍に増大する可能性がある[150]。実際の中国の軍事関連支出は970～1390億ドルにも達すると米国国防省は考えている[151]。

③欧州連合（EU）による対中武器禁輸解除の懸念

　　1989年の天安門事件以降、欧米諸国は中国に対して武器禁輸を実施している。しかしながら、EUでは対中武器禁輸の解除が検討されている。これに対して懸念が表明されており、具体的には、中国は先進的な宇宙関連技術、レーダーシステム、早期警戒機、潜水艦技術、精密誘導兵器システ

---

[145] U.S. Department of Defense, Office of the Secretary of Defense, "Annual Report to Congress: Military Power of the People's Republic of China 2006" (http://www.defenselink.mil/pubs/pdfs/China%20Report%202006.pdf) (last visited August 20, 2008), p. 4.

[146] 防衛庁・前掲注（22）46頁。

[147] 同上。

[148] 防衛省・前掲注（100）50頁。

[149] 同上55頁。

[150] U.S. Department of Defense, "Annual Report to Congress: Military Power of the People's Republic of China 2005", *supra* note 127, p. 21, 22.

[151] U.S. Department of Defense, "Annual Report to Congress: Military Power of the People's Republic of China 2008", *supra* note 124, p. 32.

ム用の先進的な電子部品の取得に関心を持っているが、EUの武器禁輸解除により、中国への兵器供給をめぐる国際的な競争を激化させ、中国にロシア、イスラエル等が兵器売却の制限を緩めるようにする交渉材料を与えることになる。潜在的なEU諸国との競争を意識して既にロシアは中国に売り込む兵器システムの範囲を拡大し、より高度な武器を売却する可能性があるという。実際、2004年、ロシアは新型の戦闘機であるフランカー(Su-30MK2)を中国に供給し、S-300PMU2地対空ミサイル・システムの売却契約を締結している。また、2000年にイスラエルはファルコン早期警戒用レーダーの売却を中止したが、中国は引き続きIL-76の機体で作る早期警戒機(AWACs)の導入を図っていると指摘されている[152]。

④民生技術の軍事転用

中国は外国からの技術導入を積極的に推進しているが、こうして移転された技術が軍事転用されているとの指摘もある。中国は「民生品に防衛産業が参加することにより、軍事用途に応用可能な汎用技術を確保しようとしている[153]」と指摘されており、中国政府自身も国防白書において、防衛産業に関し、「ハイテク産業で先導し、軍民両用の主導産業を主体」とし、「軍民両用のハイテク産業を優先的に発展させ、各業種の先進的民生技術を国防整備に役立てる」と表明している[154]。こうした方針を中国政府は「軍を民に宿らせる[155]」と表現している。実際、IT企業である華為(Huawei)や大唐(Datang)、中興(Zhongxing)等は人民解放軍と緊密な関係を保っており、研究開発で協力しているという[156]。また、米国政府の報告書では、中国は自国内だけでなく「外国の研究機関や生産施設における産業スパイや技術の不法移転によって必要な能力を獲得している[157]」と指摘され、米国の研究機関や工場等からの技術流出も懸念している。米国技術にとって最大の脅威は中国のスパイ行為であり、2000年から06年までの間で米国国土安全保障省は中国への不法輸出や不法技術移転の嫌疑で400件以上の捜査を行ったという[158]。

---

(152) U.S. Department of Defense, "Annual Report to Congress: Military Power of the People's Republic of China 2006", *supra* note 145, p. 22.

(153) U.S. Department of Defense, "The Military Power of the People's Republic of China 2005", *supra* note 127, p. 22.

(154) 中国政府・前掲注(122)第7章。

(155) 同上。

(156) U.S. Department of Defense, "Annual Report to Congress: Military Power of the People's Republic of China 2008", *supra* note 124, p. 35.

(157) U.S. Department of Defense, "Military Power of the People's Republic of China 2006", *supra* note 145, p. 22.

（3）インド

核		化学・生物兵器			ミサイル	通常兵器
NPT	NSG	CWC	BWC	AG	MTCR	WA
×	×	〇	〇	×	×	×

(2008年7月1日現在)

① **核** （i）**全　般**　インドはNPT未加盟である。1974年及び1998年に核実験を実施している。なお、この1974年のインドによる核実験が、原子力関連の貨物の輸出や技術の移転を管理する輸出管理レジームである原子力供給国グループ（NSG）設立の契機となった[159]。NSGにも参加していない。

インドは最小限の核抑止力の保持を国家安全保障政策としている。同時にインドは核の先制不使用政策を維持し、核実験モラトリアムを継続している[160]。

米国によれば外国技術の導入は核兵器の近代化に寄与するものの、インドは国産でプルトニウム型の核兵器を製造するために必要な能力を有していると評価している[161]。

（ii）**核分野における米国との協力**　米国はインドを中東と中国、中央アジアの間に位置する死活的に重要な地域であると認識している[162]。1998年の核実験以降米国は経済制裁を課していたが、2001年9月に解除された。同年11月にはバジパイ首相とブッシュ大統領が会談し、両国関係の改善で一致した[163]。2004年1月、両国は「戦略的パートナーシッ

---

[158] U.S. Department of Defense, "Annual Report to Congress: Military Power of the People's Republic of China 2008", *supra* note 124, p. 37.

[159] 外務省「原子力供給国グループ（NSG）の概要」(http://www.mofa.go.jp/mofaj/gaiko/kaku/nsg/index.html)（最終訪問日：2008年8月21日）。

[160] 防衛庁・前掲注（32）71頁。

[161] U.S. Department of Defense, "Proliferation: Threat and Response", *supra* note 114, p. 23.

[162] U.S. Department of State, Office of the Spokesman, "Background Briefing by Administration Officials on U.S.-South Asia Relations" (2005. 3. 25) (http://www.state.gov/r/pa/prs/ps/2005/43853.htm) (last visited August 21, 2008).

[163] U.S. Department of State, Bureau of South and Central Asian Affairs, "Background Note: India" (http://www.state.gov/r/pa/ei/bgn/3454.htm) (last visited

3　大量破壊兵器拡散の状況

プ構築のための次なるステップ」(164)に合意し、民生用原子力、民間の宇宙開発、ハイテク貿易、ミサイル防衛分野での協力強化に合意した(165)。2005年7月、シン首相が訪米し、ブッシュ大統領と会談した。会談後の米印共同声明では米国がインドの民生用原子力分野で協力するためにNSGで関係国に働きかけを行うことを表明した(166)。その後、民生用原子力協力については、2006年3月のブッシュ大統領訪印に際して、協力の前提となるインドの原子力施設の民生用と軍事用への特定・分離等について合意した。同年末には米国議会がIAEA保障措置の適用されていないインドに対する原子力協力を可能にする米印平和的原子力協力法案を可決した(167)。2008年8月にはIAEAとインドは保障措置協定を締結し、9月にNSGは「インドとの民生用原子力協力に関する声明」を採択し、インドへの民生用原子力協力に道を開いた。同年10月に米印両国は民生用原子力協力に関する二国間協定に合意した(168)。こ

August 21, 2008).
(164) Next Steps in Strategic Partnership with India (NSSP).
(165) The Whitehouse, "President's Statement on Strategic Partnership with India" (2004. 1. 12)(http://www.whitehouse.gov/news/releases/2004/01/20040112-1.html) (last visited August 21, 2008).
(166) The Whitehouse, "Joint Statement Between President George W. Bush and Prime Minister Manmohan Singh" (2005. 7. 18) (http://www.whitehouse.gov/news/releases/2005/07/print/20050718-6.html) (last visited August 21, 2008).
(167) 外務省「最近のインド情勢と日印関係」(2008. 5) (http://www.mofa.go.jp/mofaj/area/india/kankei.html) (最終訪問日：2008年8月21日)、防衛省・前掲注(100) 73頁。
(168) International Atomic Energy Agency (IAEA), "IAEA Board Approves India Safeguard Agreement", (2008. 8. 1) (http://www.iaea.org/NewsCenter/News/2008/board010808.html) (last visited October 10, 2008); NSG, "NSG Public Statement Extraordinary Plenary Meeting Vienna, 4-6 September 2008", (2008. 9. 6)(http://www.nuclearsuppliersgroup.org/PRESS/2008-09-Press-Vienna.pdf) (last visited October 10, 2008); 外務省「原子力供給国グループ (NSG) 第2回臨時総会（概要及び我が国の対応)」(2008. 9. 9) (http://www.mofa.go.jp/mofaj/gaiko/kaku/nsg/nsg_08rs_g.html) (last visited October 10, 2008); U.S. Department of State, Office of the Spokesman, "U.S.-India Civil Nuclear Cooperation Initiative -Bilateral Agreement on Peaceful Nuclear Cooperation" (2008. 10. 10) (http://www.state.gov/r/pa/prs/ps/2008/oct/110920.htm) (last visited October 17, 2008).

第1章　大量破壊兵器の拡散と輸出管理の意義

うした不拡散分野での協力進展により、米国商務省が公表している懸念企業リストである Entity List からはインド企業が減少している(169)。

このように NPT 上の核兵器国ではないにもかかわらず、核兵器を開発した国であるインドを「特別扱い」をする理由の一つとして、米国はインドからの拡散の事例がないことが他の北朝鮮等の拡散懸念国とは違うと指摘している(170)。

②　**生物・化学兵器**　インドは BWC、CWC の締約国である。AG には参加していない。

生物兵器や化学兵器を保有しているという指摘はないが、こうした兵器に利用可能な専門知識や産業基盤がある旨の指摘はある(171)。

③　**弾道ミサイル**　インドは MTCR に参加していない。

インドは各種の弾道ミサイルを開発・保有している。2003年には中距離弾道ミサイルのアグニ2（射程：2,000km）を実戦配備することを公表するとともに発射実験を行っている(172)。より長射程のミサイルや潜水艦発射型のミサイルを開発していると指摘されている(173)。2007年4月には開発中のアグニ3（射程：3,000km 以上）の発射実験を行った(174)。

④　**輸出管理**　インドは従来から輸出管理に関する法律を有していたが、輸出管理の充実に向けて努力している。2003年に公表された核戦

---

(169) Entity List は米国商務省が公表している大量破壊兵器開発との関連が疑われる企業・組織に関するリストで、リスト掲載企業・組織向けの輸出は米国商務省の許可が必要である。米国商務省ホームページ（http://www.bis.doc.gov/Entities/Default.htm）（last visited August 21, 2008）参照。

(170) R. Nicholas Burns, Under Secretary of State for Political Affairs, "Press Briefing in India" (2006. 3. 2) (http://www.state.gov/p/us/rm/2006/62424.htm) (last visited August 21, 2008).

(171) U.S. Department of Defense, "Proliferation: Threat and Response", *supra* note 114, p. 24.

(172) 防衛庁・前掲注 (32) 16頁。射程は Duncan Leeox Ed., "Jane's Strategic Weapon Systems" Issue Forty (2004. 1) による。

(173) U.S. Department of Defense, "Proliferation: Threat and Response", *supra* note 114, p. 25.

(174) Government of India, Ministry of Defence, "AGNI III LAUNCHED SUCCESSFULLY" (2007. 4. 12) (http://pib.nic.in/release/release.asp?relid=26817) (last visited May 10, 2007).

略においては核兵器、ミサイル関連部品、技術の輸出管理の継続等を表明した(175)。2005年には「2005年大量破壊兵器及びその運搬手段に係る不法行為防止法」を制定した。本法によりキャッチオール規制や積替規制等が導入された(176)。

(4) パキスタン

核		化学・生物兵器			ミサイル	通常兵器
NPT	NSG	CWC	BWC	AG	MTCR	WA
×	×	○	○	×	×	×

(2008年7月1日現在)

① 核　パキスタンはNPT未加盟である。NSGにも参加していない。

　パキスタンはインドの核保有に対抗するために核開発を開始したとみられ、オランダのウラン濃縮施設で勤務していたカーン博士が所長を務めるカーン研究所が中心となってウラン濃縮型の核兵器の開発を進め、1998年に核実験を行った。他方、カーン博士は個人的に北朝鮮、イラン、リビアにウラン濃縮技術を移転していたことが明らかとなった(177)。パキスタンはインドの核及びインドの優勢な通常戦力に対抗するためには、核抑止力を保持することが安全保障と自衛の観点から必要不可欠であるとしている(178)。なお、核開発の経緯から同国の核兵器はウラン濃縮型であると考えられているが(179)、プルトニウム生産技術を開発している

---

(175) 防衛庁・前掲注（32）71頁。
(176) The Weapons of Mass Destruction and Their Delivery Systems（Prohibition of Unlawful Activities）Act, 2005（http://meaindia.nic.in/actsadm/30aa08.pdf）(last visited May 10, 2007).
(177) 防衛庁・前掲注（32）9頁。「カーン・ネットワーク」は後述(8)①「カーン・ネットワーク」参照。
(178) 防衛庁・前掲注（32）72頁。U.S. Department of Defense, "Proliferation: Threat and Response", *supra* note 114, p.25.
(179) U.S. Department of Defense, "Proliferation: Threat and Response", *supra* note 114, p.27.

という指摘もある(180)。

パキスタンの核開発に当たっては中国が核施設の建設に必要な資材や技術の援助をしてきたと言われている(181)。また1980年代初めに中国から核兵器の設計図を譲り受け、それが「カーン・ネットワーク」によってリビアに提供されたという指摘もある(182)。

② **生物・化学兵器**　パキスタンはBWC、CWCの加盟国である。AGには参加していない。

生物兵器や化学兵器を保有しているという指摘はないが、限定的な研究・産業基盤がある旨の指摘がある(183)。

③ **弾道ミサイル**　パキスタンはMTCRに参加していない。

パキスタンは各種の弾道ミサイルを開発・保有している。2003年中距離弾道ミサイルのガウリ（射程1,300km）を部隊に配備し、シャヒーン2（射程2,000km）の発射実験を行った(184)。パキスタンのミサイル開発では北朝鮮と中国の支援が指摘されている。既述のようにガウリは北朝鮮のノドンが基になっていると言われている。また、中国企業はパキスタンの固体燃料推進式ミサイル（おそらくシャヒーン2(185)）の生産や開発を支援していると指摘されている(186)。

---

(180) Maples, *supra* note 108.

(181) U.S. Department of Defense, "Proliferation: Threat and Response", *supra* note 114, p.27; Shirley A. Kan, Congressional Research Service (CRS), "China and Proliferation of Weapons of Mass Destruction and Missiles: Policy Issues" (Updated 2008.3.6) (http://ftp.fas.org/sgp/crs/nuke/RL31555.pdf) (last visited August 21, 2008), pp.3-6.

(182) Kan, "China and Proliferation of Weapons of Mass Destruction and Missiles: Policy Issues", *supra* note 180, p.6.

(183) U.S. Department of Defense, "Proliferation: Threat and Response", p.28, *supra* note 114.

(184) 防衛庁・前掲注（32）16-17頁。ガウリとシャヒーン2の射程はU.S. Department of Defense, "Proliferation: Threat and Response", *supra* note 114, p.29.

(185) Sharon A. Squassoni, CRS, "Weapons of Mass Destruction: Trade Between North Korea and Pakistan" (Updated 2004.3.11) (http://fpc.state.gov/documents/organization/21902.pdf) (last visited August 21, 2008), p.10によればシャヒーン1及びシャヒーン2は中国のM-11ミサイルを基にした固体燃料推進式ミサイルである。

3　大量破壊兵器拡散の状況

④　**輸出管理**　　パキスタンも輸出管理体制の整備に努めている。2004年9月には核・生物兵器関連貨物・技術輸出管理法[187]を制定した。同法ではキャッチオール規制が規定されているほか積替等も規制されている[188]。また、同法を受けて2005年10月には輸出申請が必要な規制リストを策定した[189]。

(5) イラン

核		化学・生物兵器			ミサイル	通常兵器
NPT	NSG	CWC	BWC	AG	MTCR	WA
○	×	○	○	×	×	×

(2008年7月1日現在)

①　**核**　　イランはNPTに加盟している。NSGには参加していない。
しかしながら、2002年8月、反体制派組織の暴露により、同国のナタンズ及びアラクにおける大規模原子力施設の秘密裏の建設が発覚したことを皮切りに、イランの核問題が国際原子力機関（IAEA）等の場で大きく取り上げられることとなった[190]。IAEAによる査察の結果、イラ

---

[186] U.S. Central Intelligence Agency, *supra* note 89.
[187] Export Control on Goods, Technologies, Material and Equipment related to Nuclear and Biological Weapons and their Delivery Systems Act, 2004
[188] IAEA, "Pakistan's national legislation entitled: "Export Control on Goods, Technologies, Material and Equipment related to Nuclear and Biological Weapons and their Delivery Systems Act, 2004"" (2004. 11. 23) (http://www.iaea.org/Publications/Documents/Infcircs/2004/infcirc636.pdf) (last visited August 21, 2008).
[189] IAEA, "Communication of 19 January 2006 from the Permanent Mission of Pakistan to the Agency concerning 'Control Lists of Goods, Technologies, Materials and Equipment related to Nuclear and Biological Weapons and their Delivery Systems' adopted by Pakistan" (2006. 2. 20) (http://www.iaea.org/Publications/Documents/Infcircs/2006/infcirc669.pdf) (last visited August 21, 2008). なお、同通報によると化学兵器関連の剤や運搬手段については既にChemical Weapons Convention Implementation Ordinance 2000により規制されているとのことである。また、同規制リストはEUの規制リストを参考にして策定したとある。
[190] 外務省「イランの核問題（概要及び我が国の立場）」(2006. 11. 8) (http://www.mofa.go.jp/mofaj/gaiko/fukaku/iran.html) (最終訪問日：2008年8月21日).

第 1 章　大量破壊兵器の拡散と輸出管理の意義

ンは IAEA に申告することなくウラン濃縮を含む活動を行っていたことが明らかとなった[191]。IAEA の報告によれば、イランは1987年「秘密の供給ネットワーク」(「カーン・ネットワーク」を指すと思われる[192])から遠心分離機の図面を受領し、2001年にはナタンツにウラン濃縮施設の建設を開始し、50,000台以上の遠心分離機を使用するウラン濃縮を計画していた。さらに、イランはウラン濃縮計画を隠蔽するために様々な措置をとった[193]。現在も IAEA の査察が継続しており全貌は明らかになっていない。その後の IAEA の報告では、核兵器の成形に関する情報をイランが入手していたことが明らかになった[194]。

　もちろん、これまで明らかになった事実関係は必ずしもイランが核兵器を開発していることを示すものではない。米国で2007年末に公表された国家情報評価では、イランは2003年秋まで核兵器開発に従事していたが、国際社会からの圧力に対応してその後は活動を停止していると評価している[195]。

　IAEA はイランに対して累次にわたり IAEA への協力や、信頼醸成のためにウラン濃縮活動の停止等を求めてきたが、イラン側は応じず、2006年7月、国連安保理決議1696が採択され、イランに対してウラン濃縮活動等の停止を命じた[196]。同決議をイラン側が履行する姿勢を見せ

---

[191] 防衛庁・前掲注 (32) 8頁。
[192] U.S. Central Intelligence Agency, *supra* note 89.
[193] IAEA, "Implementation of the NPT Safeguards Agreement in the Islamic Republic of Iran" (2004.11) (http://www.iaea.or.at/Publications/Documents/Board/2004/gov2004-83.pdf) (last visited August 21, 2008).
[194] IAEA, "Implementation of the NPT Safeguards Agreement in the Islamic Republic of Iran" (2006.2) (http://www.iaea.or.at/Publications/Documents/Board/2006/gov2006-15.pdf) (last visited August 21, 2008); New York Times, "Relying on Computer, U.S. Seeks to Prove Iran's Nuclear Aims" (2005.11.13) (http://www.nytimes.com/2005/11/13/international/middleeast/13nukes.html?_r=1&scp=1&sq=iran%20nuclear%20computer&st=cse&oref=slogin) (last visited August 21, 2008).
[195] US National Intelligence Estimate, "Iran: Nuclear Intentions and Capabilities" (2007.11) (http://www.dni.gov/press_releases/20071203_release.pdf) (last visited January 29, 2008)。
[196] 前掲注 (190)。

なかったため、同年12月には濃縮関連・再処理活動及び重水関連の拡散上機微な核活動に関連する物資、人、資金に関する措置を含む国連安保理決議1737が採択され、さらに2007年3月に資産凍結対象等の追加や武器等の取引に措置対象を拡大する措置を含む国連安保理決議1747が採択された[197]。

② **生物・化学兵器** イランは BWC・CWC 締約国である。AG には参加していない。

化学兵器について、米国はイランは既に過去に製造したびらん剤、血液剤、窒息剤等を保有している可能性があると評価しており、生物兵器に関しては少なくとも少量の生物剤を生産する能力があるとみている[198]。

③ **弾道ミサイル** イランは MTCR に参加していない。

イランは北朝鮮や中国の協力を得つつ、弾道ミサイルの開発を行っていると言われている[199]。イランが保有する射程1,300km のシャハブ3はノドンが基になっているとされている[200]。また、さらに長射程のミサイルの開発をしており、米国は2015年までに ICBM を開発する技術的能力を保有すると判断している[201]。また、中国企業がイランの弾道ミサイル開発を援助していると指摘されている[202]。米国はイランへの拡散に関与したとして中国企業に制裁を課している[203]。

---

[197] 外務省「外交青書2008」(2008年) (http://www.mofa.go.jp/mofaj/gaiko/bluebook/2008/html/h2/h2_25.html) (最終訪問日：2008年8月21日)。
[198] U.S. Central Intelligence Agency, *supra* note 89.
[199] *Ibid*.
[200] 防衛庁・前掲注 (32) 9頁。
[201] Jacoby, *supra* note 108.
[202] U.S. Central Intelligence Agency, *supra* note 89.
[203] イラン不拡散法違反制裁企業については、http://www.state.gov/t/isn/c15234.htm 参照。

第1章　大量破壊兵器の拡散と輸出管理の意義

（6）イスラエル

核		化学・生物兵器			ミサイル	通常兵器
NPT	NSG	CWC	BWC	AG	MTCR	WA
×	×	× 署名のみ	×	×	×	×

（2008年7月1日現在）

① **核**　イスラエルはNPTに加盟していない。NSGにも参加していない。

イスラエルは公式に核兵器の保有を宣言したことはないが、核兵器を保有していると言われており、既に1960年代末には開発を完了していたと指摘されている[204]。なお、イスラエル政府は核兵器保有について肯定も否定もしていない[205]。

② **生物・化学兵器**　イスラエルはBWC非締約国である。CWCには署名しているが批准していない。AGには参加していない。米国議会調査局（CRS）の報告によると化学兵器を開発又は製造している可能性がある[206]。

③ **弾道ミサイル**　イスラエルはMTCRに加盟していない。

イスラエルはジェリコ1（射程：500km）、ジェリコ2（射程：1,500～3,000km）といった弾道ミサイルを保有している[207]。

---

[204] Australian Government," Weapons of Mass Destruction: Australia's Role in Fighting Proliferation" Chapter 1, *supra* note 47; Paul K. Kerr, CRS, "Nuclear, Biological, and Chemical Weapons and Missiles: Status and Trends" (http://fas.org/sgp/crs/nuke/RL30699.pdf) (Updated 2008.2.20) (last visited August 21, 2008), pp.6, 10. なお、オーストラリア政府の報告書では核兵器国が色塗りされており、NPT上の核兵器保有国（米、露、英、仏、中）、非NPT核兵器国（Nuclear Capable States）（印、パ、イスラエル）、核兵器拡散懸念国（北朝鮮、イラン）と分類されており、イスラエルは印パ両国と同列の扱いとなっている。

[205] 外務省・前掲注（1）37頁。

[206] Kerr, *supra* note 204, p.14, 20.

[207] MDA, "Evolving Security Environment – 2006" (http://www.mda.mil/mdalink/pdf/BM2006.pdf) (last visited August 21, 2008). 射程はDuncan Leeox *ed.*, "Jane's Strategic Weapon Systems" Issue Forty (2004.1) による。

（7）リビア

核		化学・生物兵器			ミサイル	通常兵器
NPT	NSG	CWC	BWC	AG	MTCR	WA
○	×	○	○	×	×	×

（2008年7月1日現在）

① **核** 　リビアはNPTに加盟している。NSGには参加していない。しかしながら、リビアは「カーン・ネットワーク」を通じて秘密裏に核関連貨物や技術を入手した[208]。その中には、パキスタンの遠心分離機の設計[209]、核兵器設計文書[210]（ワシントン・ポスト紙によるとその中には中国語の文書が含まれていたという[211]）、6フッ化ウラン[212]等がある。さらに、「カーン・ネットワーク」はマレーシアで遠心分離機の部品を製造させ、ドバイ経由でリビアに提供しようとした。この試みは失敗し、「カーン・ネットワーク」の存在が露見する端緒となった[213]。なお、リビアで発見された6フッ化ウランは北朝鮮との関連も指摘されている[214]。

② **弾道ミサイル**　　リビアはMTCRに参加していない。

　リビアはスカッドB・Cを保有しており、スカッドCは北朝鮮から支援を受けたものであることを明らかにした[215]。リビアはスカッドCの部隊を廃止し、5年以内にスカッドBも廃棄することに合意した[216]。

---

[208] U.S. Central Intelligence Agency, *supra* note 90.

[209] *Ibid.*

[210] Tenet *supra* note 86.

[211] Washington Post, "Libyan Arms Designs Traced Back to China; Pakistanis Resold Chinese- Provided Plans"（2004. 2. 15）。中国からパキスタンへの拡散については(4)「パキスタン」参照。

[212] Tenet, *supra* note 86.

[213] 本事案をはじめ「カーン・ネットワーク」は後述（8）①「カーン・ネットワーク」参照。

[214] Office of the Director of National Intelligence, "Unclassified Report to Congress on the Acquisition of Technology Relating to Weapons of Mass Destruction and Advanced Conventional Munitions, 1 January-31 December 2004"（http://www.dni.gov/reports/2004_unclass_report_to_NIC_DO_16Nov04.pdf）(last visited August 21, 2008).

[215] Tenet, *supra* note 86.

第1章　大量破壊兵器の拡散と輸出管理の意義

③　**生物・化学兵器**　リビアはBWC・CWCの締約国である。AGには参加していない。

リビアは化学兵器禁止機関（OPCW）の査察を受け入れ、OPCWは2004年3月にリビアの申告が正確であることを検証した。その査察により、リビアが約23トンのマスタードガスを保有し、弾薬は3,523発の未装填のものを保有していたこと等が明らかとなった。また、非稼働の化学兵器生産施設1か所及び兵器貯蔵施設2か所が申告された[217]。

④　**リビアの大量破壊兵器廃棄等に関する発表**　2003年12月、リビアは大量破壊兵器に関連する活動に関する情報を米英に開示し、以下の事項を約束した[218]。

- 化学兵器、核兵器計画の廃棄
- 全ての核関連活動をIAEAへ宣告
- 射程300kmを超え、ペイロード500kgを超える弾道ミサイルの除去
- IAEA追加議定書の署名
- CWCの批准
- 上記行動を検証するために査察活動を受け入れ

上記約束に基づき、IAEAやOPCWが査察活動を行い、リビアの過去の大量破壊兵器に関する活動が明らかになった。

2004年9月には大量破壊兵器及びミサイル計画の廃棄を監視するために米英両国と共同で「三か国運営協力委員会（Trilateral Steering and Cooperation Committee）」を設置した[219]。

---

[216] William J. Burns, "Statement by the Honorable William J. Burns- House international Relations Committee" (2005.3.16) (http://commdocs.house.gov/committees/intlrel/hfa20056.000/hfa20056_0.htm#0) (last visited August 21, 2008).

[217] Organisation for the Prohibition of Chemical Weapons (OPCW), "Initial Inspection in Libya Completed" (2004.3.22) (http://www.opcw.org/html/global/press_releases/2k4/PR10_2004.html) (last visited August 21, 2008).

[218] リビアの大量破壊兵器等廃棄宣言とその内容は米英両国により公表された (The Whitehouse, "Fact Sheet" (2003.12.19) (http://www.whitehouse.gov/news/releases/2003/12/20031219-8.html) (last visited August 21, 2008))。

（8）非国家主体[220]

　これまで拡散が懸念される国家について検討してきたが、国家のみを懸念対象として監視するだけでは不十分なことが明らかとなってきた。いわゆる「カーン・ネットワーク」の露見に伴い明らかとなった拡散に関与する違法調達ネットワーク、及び国際テロ組織等の非国家主体の活動にも注目する必要がある。

　① **「カーン・ネットワーク」**　（7）④で述べたように、2003年12月、リビアは大量破壊兵器の廃棄を宣言した。リビアの大量破壊兵器廃棄の宣言を受けて、IAEAはリビアへの査察を実施した。その査察の過程でリビアへの核関連貨物や技術を供給していたネットワークが存在し、こうした調達活動は「仲介者」を通じて実施されていたことが明らかとなった[221]。こうした調達活動がどのように行われたかを、次に説明したい[222]。

　リビア向けの核関連貨物等の調達に従事したネットワークは、一般に「カーン・ネットワーク」と呼ばれている。これはパキスタンの核開発に従事した科学者であるカーン博士がその中心にいたためであるが、このネットワークがパキスタン人だけで構成されていたわけではない。多くの国籍の者が関与しており、ドイツ人、イギリス人、トルコ人、スイ

---

[219] U.S. Department of State, Office of the Spokesman, "Libya's Decision To Eliminate WMD and MTCR-Class Missile Programs: An International Model" (2006. 3. 15)（http://www.state.gov/r/pa/prs/ps/2006/66245.htm）(last visited August 21, 2008).

[220] 非国家主体の定義については国連安保理決議1540（前掲注（33））参照。

[221] IAEA, "Implementation of the NPT Safeguards Agreement of the Socialist People's Libyan Arab Jamahiriya"（2004. 2）（http://www.iaea.or.at/Publications/Documents/Board/2004/gov2004-12.pdf）(last visited August 21, 2008).

[222] 以下の「カーン・ネットワーク」の活動に関する説明は、遠心分離機の部品を製造したマレーシア企業スコミ社に対するマレーシア警察の捜査報告に依拠している。Royal Malaysia Police Offce, "Press Release by Inspector General of Police in Relation to Investigation on the Alleged Production of Components for Libya's Uranium Enrichment Programme"（2004. 2）（http://www.iranwatch.org/government/Malaysia/malaysia-police-libyareport-022004.htm）(last visited January 29, 2008).

第1章　大量破壊兵器の拡散と輸出管理の意義

ス人の関与が指摘されている。その中でカーン博士の「右腕」として活動していたのがスリランカ人のタヒル氏である[223]。リビアはこのネットワークを通じて核関連貨物等の調達を試みた。リビアと「カーン・ネットワーク」は1997年から2002年にかけて多くの協議を行っている。協議を行った場所もリビアやパキスタンではなくイスタンブールやカサブランカ、ドバイといった場所で開催された。

「カーン・ネットワーク」を通じてリビアは核兵器開発に必要な多くの貨物を入手した。「カーン・ネットワーク」はウラン濃縮の原料となる6フッ化ウランをパキスタンからリビアに送付し、スペインやイタリアで調達した遠心分離機を製造できる機械もリビアに送った。また、これらの機械を操作するリビア人に対する訓練コースも提供した。さらに、タヒル氏は遠心分離機の部品となるアルミニウム管をマレーシアで調達してドバイ経由でリビアに提供しようとした。しかしながら、この試みは失敗し、その結果「カーン・ネットワーク」の存在が明らかとなった。

タヒル氏はアルミニウム管をマレーシア企業であるSCOPE社（SCOMI PRECISION ENGINEERING）に注文したが、同社は遠心分離機を製造する企業や原子力関連企業ではなく、車両部品や高精度の部品を製造するメーカーである。SCOPE社はタヒル氏が注文したアルミニウム管が遠心分離機の部品用であるとは知らなかった。タヒル氏はSCOPE社に対し、アルミニウム管はドバイでの石油・ガス産業で使用されると虚偽の説明をした。また、タヒル氏はSCOPE社の生産活動を監督するために「技術コンサルタント」をネットワークから派遣し、アルミニウム管が遠心分離機に使えるように製造過程をチェックした。SCOPE社は、完成したアルミニウム管をタヒル氏から最終需要者が所在していると言われていたドバイに向けて出荷した。これら部品はドバイでBBCチャイナ号に積み換えられ、リビアへ向けて出港した。しかし、BBCチャイナ号が途中に寄港したイタリアの港でアルミニウム管を含む多数の遠心分離機用の部品が発見され、押収された。本件が露見したのは2003年

---

(223) タヒル氏をカーン博士の「右腕（deputy）」と呼んだのはブッシュ大統領の国防大学における演説（注46参照）。

10月のことであり、リビアが大量破壊兵器の廃棄等を発表する2ヶ月前であった。

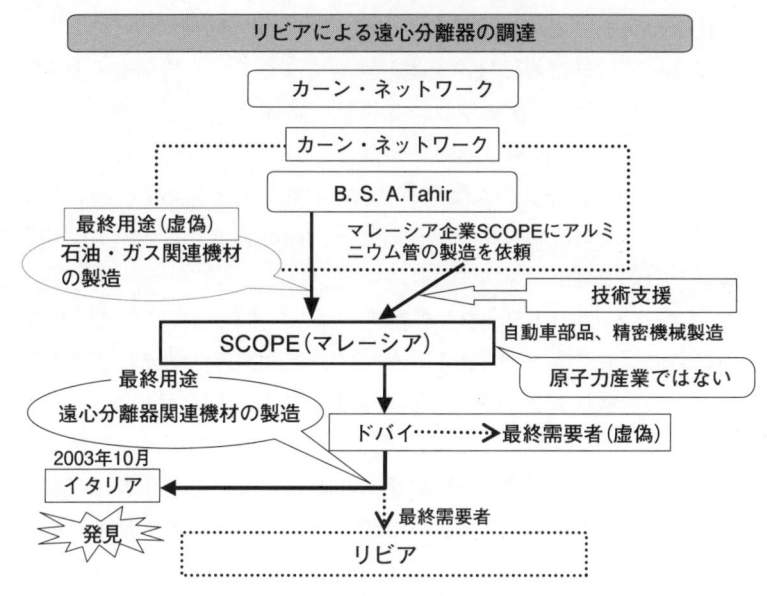

リビアによる遠心分離器の調達

- カーン・ネットワーク
- カーン・ネットワーク
- B. S. A.Tahir
- 最終用途（虚偽）：石油・ガス関連機材の製造
- マレーシア企業SCOPEにアルミニウム管の製造を依頼
- 技術支援
- SCOPE（マレーシア）
- 自動車部品、精密機械製造
- 原子力産業ではない
- 最終用途：遠心分離器関連機材の製造
- ドバイ → 最終需要者（虚偽）
- 2003年10月 イタリア 発見
- 最終需要者：リビア

出典：マレーシア警察の発表資料を基に筆者作成

さらに、「カーン・ネットワーク」の活動は南アフリカにも及んでいた。「カーン・ネットワーク」に関する国際的な調査や、リビアが核兵器計画廃棄宣言に伴って得られた情報に基づいて行われた捜査、IAEAとの協力によって、南アフリカ政府は必要な輸出許可を得ずにNSGで規制品目とされているフローフォーミング・マシーンを輸出したことでドイツ人やスイス人を逮捕した。これらの活動はリビアの核兵器計画で利用する目的であったとされている。一連の捜査で遠心分離ウラン濃縮施設に必要な機器が梱包された11個のコンテナが発見された[224]。

---

[224] Republic of South Africa, Department of Foreign Affairs, "South African Council for the Non-Proliferation of Weapons of Mass Destruction, Press Statement"（2004. 9）（http://www.dfa.gov.za/docs/2004/weap0910b.htm）（last visited January 29, 2008）; Jacob Blackford "Multilateral Nuclear Export Controls After the A.Q. Khan Network"（Institute of Science and International Security（ISIS））（Updated 05. 8）（http://www.isis-online.org/publications/expcontrol/multilateralexportcontrols.pdf）（last visited January 29, 2008）, p. 15.

第 1 章　大量破壊兵器の拡散と輸出管理の意義

　この他にも「カーン・ネットワーク」はパキスタンの遠心分離機の設計、核兵器の設計文書、遠心分離機を使ったウラン濃縮に利用する 6 フッ化ウランをリビアに提供したと言われるが、「カーン・ネットワーク」はリビア以外にも核技術を拡散させてきたという指摘もある[225]。IAEA はイランとリビアのウラン転換及び濃縮はいくつかの要素が共通しており、基本的な技術は極めて類似し、ほぼ同一の外部の供給源（foreign sources）から提供されたものであると報告している[226]。さらに、北朝鮮にもウラン濃縮技術を提供したと指摘されている（（ 1 ）① (ii)「高濃縮ウラン型」参照）。

　②　「カーン・ネットワーク」の教訓　　この事例から得られる教訓は次の 5 点に集約できると考える。第一に、拡散関連活動を取り締まるためには、大量破壊兵器の開発や保有が懸念される国だけでなく、「カーン・ネットワーク」のような違法調達ネットワークの監視も必要である。さらに、こうしたネットワークはテロ組織にとってより好ましい選択であるということを銘記しておくべきである。なぜならテロ組織にとってはこうしたネットワークを通じて大量破壊兵器関連の調達を図る方が、大量破壊兵器を保有する国家に支援を依頼するよりも容易であると考えられるからである。

　第二に、SCOPE 社の事例が典型的に示すように、大量破壊兵器関連活動と何ら関係がないと思われ、合法な取引を行っていると考える企業が巻き込まれる危険性が明らかとなった。この観点から、輸出品の最終需要者及び最終用途の確認は輸出者にとってこれまで以上に重要となっている。

　第三に、違法調達ネットワークは世界的な広がりをもっている。「カーン・ネットワーク」はパキスタン一国にとどまるものではなく、アジア、欧州、アフリカにまで及ぶ、多くの国や国籍の人が利用されたか、又は意図的に関与している。

---

[225] The Whitehouse, *supra* note 46.
[226] IAEA, "Implementation of the NPT Safeguards Agreement in the Islamic Republic of Iran"（2004. 2）（http://www.iaea.org/Publications/Documents/Board/2004/gov2004-11.pdf）（last visited August 21, 2008）.

第四に、地理的な距離は調達活動に影響を与えない。「カーン・ネットワーク」は遠心分離機の部品をマレーシアに発注し、リビアへ輸送しようとした。また、南アフリカでも調達活動を行った。したがって、自国の周辺に大量破壊兵器を開発しようとする国がないから我々は拡散に巻き込まれる心配はない、とは言えない。

　第五に、たとえ SCOPE 社は知らないうちに巻き込まれたとしても、拡散活動に関与してしまったという事実自体が企業及び国に与えるダメージは大きい。関与した際のコストは非常に大きくなっている。このような輸出管理のもつ国や企業にとってのリスク管理の側面、及びその重要性を指摘することができよう。

コラム6　「カーン・ネットワーク」と我が国

> 　本項で紹介した「カーン・ネットワーク」の活動に我が国の企業は含まれていない。しかし、だからといってネットワークの触手が我が国まで伸びていなかったとは言い切れない。後述する三次元測定器の不正輸出事件では、マレーシア向けに不正輸出された三次元測定機のうち一台が同国から再輸出され、IAEA 等により行われたリビアに対する査察の際、同国の核開発関連施設内で発見されている[227]。

　③　**国際テロ組織、テロリスト**　これまで大量破壊兵器開発が懸念される国やそれを支援するネットワークにつき紹介してきたが、最近ではテロリスト等の非国家主体による大量破壊兵器の開発、取得、使用が懸念されている[228]。2001年の米国同時多発テロの直後に起きた炭疽菌事件は、同時多発テロと相俟ってテロと大量破壊兵器の結びつきを改めて想起させた。米国はテロリズムを第一の脅威として挙げ、大量破壊兵器の拡散をテロに次ぐ脅威として列挙している。また、アルカイダ等の国際テロ組織が大量破壊兵器に関心を示していると指摘し、テロリストが

---

[227] 警察庁「焦点第273号──先端科学技術等を狙った対日有害活動」(2006.12)
　　(http://www.npa.go.jp/kouhousi/biki4/p05.html)（最終訪問日：2008年8月21日）。三次元測定器不正輸出事件は後述第3章2（3）Ⅶ「マレーシア等向け三次元測定機不正輸出事件」参照。
[228] 防衛庁・前掲注（32）8頁。

第1章　大量破壊兵器の拡散と輸出管理の意義

大量破壊兵器を使用することに警戒感を表明している[229]。さらに、国家による大量破壊兵器の使用よりテロリストによる使用の可能性が高いと指摘している[230]。

さらに、米国国防省の「4年ごとの国防計画の見直し(QDR)」では、米国同時多発テロのようにテロリストは「民間ジェット機をミサイルとして使って高層ビル等の現代性の象徴を狙う」とし、そのために「インターネットをサイバー上の聖域として活用し、資金移動や地理的に孤立したセルの訓練を可能にしている。携帯電話やテキスト・メッセージを攻撃命令や車爆弾の着火に利用している[231]」と極めて広範な活動を警戒している。

したがって、これらの脅威に対抗するためにQDRでは「米国の基本的な目標は敵対的な国家又は非国家主体が大量破壊兵器を取得することを防止することである。これは外交的、経済的な措置を伴うが、資機材へのアクセスを拒否し、輸送を拿捕し、生産計画を妨害するためには積極的な手段や軍事力の行使も伴う」と結論づけている。しかし、同時に「(米国)国防省はテロ思想に対抗する努力を全面的に支援するが、米国政府内のこの活動に対処する能力のほとんどは他省庁又は民間部門にある[232]」と認めている。我が国にも同じことが当てはまるといえ、示唆に富む指摘である。もはやこうした安全保障の担い手が軍にとどまらず「拡散」している現状を指摘できよう。「資機材へのアクセスを拒否」する第一義的な役割は輸出管理が担っている。国連安保理決議1540もこうした状況を踏まえ、「非国家主体が、核兵器、化学兵器及び生物兵器並びにそれらの運搬手段を取得、開発、取引又は使用することの危険性を重大に懸念[233]」している。我が国においても国際安全保障の一翼を輸

---

(229) Maples, *supra* note 108.
(230) John D. Negroponte, Director of National Intelligence, "Annual Threat Assessment of the Director of National Intelligence for the Senate Select Committee on Intelligence"（2006. 2. 2）(http://www.dni.gov/testimonies/20060202_testimony.pdf) (last visited August 21, 2008).
(231) U.S. Department of Defense, *supra* note 37, p. 21
(232) *Ibid.*, p. 22.
(233) 前掲注 (33)。

3　大量破壊兵器拡散の状況

出管理が担っているのであり、その重要な担い手は輸出や技術移転に係わる企業や大学・研究機関である。

　さらに、こうした脅威は我々にとって無縁のものではない。既に1995年の地下鉄サリン事件は、非国家主体によって大量破壊兵器が実際にテロに用いられた例として挙げられる。地下鉄サリン事件ではオウム真理教が自らサリンの生産を行い、またその散布手段はビニール袋に入れたサリンを傘で刺すという極めて原始的なものであった[234]。この地下鉄サリン事件は、テロリストがいかに容易に大量破壊兵器を用いて無差別テロを行うことができるかを世界に向けて実証してしまった[235]。大量破壊兵器を用いたテロはサリンのような化学剤だけでなく、核兵器でさえ原料さえ入手できれば兵器化は容易だと専門家は指摘する[236]。

---

[234] 警察庁「焦点第269号——警備警察50年」（2004.9）（http://www.npa.go.jp/kouhousi/biki2/sec02/sec02_09.htm）（最終訪問日：2008年8月27日）。
[235] Council on Foreign Relations（CFR）, "Aum Shinrikyo",（http://www.cfr.org/publication/9238/aum_shinrikyo_japan_cultists.htmlcfrterrorism.org/groups/aumshinrikyo.html）（last visited August 27, 2008）.
[236] Graham Allison, "Nuclear Terrorism"（Times Books, 2004）pp. 92-98, 213.

第2章 我が国の輸出管理制度

1 概観

　我が国は、平和国家としての立場から、大量破壊兵器をはじめとする兵器やその製造、開発、設計及び使用に関連する貨物の輸出や技術の提供について、国際的な協調体制の下に、外国為替及び外国貿易法（昭和24年法律第228号）（以下、「外為法」という。）及びその関連法令に基づき、厳格な輸出管理を行っている。以下では、我が国における輸出管理制度の概要について紹介したい。

（1）外為法による輸出管理と安全保障

　元来、外為法は、外国為替取引及び外国貿易並びにその他の対外取引の国家による統制を規定し、貿易管理やその決済手段である為替取引等を通じて国内経済の保護、国際収支の均衡、通貨価値の安定等を目的としていた法律である。当初の貿易管理の目的は、輸出の増加、輸入の減少による国際収支の受取超過を目的とし、輸出の管理は最小限度に止め、輸入の管理は相当厳重であるところのいわゆる「輸出自由」「輸入承認」の原則に沿ったものとなっていた[237]。現在の外為法の目的は、外為法第1条に規定されているとおり、「対外取引の正常な発展並びに我が国又は国際社会の平和及び安全を期し、もって国際収支の均衡及び通貨の安定を図るとともに我が国経済の健全な発展に寄与する」ことである。そのための手段も第1条には規定されており、「対外取引に対し必要最小限の管理又は調整を行うことにより」担保される仕組みとなっている。したがって、「管理」は「対外取引」に対して行うものであり、それは

---

[237] 小村保秀『関税法並びに外国為替及び外国貿易管理法における罰則研究』（法務研究報告書第42集第1号）（法務研究所、1954）。

「必要最小限」でなければならない。これが外為法による輸出管理の大前提となる。

こうした政策目的及び法的性格を有する外為法に基づく輸出管理は、国際的な安全保障をめぐる環境に応じて変化してきた。外為法の制定当初は、ココム（COCOM：Coordinating Committee for Multi-lateral Strategic Export Controls（対共産圏輸出統制委員会））に基づく対共産圏向けの戦略物資の輸出管理が行われ、その後、インドの核実験やイラクの化学兵器使用等による大量破壊兵器の拡散を踏まえ、大量破壊兵器やその製造、開発、設計及び使用に関連する貨物（以下、「大量破壊兵器等関連貨物」という。）や関連技術の輸出管理（不拡散型輸出管理）が導入された。また、ココム規制以来、輸出管理の方法は種類及び仕様等を明示して規制対象とするリスト規制のみであったが、1991年の湾岸戦争後の国連査察により、リスト規制対象貨物以外の貨物がイラクの核開発の現場で使用されていたことが判明したこと等を踏まえ、品目及びスペックに限定されないキャッチオール規制が導入された。

> コラム7　外為法と憲法

> 我が国では憲法第22条の職業選択の自由、営業の自由に基づき「輸出の自由」が認められている。そこで、外為法による輸出管理、特に安全保障を理由とする規制との関係が論点となりうる。
> 　外為法に基づく通産大臣の輸出不承認処分の違法性を主張し、国家賠償を請求した事件（いわゆる日工展事件）の東京地裁判決（東京地判昭和44・7・8）は「輸出の自由は、国民の基本的人権であって、立法その他の国政の上で、最大の尊重を必要とするから、その制限は、最小限度のものでなければならない」と判示した。その上で「輸出が純粋かつ直接に国際収支の均衡の維持ならびに外国貿易及び国民経済の健全な発展を図るため必要と認められる」場合のみ、通産大臣が輸出を制限できるとし、当時のココムに基づく安全保障を理由とする規制（具体的には輸出貿易管理令に基づく輸出不承認処分）を違法とした。他方、国家賠償請求は通産大臣に故意又は過失がなかったとして棄却した。
> 　これに対して、政府側は次のように考えていた。まず、「輸出の自由」は、憲法第22条の職業選択の自由の一環である営業の自由に包摂されるものである点については地裁判決と異なるところはない[238]。しかしながら、

第2章　我が国の輸出管理制度

> 同時に外為法は外国貿易及び国民経済の健全な発展に必要な範囲であれば輸出を規制することができる。そして、ココムによる規制は当時の西側諸国の大部分が参加しているものであり、それを無視することは我が国の貿易、経済の発展に著しい支障を及ぼすと考えられる。しかし、そうした主張を国は控訴審で争うことができなかった（形式的には、日工展事件の東京地裁判決では国が勝訴したため控訴できず、形式的には敗訴した原告が控訴しなかったため）[239]。また、国際的な平和及び安全の維持を妨げると認められる輸出は、当時の外為法の法目的であった対外取引の健全な発展あるいは我が国経済の健全な発展に重大な影響を与えるおそれがある、と考えており、外為法で安全保障を理由とする規制は可能であり、憲法第22条に違反するものではないとしてきた[240]。
>
> 　現在では、外為法の法目的（第1条）に「我が国又は国際社会の平和及び安全の維持を期し」と規定され、役務取引（第25条）、貨物の輸出（第48条）のいずれにも「国際的な平和及び安全の維持を妨げることとなる」取引又は輸出は、経済産業大臣の許可が必要とされており、このような論点が問題となることはなくなったと考えられる。

（2）安全保障環境に対応した輸出管理の変遷

　本節では、東西冷戦時代のココムに基づく輸出管理から、現在に至るまでの外為法に基づく輸出管理の概要について紹介したい。

　① **ココム規制導入の経緯及び概要（1952年～1994年）**　　ココムは、東西冷戦時代のソ連やワルシャワ条約機構による侵略・侵攻という安全保障上の脅威に対応し、西側諸国が共産圏諸国との相対的な技術格差の確保を図るため、共産圏諸国へのハイテク物質の輸出を規制する目的で1949年に創設された[241]（我が国は、1952年にココムに参加）。

---

[238] 昭和62年8月28日 参議院・本会議 中曽根総理大臣答弁（第109回国会参議院会議録第8号167頁（1987．8．28））。
[239] 昭和62年7月16日 衆議院・予算委員会 畠山通産省貿易局長答弁（第109回国会衆議院予算委員会会議録第5号18頁（1987．7．16））。
[240] 昭和62年8月25日 衆議院・商工委員会 大出内閣法制局第四部長答弁（第109回国会衆議院商工委員会会議録第4号2頁（1987．8．25））。
[241] ココムは、条約や国際協定等の法的基盤を有さない組織であったため、その決定事項は国際法上の法的拘束力を有するものではなく、あくまで「紳士協定」にとどまるものであった。

1　概　観

　ココム規制においては、東西の軍事バランスを崩すような品目を共産圏諸国へ輸出することを防止するため、輸出管理当局において仕向地と輸出品目の技術的な仕様についてチェックが行われ、最終的に対象品目が共産圏諸国へ移転される輸出については原則禁輸となっていた。また、外為法上は、当初、「国際収支の均衡の維持並びに外国貿易及び国民経済の健全な発展に必要」との観点から、対象品目の全地域向けの輸出について承認の対象としていたが、1987年に発覚した工作機械不正輸出事件（後述第3章2（1）I参照）工作機械を契機として、ココム関連等の国際的な平和及び安全の維持を妨げるおそれのある輸出について、原則禁止の考えに基づく許可制に移行した。法技術的には、共産圏諸国向けの輸出については、「国際的な平和及び安全の維持」の観点から外為法第48条第1項に基づく許可を適用し、その他の地域向けについては、「前項の規定の確実な実施を図るため必要」との観点から外為法第48条第2項に基づく許可（第三国を経由して共産圏に輸出されるいわゆる迂回輸出の防止）を適用していた。

　ココムでは、東西関係や技術水準の変化に合わせて規制の対象となる貨物や技術も変化してきたが、東西冷戦が終結した1991年末の大幅な規制緩和を経て、ココムは1994年3月31日をもって終了した。

②　ココム規制からワッセナー・アレンジメント（WA）への移行（1996年〜現在）　　1996年7月、地域の安定を損なうおそれのある通常兵器の過度の移転と蓄積を防止するため、通常兵器及び関連資機材・技術について、全地域向けに規制し、参加国間で緊密な情報交換を行い、地域紛争等の懸念のある地域への移転について協調して輸出管理を行う新たな国際輸出管理レジーム（ワッセナー・アレンジメント（WA））が発足した。

　ワッセナー・アレンジメントに対する外為法上の措置としては、以下に説明する大量破壊兵器等の不拡散のための輸出管理と同様に、規制対象国を限定せず、全地域向けの輸出規制をとり、最終需要者及び最終用途までを精査し、懸念のある輸出のみを阻止する不拡散型輸出管理が導入された。規制対象品目の全地域向け輸出について、「国際的な平和及び安全の維持」の観点から外為法第48条第1項を適用し、最終需要者・

最終用途から、地域の安定を損なうおそれのある移転かどうかを判断し、そうした移転を防止するものである。

【WAとココムとの比較】

	WA	ココム
目的	地域の安定を損なうおそれのある通常兵器の過剰な蓄積防止	共産圏諸国へのハイテク物資の移転防止
輸出管理のあり方	・許可・不許可の判断は各国裁量 ・参加国間の情報交換を通じて協調	全会一致制 （参加国全ての合意の下輸出が許可される仕組み）
対象品目	・武器及び関連汎用品 ・汎用品については、ココムに比して対象品目を限定	武器及び関連汎用品 （実質的には関連汎用品のみ）
規制対象地域	全地域向け輸出が対象	共産圏諸国
参加国	新規参加国に開かれた機構 （ロシア等の旧東側諸国も参加）	西側諸国に限定

出典：筆者作成

③ **不拡散型輸出管理の導入経緯と概要（1970年代〜現在）** 大量破壊兵器の開発を防止すること等を目的とする不拡散型の輸出管理は、1970年代以降逐次拡大した。まず、1974年のインドの核実験を契機として原子力供給国グループ（NSG）が設立された。1984年にはイラン・イラク戦争においてイラクが化学兵器を用いたことが明らかとなったことを踏まえて、1985年化学剤の輸出管理のためにオーストラリア・グループ（AG）が設立された。AGは後に生物兵器関連にも規制範囲を拡大している。さらに1987年にはミサイル関連の輸出管理の枠組みであるミサイル技術管理レジーム（MTCR）が設立された[242]。我が国はこれら全ての国際輸出管理レジームの設立時からの参加国であり、これら国際輸出管理レジームにおける合意を外為法で担保・措置している。

不拡散型の規制は、ココム型の規制と異なり特定の規制対象国を定めていない。ココムがWAに移行したことにより、輸出管理は不拡散型が主流となった。

---

[242] 第1章2（3）②「輸出管理の意義と国際輸出管理レジーム」参照。外務省・前掲注（1）153-159頁。

④ 補完的輸出規制の導入経緯と概要（1996年～2002年）　湾岸戦争後、国際原子力機関（IAEA）がイラクの核施設の査察を行った際に、国際輸出管理レジームによる規制の対象外となっていた汎用性が高く、広く民生用に使われている貨物が、核兵器の開発等に実際に使用されていたことが判明した。そこで、幅広い民生用途があり国際輸出管理レジームにおける合意等で規制対象として明示されていない貨物であっても、需要者や用途から大量破壊兵器の開発等に転用される可能性がある場合には、輸出許可の対象とするキャッチオール規制が欧米を中心に導入された(243)。我が国ではキャッチオール規制導入に先立ち、1996年10月に大量破壊兵器等の不拡散のための補完的輸出規制が導入された。補完的輸出規制の対象は、国際輸出管理レジームで規制に合意している大量破壊兵器等に利用可能な貨物としてリスト規制の対象となっている品目のスペックダウン品、すなわち国際合意で規定された貨物のスペックダウン品に限定されていた。

⑤ キャッチオール規制の導入経緯と概要（2002年～現在）　補完的輸出規制では、規制の対象品目がリスト規制の対象となっている大量破壊兵器等に利用可能な貨物のスペックダウン品に限定されていたため、リスト規制の対象外の品目で、大量破壊兵器等の開発等に用いられるおそれがあるとして諸外国で輸出が差し止められた貨物を、我が国で輸出の差し止めができなくなる事態が現実的に想定されるようになった。輸出管理は国際的な安全保障のために各国で協調することが必要であるが、補完的輸出規制のままでは我が国が輸出管理上の抜け穴（ループホール）となる可能性があったことから、大量破壊兵器関連貨物としてリスト規制の対象となっている貨物に限定しないキャッチオール規制を2002年4月に導入した(244)。

キャッチオール規制は、規制対象となる貨物等をあらかじめ特定することなく、関税定率法別表に規定される食料や木材等を除いたほぼすべての品目を対象として、核兵器等の開発等に用いられるおそれがあると

---

(243) 通商産業省貿易局輸出課編・前掲注（59）　6頁、12-13頁。
(244) 輸出管理における国際協力の重要性と抜け穴の危険性に関する議論は第1章2（3）④「国際協力の重要性」参照。

認められる場合（客観要件又はインフォーム要件）には、如何なる貨物等でも個別の輸出等許可申請の対象とするものである(245)。

2　外為法による輸出管理

(1) 総論

　我が国では、国際輸出管理レジーム等の国際約束を履行するため、外為法に基づき、大量破壊兵器等の拡散防止等を目的とした輸出管理が行われている。外為法では、大量破壊兵器の開発等に転用されるおそれのある機器や細菌製剤の原料となり得るウィルス等の「貨物(246)」に限らず、これらの機器を製造するための設計図、機器を動かすためのプログラムや機器の据付や操作方法等の「技術(247)」についても規制の対象となっており、経済産業大臣による許可の対象となっている。

　① **外為法、外国為替令・輸出貿易管理令**　我が国の輸出管理に関する法体系は、外為法第25条第1項により技術の提供が、同法第48条第1項により貨物の輸出がそれぞれ規制されている。「技術の提供」については、外為法第25条第1項第一号を基に、外国為替令（昭和55年政令第260号）（以下、「外為令」という。）別表の1の項（武器関連技術）から16の項（キャッチオール）において許可（役務取引許可）が必要である技術の種類が特定されている。一方、「貨物の輸出」については、外為法第48条第1項を基に、輸出貿易管理令（昭和24年政令第378号）（以下「輸出令」という。）別表第1の1の項（武器）から16の項（キャッチオール）において輸出許可が必要である貨物の種類が特定されている。

---

(245) 客観要件及びインフォーム要件等、我が国のキャッチオール規制の概要については、後述2（3）「キャッチオール規制」参照。

(246) 外為法における「貨物」の定義は、「貴金属、支払手段及び証券その他債権を化体する証書以外の動産をいう。」（第5条第1項第十五号）であるが、資機材を含めおおよそ物として化体しているものは、ほとんど「貨物」に含まれると解しても良い（ただし、コンピュータープログラムを含んだCD-ROM等は「技術」に当たるので、注意が必要。）。

(247) 外為法上の規制対象は「役務の提供」。技術データ、プログラム、技能訓練、コンサルティングサービス等が含まれる。詳しくは後述(4)「技術移転規制の特質」参照。

2　外為法による輸出管理

外為法（抄）

第25条　居住者は非居住者との間で次に掲げる取引を行おうとするときは、政令で定めるところにより、当該取引について、経済産業大臣の許可を受けなければならない。
一　国際的な平和及び安全の維持を妨げることとなると認められるものとして政令で定める特定の種類の貨物の設計、製造又は使用に係る技術を特定の地域において提供することを目的とする取引

第48条　国際的な平和及び安全の維持を妨げることとなると認められるものとして政令で定める特定の地域を仕向地とする特定の種類の貨物の輸出をしようとする者は、政令で定めるところにより、経済産業大臣の許可を受けなければならない。

【我が国の輸出管理法制の体系図】（＜　＞は通称）

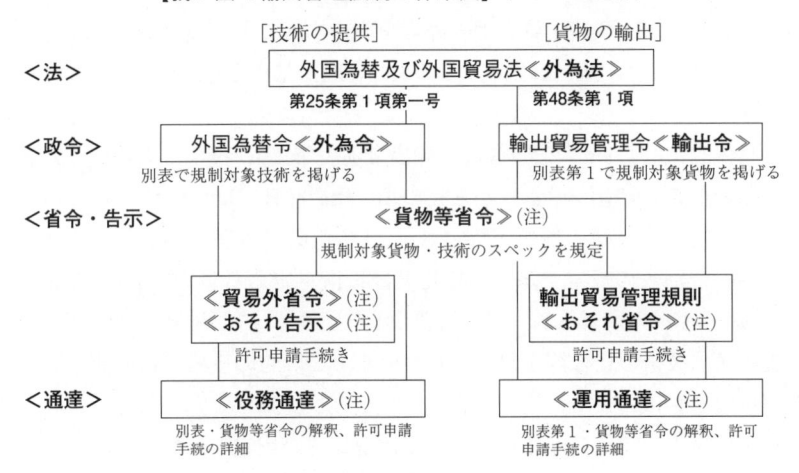

	[技術の提供]	[貨物の輸出]
＜法＞	外国為替及び外国貿易法＜外為法＞	
	第25条第1項第一号	第48条第1項
＜政令＞	外国為替令＜外為令＞	輸出貿易管理令＜輸出令＞
	別表で規制対象技術を掲げる	別表第1で規制対象貨物を掲げる
＜省令・告示＞	＜貨物等省令＞（注）	
	規制対象貨物・技術のスペックを規定	
	＜貿易外省令＞（注） ＜おそれ告示＞（注）	輸出貿易管理規則 ＜おそれ省令＞（注）
	許可申請手続き	許可申請手続き
＜通達＞	＜役務通達＞（注）	＜運用通達＞（注）
	別表・貨物等省令の解釈、許可申請手続の詳細	別表第1・貨物等省令の解釈、許可申請手続の詳細

出典：筆者作成

(注)正式名称
・貨物等省令：輸出貿易管理令別表第1及び外国為替令別表の規定に基づき貨物又は技術を定める省令
・貿易外省令：貿易関係貿易外取引等に関する省令
・おそれ告示：貿易関係貿易外取引等に関する省令第9条第1項第四号イの規定により経済産業大臣が告示で定める提供しようとする技術が核兵器等の開発等のために利用されるおそれがある場合
・おそれ省令：輸出貨物が核兵器等の開発等のために用いられるおそれがある場合を定める省令
・役務通達：外国為替及び外国貿易法第25条第1項第一号の規定に基づき許可を要する技術を提供する取引について
・運用通達：輸出貿易管理令の運用について

② **リスト規制・キャッチオール規制**　外為法では、大量破壊兵器をはじめとする兵器及び兵器の製造、開発等に関連する貨物やその設計・製造・使用に係る技術が規制の対象となっているが、規制方法としては「リスト規制」と「キャッチオール規制」とに区分される。

(2) リスト規制

① **全般**　リスト規制とは、兵器及び兵器の開発等に転用可能な貨物や技術（汎用（dual-use）品）を規制するものであり、国際輸出管理レジームで合意された一定水準以上の仕様や能力（以下、「仕様等」という。）を有する貨物を輸出又は技術を提供する場合には、用途や需要者にかかわらず、経済産業大臣の許可を取得することが義務付けられている（なお、リスト規制に該当することは、輸出禁止を意味するわけではない。）。

具体的には、貨物であれば、「輸出令別表第1」、技術であれば「外為令別表」の1の項（武器）から15の項（機微品目）において、許可が必要な貨物又は技術の種類が特定され、「輸出貿易管理令別表第1及び外国為替令別表の規定に基づき貨物又は技術を定める省令（平成3年通商産業省令第49号）」（以下、「貨物等省令」という。）により規制対象となる貨物又は技術の仕様等が規定されている。これらの政省令に関連して、解釈通達等において、法令の詳しい解釈等が詳細に規定されている。また、貨物の仕向地又は技術の提供先は全地域が指定されているので、許可が不要となる地域はない[248]。

リスト規制では、許可申請が必要な貨物又は技術が、輸出令別表第1又は外為令別表の1の項から15の項において具体的に明示されている（「リスト」化されている）ので、基本的に許可の要否は輸出する貨物、又は提供する技術の仕様等が輸出令別表第1や外為令別表（及び貨物等省令や解釈通達等）に該当するかどうかを確認することに尽きる。輸出

---

[248] 貨物の輸出における「全地域」は輸出の定義上、我が国を含まないが、技術の提供における「全地域」は我が国も含む。すなわち、我が国国内でも技術の提供が生起しうるので注意が必要である。詳しくは後述（4）「技術移転規制の特質」参照。

令別表第1や外為令別表に該当するかどうかの確認作業は「該非（がいひ）判定」と呼ばれているが、該非判定を適切に行うことがリスト規制の最も重要な要素である。

リスト規制の貨物又は技術は項番によって、兵器への転用懸念に従って分類されている。それらの項番における具体的な規制内容は基本的に国際輸出管理レジームでの合意が反映されたものとなっている。具体的には、核関連の貨物や技術が規定されている2の項はNSG、化学兵器及び生物兵器関連の3の項及び3の2の項はAG、ミサイル関連の4の項はMTCR、5〜15の項はWAでの合意が反映されたリストとなっている。

【別表の各項と懸念分類──貨物・技術共通】

```
1の項：武器
2の項：核兵器関連（NSG）
3の項：化学兵器関連（AG）
3の2の項：生物兵器関連（AG）
4の項：ミサイル関連（MTCR）
5〜15の項：通常兵器関連（WA）
```

1の項で兵器そのものが規制されるので、2の項以下は基本的に兵器に転用可能な汎用品や汎用技術を規制している。また、同一の貨物又は技術が複数の兵器類（例えば、核兵器及びミサイル）に転用可能な場合、複数の項番で規制されている貨物又は技術がある。この場合、複数の項番を確認する必要があるため、注意が必要である。

第 2 章　我が国の輸出管理制度

【リスト規制の対象となっている貨物・技術】

我が国制度と国際輸出管理レジーム・規制品目の関係

項		国際輸出管理レジーム		規制品目	
1	武器	WA（ワッセナー・アレンジメント）			
2	汎用品	大量破壊兵器関連	NSG（原子力供給国会合）	NSGパート1 NSGパート2	原子力専用品 原子力用途以外にも使用できる汎用品
3			AG（オーストラリアグループ）	化学兵器の原料となる物質及び製造装置	
3の2				生物兵器の原料となる微生物、毒素及び製造装置	
4			MTCR（ミサイル技術管理レジーム）	ミサイル・ロケット及び製造装置	
5		通常兵器関連	WA（ワッセナー・アレンジメント）	カテゴリー1	先端材料
6				カテゴリー2	材料加工
7				カテゴリー3	エレクトロニクス
8				カテゴリー4	コンピュータ
9				カテゴリー5	通信機器
10				カテゴリー6	センサー／レーザー
11				カテゴリー7	航法装置
12				カテゴリー8	海洋関連装置
13				カテゴリー9	推進装置
14		その他		軍需品リスト	（1項に該当するものを除く）
15	汎用品			機微な品目	
16		キャッチオール規制			

出典：経済産業省資料を基に筆者作成

【複数の項番により規制されている貨物・技術の例】

貨物名	規制項番①	規制項番②
工作機械	2の項（12）1	6の項（2）
炭素繊維	2の項（17）2	5の項（18）
人造黒鉛	2の項（4）	4の項（15）2
炭素繊維を使用したプリプレグ・プリフォーム	2の項（17）2	5の項（18）

出典：筆者作成

過去の不適切な該非判定の事例から、該非判定を適切に行うためには以下のような点について注意することが必要である。第一に該非判定は当該貨物又は技術の仕様等に基づいて判断することから、こうした仕様等に最も詳しい者の関与が不可欠である。例えば、自社で開発した製品の場合、開発部門の者を該非判定に関与させることが必要である。また、商社等が他社の製品を購入して輸出する場合、自社で最終判断をする前に製造元にも該非の確認を取ることが必要である。第二にリスト規制では仕様等によりリスト規制該当の貨物又は技術であると判明すれば、それらの用途に関わりなく輸出許可（技術の提供の場合は役務取引許可）が必要である。例えば、民生用途だから、又は自社の海外子会社向けだから許可は不要だと考えるのは誤りである。

なお、輸出とは貨物を我が国から外国に向けて送付する行為一般を指すことから、いわゆる外国貿易等の商行為で貨物を外国に輸出する以外にも様々な行為が輸出となる[249]。すなわち、我が国から持ち出す手段や目的を問わない。例えば、我が国に持ち帰ることを前提に外国での修理や検査等のために貨物を搬出する行為や、逆に海外から修理や検査等を依頼された貨物を送り返す行為、貨物を自分の手荷物として外国に持ち出す行為はいずれも輸出に該当するので注意が必要である。

【安全保障貿易管理説明会での質問】

問　通関業者なのですが、輸出者から「該非が分からない」と言われました。この場合、通関手続きには「該非不明」と申告してもいいのでしょうか。
答　該非判定は絶対に必要です。税関も該非判定が不明のままでは通関させない

---

[249] 輸出の定義に関して詳細は後述第3章3（1）「『輸出』に関する解釈」参照。

第2章 我が国の輸出管理制度

でしょう。また、該非判定を行っていないことを知りながら「たぶん非該当だろう」と考え、非該当として通関手続きを行ってしまっては通関士の方も責任を問われかねません。必ず輸出者に該非判定を行うよう依頼して下さい。

コラム8 武器輸出三原則等

　武器輸出三原則は、1967年、佐藤総理が外為法の運用方針として表明したものであり、①共産圏諸国向けの場合、②国連決議により武器等の輸出が禁止されている国向けの場合、③国際紛争の当事国又はそのおそれのある国向けの場合、には武器の輸出を認めないというものである[250]。1976年、三木内閣は政府統一見解をまとめ、①武器輸出三原則対象地域については、武器の輸出を認めない、②武器輸出三原則対象地域以外の地域については、憲法及び外為法の精神に則り、武器の輸出を慎むものとする、③武器製造関連設備の輸出については武器に準じて取り扱うものとする、とした[251]。この政府統一見解によって、原則的に武器の輸出は禁止する（輸出を許可しない）ものとして取り扱われるようになった。さらに、武器技術の移転も武器輸出三原則等に準じて扱うこととなっている[252]。

　武器輸出三原則における「武器」とは、「軍隊が使用するものであって、直接戦闘の用に供されるもの」をいい、具体的には、輸出貿易管理令別表第1の1の項に掲げるもののうちこの定義に相当するものが「武器」である[253]。

　武器輸出三原則等の例外は、極めて限定的な場合にのみ認められている。1983年、中曽根内閣は官房長官談話で米国への武器技術供与は武器輸出三原則等によらないとした。その後、国連平和維持活動（PKO）や弾道ミサイル防衛（BMD）等で武器輸出三原則等の例外が認められている[254]。

② **包括許可**　　リスト規制に該当する貨物を輸出、又は技術を提供

---

[250] 昭和42年4月21日 衆議院・決算委員会 佐藤総理答弁（第55回国会衆議院決算委員会会議録第5号10頁（1967.4.21））。
[251] 「武器輸出に関する政府統一見解」（1976.2.27）。
[252] 昭和51年6月10日 衆議院・決算委員会 河本国務大臣答弁（第77回国会衆議院決算委員会会議録第10号13頁（1976.6.10））。
[253] 前掲注（251）。
[254] 例外化とは武器輸出が許可されるという意味であり、輸出許可が不要となるわけではない。また、例外化されないと、例えばPKOで自衛隊が武器を携行できない（武器輸出が許可されない）ということになる（こうした問題点につき第4章2（1）「政府職員が自ら使用する武器」参照）。

する場合、基本的には輸出ごと、又は提供ごとに許可（個別許可）を取得しなければならない。これに対して、特定の貨物又は技術を特定の仕向地に向けて輸出又は提供する場合、そうした取引に関して一括して許可を取得することができる。これを「一般包括許可」という。全ての輸出等に対して一般包括許可を適用できるわけではなく、一般包括許可が適用できる貨物の輸出又は技術の提供については、貨物や技術の種類、及びその仕向地によって異なる。すなわち、貨物や技術と仕向地ごとに一般包括許可の適用可否を確認する必要があるが、例えば、北朝鮮、イラン、イラク、リビア向けの輸出や1の項（武器）に該当する貨物や技術には、一般包括許可を適用することはできない。また、一般包括許可に加え、特定の取引相手方と継続的な取引をする場合には、「特定包括許可」を取得することができる[255]。

　また、包括許可の取得に当たっては、「輸出管理社内規程の整備と確実な実施」が申請の条件となっている（包括許可制度の歴史や、輸出管理社内規程については後述4「輸出管理とコンプライアンス」参照）。

　③　**許可を要しない貨物の輸出**　　リスト規制該当の貨物を輸出する場合でも、一定の場合には輸出許可の取得が不要となる例外規定がある。具体的には輸出令第4条第1項に列挙されているが、ここでは少額特例、無償貨物特例、暗号特例を紹介する。少額特例とは、リスト規制対象貨物の金額が一定額（100万円又は5万円）以下の場合には、輸出許可が不要となるものである（輸出令第4条第1項第五号）。なお、少額特例は武器そのもの（1の項）、及び大量破壊兵器関連貨物（2～4の項）には適用されない。これらの貨物はたとえ無償であったとしても輸出許可が必要である。さらに、少額特例は北朝鮮、イラン、イラク向けの輸出には適用されない。包括許可と同様に、貨物と仕向地ごとに適否を判断する必要がある。

　無償貨物特例とは、リスト規制に該当する貨物を輸出する場合、当該

---

[255] 一般包括許可、特定包括許可に加え、特別返品等包括許可があり、特別返品等包括許可は1の項（武器）が適用対象である。なお、仕向地とは最終的に消費・加工が行われる国で、加工される国と消費される国が明らかに異なる場合は、消費される国を指す。

貨物の価格は関係ないため、貨物を無償で譲渡する場合でも原則として輸出許可が必要であるが、一部の無償での輸出については例外的に許可が不要となる（輸出令第4条第1項第二号ホ及びヘ）。具体的には「輸出貿易管理令第4条第1項第二号のホ及びヘの規定に基づき、経済産業大臣が告示に定める無償で輸出すべきものとして無償で輸入した貨物及び無償で輸入すべきものとして無償で輸出する貨物を定める件」（無償告示）で列挙されている[256]。

暗号特例とはコンピュータや電子機械等に組み込まれている暗号装置等は、それ自身がリスト規制該当の貨物となる場合があるが、その輸出許可を不要とする特例である（輸出令第4条第1項第六号）。具体的には「輸出貿易管理令第4条第1項第六号の規定に基づく経済産業大臣が告示で定める貨物を定める件」（暗号特例告示）に限定列挙されている[257]。無償告示や暗号特例の適用範囲はあまり広くない。したがって、無償告示や暗号特例告示の適用の可否の判断は慎重に行う必要がある。

なお、これらの例外規定は技術の提供には適用されない[258]。

（3）キャッチオール規制

キャッチオール規制とは、リスト規制の対象とはならない貨物又は技術（以下、「貨物等」という。）であっても、当該貨物又は技術の需要者や用途から大量破壊兵器等の開発、製造、使用又は貯蔵（以下、「開発等」という。）のために用いられるおそれがある場合には、貨物の輸出又は技術の提供（以下、「輸出等」という。）にあたり、経済産業大臣の許可を要するものである。対象となる貨物等は、貨物であれば「輸出令別表第1」、技術であれば「外為令別表」の16の項に規定されている。キャッチオール規制において大量破壊兵器等は「核兵器、軍用の化学製剤若しくは細菌製剤若しくはこれらの散布のための装置又はこれらを運搬することができるロケット若しくは無人航空機」と規定されている（輸出令

---

[256] 平成12年通商産業省告示第746号。
[257] 平成12年通商産業省告示第923号。
[258] 許可を要しない技術の提供については、後述（4）③「許可を要しない役務取引等」参照。

第4条第1項第三号イ、ロ及び第四号イ、ロ）。（なお、政省令等では、これらを「核兵器等」と呼称している。）

> 16の項：関税定率法別表第25類から第40類まで、第54類から第59類まで、第63類、第68類から第93類まで又は第95類に該当する貨物又は技術（リスト規制に該当する貨物又は技術は除く）

　16の項は食料や木材等を除いたほぼ全ての品目が網羅されており、工業製品は概ね該当する。なお、米国やカナダ、欧州等の我が国と同様に厳格な輸出管理を実施している26か国[259]（ホワイト国[260]）を仕向地とする場合には、キャッチオール規制の対象外となっている。したがって、16の項に該当する場合でホワイト国以外の国を仕向地とする場合には、キャッチオール規制に該当するか否かの確認が必要となる。

　キャッチオール規制の具体的な要件としては、輸出等をしようとする貨物等がその用途や需要者から大量破壊兵器等の開発等に用いられるおそれが文書等により客観的に確認できる場合（客観要件）と、経済産業大臣から許可申請をするべき旨の通知（インフォーム）を受けた場合（インフォーム要件）の二つがあり、個々の案件が、いずれかの要件に該当する場合には、経済産業大臣の許可を取得することが義務付けられている。なお、法技術的にはキャッチオール規制もリスト規制と同様の規制方式（輸出令別表第1や外為令別表に該当する場合には許可が必要）を取っているため、16の項に該当し、ホワイト国以外の国を仕向地とする場合には、原則として許可申請が必要となり、客観要件又はインフォーム要件に該当しない場合には、例外的に許可申請が不要となる[261]。

---

[259] アルゼンチン、オーストラリア、オーストリア、ベルギー、カナダ、チェコ、デンマーク、フィンランド、フランス、ドイツ、ギリシャ、ハンガリー、アイルランド、イタリア、韓国、ルクセンブルク、オランダ、ニュージーランド、ノルウェー、ポーランド、ポルトガル、スペイン、スウェーデン、スイス、英国及び米国。輸出令別表第3に規定。

[260] 4つの国際輸出管理レジーム及びNPT等の関係条約にすべて加盟し、かつキャッチオール規制に類似の規制を導入している国のことを「ホワイト国」と呼んでいる。

[261] これは法的にはリスト規制における少額特例と同じ構造であり、原則輸出許可が必要な輸出が少額特例が適用できる場合に輸出許可が不要になる。少額特例やキャッチオール規制における客観要件、インフォーム要件はいずれも輸出貿易管

第2章　我が国の輸出管理制度

① **客観要件**　輸出者が、その取引に関して入手した契約書、注文書、仕様書等の文書又は輸入者、需要者、利用者等からの連絡によって、次のいずれかの情報を得た場合には、輸出許可が必要となる。技術の提供の場合も同様である。

・貨物等が大量破壊兵器等の開発等あるいは経済産業大臣が定める行為（別表に掲げる行為）に使用される情報を入手した場合には、必ず許可が必要である。（用途要件）

【経済産業大臣が定める行為（別表に掲げる行為）】[262]

1	核燃料物質若しくは核原料物質の開発等又は核融合に関する研究
2	原子炉又はその部分品若しくは附属装置の開発等
3	重水の製造
4	核燃料物質の加工
5	核燃料物質の再処理
6	以下の行為であって、軍若しくは国防に関する事務をつかさどる行政機関が行うもの、又はこれらの者から委託を受けて行うことが明らかなもの ・化学物質の開発若しくは製造 ・微生物若しくは毒素の開発等 ・ロケット若しくは無人航空機の開発等 ・宇宙に関する研究

・貨物等の需要者や利用者が大量破壊兵器等の開発等又はその関連行為を行う、あるいは行った旨の情報を入手した場合、原則として輸出許可が必要である。ただし、当該貨物の輸出又は技術の提供が大量破壊兵器等の開発等以外に用いられることが明らかな場合を除く。（需要者要件）

需要者要件の確認の際、輸出者が入手する「情報」には、当該輸出の契約書や輸入者等から入手したパンフレット等に加えて、外国ユーザーリストが指定されている。外国ユーザーリストは、経済産業省が公表している大量破壊兵器等の開発等に従事している可能性のある懸念需要者

理令第4条に規定されている（後述第3章1（2）【コラム24：インフォームの処分性】参照）。

[262] 輸出貨物が核兵器等の開発等に用いられるおそれがある場合を定める省令（経済産業省省令第249号）別表、貿易関係貿易外取引等に関する省令第9条第1項第四号イの規定により経済産業大臣が告示で定める提供しようとする技術が核兵器等の開発等のために利用されるおそれがある場合（経済産業省告示第759号）。

リストである。したがって、需要者確認の第一段階は、①輸出者が入手した契約書等の情報から需要者が大量破壊兵器等の開発等又はその関連行為を行う、あるいは行った旨の情報を入手したか、又は②需要者が外国ユーザーリストに掲載されている企業又は組織であるか、の確認となる。①又は②に該当する場合は、後述する「明らかガイドライン」によりチェックを行い、当該貨物の輸出又は技術の提供が大量破壊兵器の開発等以外に用いられることが明らかな場合を除き、許可が必要となる。一方、①及び②に該当しない場合は、許可は不要となる。

　①又は②に該当する場合に、当該貨物の輸出又は技術の提供が大量破壊兵器の開発等以外に用いられることが明らかであるかを確認するため、経済産業省は「明らかガイドライン」(輸出者等が「明らかなとき」を判断するためのガイドライン) を公表し、17項目のチェックリストを設けている(263)。17項目全てにおいて大量破壊兵器等の開発等に用いられないことが「明らか」であると考えられる場合 (具体的には17の質問項目に全て「はい」と回答できる場合)、許可は不要となる。

【明らかガイドライン】

〔貨物等の用途・仕様〕
1　輸入者、需要者又はこれらの代理人から当該貨物等の用途に関する明確な説明があること。
2　需要者の事業内容、技術レベルからみて、当該貨物等を必要とする合理的理由があること。

〔貨物等の設置場所等の態様・据付等の条件〕
3　当該貨物等の設置場所又は使用場所が明確であること。
4　当該貨物等の設置場所又は使用場所が軍事施設内若しくは軍事施設に隣接している地域又は立ち入りが制限されている等の高度の機密が要求されている地域であり、かつ、その用途に疑いしい点があるとの情報を有していないこと。
5　当該貨物等の輸送、設置等について過剰な安全装置・処置が要求されていないこと。

〔貨物等の関連設備・装置等の条件・態様〕
6　当該貨物等が使用される設備や同時に扱う原材料についての説明があること。
7　異常に大量のスペアパーツ等の要求がないこと。
8　通常必要とされる関連装置の要求があること。

---

(263) 輸出者等が「明らかなとき」を判断するためのガイドライン (輸出注意事項15第18号)。

〔表示、船積み、輸送ルート、梱包等における態様〕
9　輸送時における表示、船積みについての特別の要請がないこと。
10　製品及び仕向地から見て、輸送ルートにおいて異常がないこと。
11　輸送時における梱包及び梱包における表示が輸送方法や仕向地などからみて異常がないこと。
〔貨物等の支払対価等・保証等の条件〕
12　当該貨物等の支払対価・条件・方法などにおいて異常に好意的な提示がなされていないこと。
13　通常要求される程度の性能等の保証の要求があること。
〔据付等の辞退や秘密保持等の態様〕
14　据付、指導等の通常予想される専門家の派遣の要請があること。
15　最終仕向地、製品等についての過度の秘密保持の要求がないこと。
〔外国ユーザーリスト掲載企業・組織〕
16　外国ユーザーリストに掲載されている企業・組織向けの取引については、リストに記載されている当該需要者の関与が懸念されている大量破壊兵器の種別（核兵器、生物兵器、化学兵器、ミサイル）と、輸出する貨物等の懸念される用途（懸念貨物例リスト等を参照のこと）の種別が一致しないこと。
〔その他〕
17　その他、取引の慣行上当然明らかにすべき事項に関する質問に対して需要者からの明確な説明がないこと等、取引上の不審点がないこと。

コラム9　外国ユーザーリスト

　外国ユーザーリスト（EUL）とは、経済産業省が公表している大量破壊兵器等の開発等との関連性が指摘されている等、懸念が払拭されない企業・組織についての情報で、定期的に更新されており現在（平成20.6改訂）9か国・地域の223企業・組織が掲載されている。EUL掲載企業・組織向けの輸出は、直ちに禁止されるものではなく、EUL掲載企業向けの輸出であっても、用途や取引の態様・条件等から判断して、大量破壊兵器等の開発等に用いられないことが明らかな場合は、許可申請は不要である。「大量破壊兵器等の開発等に用いられないことが明らか」かどうかを判断するためには明らかガイドラインを用いる。

　EULには、当該企業・組織の名称、別称に加え、所在国、開発等が懸念される大量破壊兵器の種別（核兵器（N）、生物（B）・化学兵器（C）、ミサイル（M））が示されている。

コラム10　懸念貨物例リスト

　キャッチオール規制では、食料や木材等を除いてほぼ全ての貨物が規制対象となる。これは第1章でも検討したとおり、リスト規制で規制されて

いない貨物を利用して大量破壊兵器を開発することが可能であることが湾岸戦争後のイラクにおける国連査察で明らかになったこと等により、キャッチオール規制の導入が必要になってきたという背景がある。他方、全ての輸出案件をリスト規制と同様に厳しい輸出管理の下におくことは、輸出者の負担となるだけでなく、実効性の観点からも疑問である。そこで、特に大量破壊兵器の開発等に用いられるおそれが強い貨物を例示しておくことは輸出者の参考になると考えられる。こうした観点から「大量破壊兵器等の開発等に用いられるおそれの強い貨物例について」（懸念貨物例リスト）を公表して、輸出者に特に注意を促している。ただし、本リストはあくまで例示であり、キャッチオール規制の趣旨を踏まえれば、懸念貨物例リストが懸念のある貨物を全て網羅できることはない。したがって、輸出者は本リストだけを確認すれば他の貨物の輸出はキャッチオール規制の対象外となるわけではないという点に注意が必要である[(264)]。

懸念貨物例リストには貨物の名称に加え、当該貨物が転用される懸念がある大量破壊兵器の種別（核兵器、生物・化学兵器、ミサイル）が示されている。なお、明らかガイドライン16項より、外国ユーザーリスト掲載企業・組織向けに、懸念貨物例リストに掲載する貨物を輸出する場合で、それぞれの懸念される大量破壊兵器の種別が一致する場合（例えば、核兵器開発が懸念される外国ユーザーリスト掲載企業に、核兵器開発への転用が懸念される懸念貨物例リスト掲載貨物（例えばリン酸トリブチル（TBP））を輸出する場合）、「大量破壊兵器の開発等以外に用いられることが明らかである」とは判断されないことから、輸出許可が必要となる。

【安全保障貿易管理説明会での質問】

問　外国ユーザーリスト（EUL）掲載企業向け輸出を経済産業大臣が許可することがあるのでしょうか。これは禁輸リストではないのですか。許可する場合とはどのような場合ですか。

答　EULは禁輸リストではありません。まず、「明らかガイドライン」から判断して許可申請が不要となる場合があります。また、許可申請が必要な場合でも許可される場合があります。それはEULの中には、国家の研究機関や民需と軍需の双方に従事している企業・研究機関があるからです。こうした企業や研究機関が大量破壊兵器以外の用途で貨物を使用することが明らかな場合や、民生用途であることが明らかな場合には、申請は許可されます。したがって、輸出のためには、輸出する貨物の最終用途を正確に確認することが第一歩となります。

---

(264) こうした点を含め懸念貨物例のもつ問題点につき、第4章3（1）「客観要件の課題」参照。

第 2 章　我が国の輸出管理制度

> **コラム11** Know Your Customer Guidance

　キャッチオール規制では、輸出される貨物や提供される技術の最終需要者や最終用途の確認が重要である。我が国では用途要件や需要者要件を定め、EUL や懸念貨物例、明らかガイドラインなどにより需要者や用途に懸念がある場合を発見できるようにしている。

　米国では、こうした懸念輸出を確認するための指針として「顧客を知るためのガイダンス（Know Your Customer Guidance）」が提供されている[265]。そこでは、懸念輸出の可能性がある「危険信号（red flag）」として13項目があげられている。これらの項目の中には、米国ならではの項目もあるが（例えば、最初の「顧客又はその所在地が米国商務省の公表している禁止顧客リストと同じか類似している」との項目）、一般的な商取引において注意すべき点も多く、我が国の輸出者にも参考となる。

「危険信号」の指標（Red Flag Indicators）[266]
・顧客又はその所在地が米国商務省の公表している禁止顧客リストと同じか類似している
・顧客又は販売代理店が最終用途に関する情報を提供したがらない
・パン屋に最新式のコンピュータの注文があるように、製品の性能が購入者の事業内容に合わない
・半導体製造装置を全くエレクトロニクスがない国に出荷するように、注文されたものが出荷先の国の技術レベルに合わない
・顧客が通常なら売却条件に融資が必要となる高価な品目を現金で支払おうとする
・顧客のビジネス・バックグランドが全く、又はほとんどない
・顧客が製品特性に通じていないにもかかわらず、それでも製品を欲しがる
・通常の設置、訓練、維持サービスを顧客が断る
・配送日が曖昧である、又は配送が仕向地以外に計画されている
・運送会社が製品の最終仕向地とされている
・製品と仕向地から見て輸送経路が異常である
・梱包が表向きの出荷方法と仕向地と矛盾する
・質問した際、購入者が言い逃れをする、特に購入製品が国内使用か、輸

---

[265] U.S. Department of Commerce, Bureau of Industry Security, "Know Your Customer Guidance",〈http://www.bis.doc.gov/ComplianceAndEnforcement/KnowYourCustomerGuidance.htm〉(last visited July 22, 2008).
[266] U.S. Department of Commerce, Bureau of Industry Security, "Red Flag Indicators",〈http://www.bis.doc.gov/enforcement/redflags.htm〉(last visited July 22,

出用か、又は再輸出用かについて曖昧である

② **インフォーム要件**　輸出等しようとしている貨物等が大量破壊兵器等の開発等に使用されるおそれがあるとして、許可申請が必要である旨、経済産業大臣から通知（インフォーム）を受けた場合、経済産業大臣による輸出等の許可を取得しなければ輸出できない。

【安全保障貿易管理説明会での質問】

> 問　経済産業大臣からのインフォームは、いつ受領するのですか。いつまでに受領しなければ、インフォーム要件に該当しないと考えてよいのでしょうか。
> 答　一般的に経済産業大臣からのインフォームは、輸出貨物の通関時までに受領する場合が多いです。また、輸出の定義から船に貨物を積み込めば輸出は完了します。したがって、輸出完了後に輸出許可申請をすることはできないので、船積み後にインフォームを受領することはありません。

コラム12　インフォームの効力について

　インフォームを受けた場合、当該輸出は経済産業大臣の輸出許可が必要となるが、「当該輸出」という範囲はどこまでであろうか。例えば、貨物AをB国のC企業に輸出しようとしてインフォームを受けた場合、C企業以外の輸出先であれば輸出許可は不要であろうか、B国以外であれば輸出許可は不要であろうか。

　本論点を検討する際には、キャッチオール規制の原則に立ち返ることが有効である。すなわち、輸出貿易管理令第1条及び別表第1の16の項で規定されている貨物は、ホワイト国を除く全地域を仕向地とする場合に経済産業大臣の許可が必要となると規定している。これがキャッチオール規制の大原則である。そして、輸出貿易管理令第4条は許可が必要でない場合を定めた例外規定である。インフォームを受けた場合は、この例外規定が適用されない場合であるので、キャッチオール規制の大原則に戻ることになる。したがって、当該貨物をホワイト国を除く全地域に向けて輸出する場合に経済産業大臣の許可を受けなければならない。実際にこうした解釈を取らない限り、第三国を経由した迂回輸出をすればインフォームを逃れることができてしまい制度の趣旨が没却されてしまう[267]。

　他方、経済産業大臣が迂回等による懸念輸出の範囲を限定することが可能であれば、インフォームの際に仕向地を限定した形でインフォームをか

2008).
[267]　実例として第3章2（2）Ⅳ「北朝鮮向けタイ経由迂回輸出事件」参照。

第 2 章　我が国の輸出管理制度

けた方が効率的な輸出管理であるし、同時に輸出者のコストを抑えることにもつながることから適切であると言える。こうした限定を付すことができない場合、原則どおり全地域向けの輸出が規制対象となる。

したがって、最初の例に戻れば、特段仕向地を限定することなくインフォームを受けた場合、貨物 A をホワイト国以外に輸出する場合には輸出者は輸出許可申請をしなければならないと解される。なお、インフォームを受けた貨物を分解して別々の最終需要者に輸出する場合にあっては、インフォームを受けた貨物と輸出貨物は異なるため、当初のインフォームの効力は及ばないものと解するべきである。それでも懸念がある場合には経済産業大臣は改めてインフォームをかけることになる。

【キャッチオール規制輸出手続フロー図】

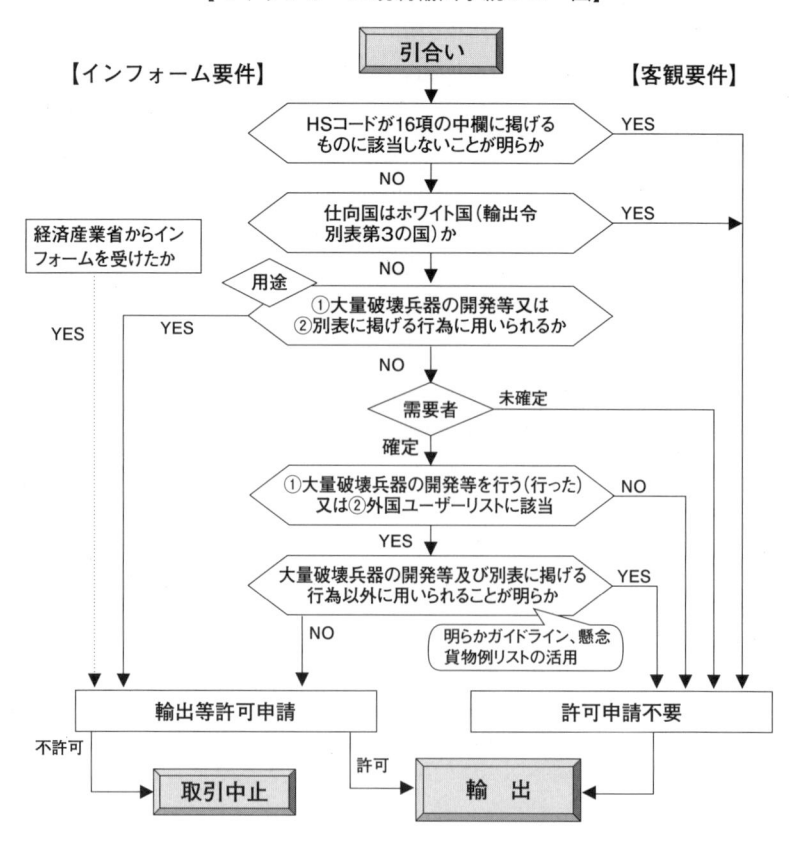

```
                              引合い
                                │
  【インフォーム要件】            │        【客観要件】
                                ▼
                    ┌─────────────────────┐
                    │ HSコードが16項の中欄に掲げる │ ─YES→
                    │ ものに該当しないことが明らか │
                    └─────────────────────┘
                                │NO
                                ▼
                    ┌─────────────────────┐
                    │ 仕向国はホワイト国（輸出令   │ ─YES→
                    │ 別表第3の国）か            │
                    └─────────────────────┘
                                │NO
  経済産業省からイン          用途
  フォームを受けたか    ┌─────────────────────┐
                    │ ①大量破壊兵器の開発等又は  │
     YES    YES     │ ②別表に掲げる行為に用いられるか │
                    └─────────────────────┘
                                │NO
                                ▼
                           ┌────────┐  未確定
                           │ 需要者  │─────→
                           └────────┘
                              確定
                    ┌─────────────────────┐
                    │ ①大量破壊兵器の開発等を行う（行った） │ ─NO→
                    │ 又は②外国ユーザーリストに該当     │
                    └─────────────────────┘
                              YES
                    ┌─────────────────────┐    YES
                    │ 大量破壊兵器の開発等及び別表に掲げる │ ────→
                    │ 行為以外に用いられることが明らか    │
                    └─────────────────────┘
                              NO         明らかガイドライン、懸念
                                         貨物例リストの活用

      ┌──────────────┐                  ┌──────────────┐
      │  輸出等許可申請  │                  │  許可申請不要  │
      └──────────────┘                  └──────────────┘
   不許可       許可
      ▼          ▼                           ▼
  ┌────────┐  ┌────────┐
  │ 取引中止 │  │  輸 出  │
  └────────┘  └────────┘
```

16項中欄に掲げるもの
 関税定率法別表第25類から第40類まで、第54類から第59類まで、第63類、第68類から第93類まで又は第95類に該当する貨物
別表第3の国（ホワイト国）
 アルゼンチン、オーストラリア、オーストリア、ベルギー、カナダ、チェコ、デンマーク、フィンランド、フランス、ドイツ、ギリシャ、ハンガリー、アイルランド、イタリア、韓国、ルクセンブルク、オランダ、ニュージーランド、ノルウェー、ポーランド、ポルトガル、スペイン、スウェーデン、スイス、英国、米国
核兵器等：
 ・核兵器
 ・軍用の化学製剤
 ・軍用の細菌製剤
 ・軍用の化学製剤若しくは細菌製剤の散布のための装置
 ・300km以上運搬することができるロケット
 ・300km以上運搬することができる無人航空機
 ※部分品も含む
開発等：
 開発、製造、使用若しくは貯蔵
別表に掲げる行為：
 ・核燃料物資若しくは核原料物資の開発等
 ・核融合に関する研究
 ・原子炉（発電用軽水炉を除く）又はその部分品若しくは付属装置の開発等
 ・重水の製造
 ・核燃料物資の加工
 ・核燃料物資の再処理
 ・以下の行為であって、軍若しくは国防に関する事務をつかさどる行政機関が行うもの、又はこれらの者から委託を受けて行うことが明らかなもの
  a 化学物資の開発若しくは製造
  b 微生物若しくは毒素の開発等
  c ロケット若しくは無人航空機の開発等
  d 宇宙に関する研究
  ※a及びdについては告示で定めるものを除く

出典：経済産業省資料

　なお、キャッチオール規制には包括許可制度や例外規定の適用はない。すなわち、客観要件又はインフォーム要件に該当した場合、必ず個別の輸出許可が必要である。また、輸出許可が必要であることは輸出禁止ではないことは言うまでもない。経済産業大臣が、企業等からの輸出許可申請を審査し、大量破壊兵器等の開発等に使われるおそれがないと判断

すれば、許可申請に対して許可が行われる。

リスト規制とキャッチオール規制の比較

	用途・需要者	仕向地	包括許可制度	例外規定
リスト規制	用途・需要者にかかわらず許可必要	仕向地にかかわらず許可必要	あり	あり（少額特例等）
キャッチオール規制	用途又は需要者によって許可申請が必要	除外国あり（ホワイト国）	なし	なし

出典：筆者作成

> **コラム13** 通常兵器キャッチオール規制
>
> 　現在のキャッチオール規制は、リスト規制の対象とはならない貨物等であっても、大量破壊兵器等の開発等のために用いられるおそれがある場合に、経済産業大臣の許可を要するものであり、通常兵器の開発等に用いられる（おそれがある）場合は、規制の対象外となっている。
> 　これに対して、通常兵器に転用される（おそれがある）場合にも輸出許可の対象とするという議論が、通常兵器に関する国際輸出管理レジームのワッセナー・アレンジメント（WA）で進められた。2003年にWAは非リスト規制品であっても、国連安全保障理事会による武器禁輸国や地域的に合意した武器禁輸国（例えばEUの武器禁輸国）に輸出する際、軍事用途に利用される可能性があると輸出管理当局が輸出者に通報した場合に許可制度を導入することが合意されている[268]。具体的な実施方法等は、各国の裁量に任されており、我が国においても、2008年11月より「通常兵器に係る補完的輸出規制」として導入された。
> 　なお、通常兵器キャッチオール規制と区別するために、現行のキャッチオール規制を「大量破壊兵器キャッチオール規制」と呼ぶこともある。（具体的な規制内容は、第4章1（6）「通常兵器に係る補完的輸出規制」参照）

　③　**許可申請手続**　輸出する貨物又は提供する技術がリスト規制又はキャッチオール規制に該当する場合、経済産業大臣の許可（輸出許可

---

[268] Wassenaar Arrangement, "Statement of Understanding on Control of Non-Listed Dual-Use Items"（2003）（http://www.wassenaar.org/publicdocuments/2003/2003_statementofunderstanding.html）（last visited July 22, 2008）.

又は役務取引許可）が必要となる。リスト規制では輸出する貨物及び提供する技術の種類と仕向地によって経済産業本省（貿易経済協力局安全保障貿易審査課）に申請すべき場合と、各地方の経済産業局に申請すべき場合がある。キャッチオール規制では全て経済産業本省に申請することになる。また、許可申請手続きについては、輸出貿易管理規則等において、規制対象となっている貨物の輸出等をする場合に必要な申請書類等が規定されている。

なお、キャッチオール規制においては、客観要件に該当するかどうかを事前に相談する制度がある。

④ **許可の有効期間、条件**　個別許可申請に対して許可がなされた場合、当該許可には有効期間が設定される。原則的には許可日から6か月であるが、異なる期間が設定される場合もあるので、個別許可を取得した際には確認しておく必要がある（輸出令第8条、貿易関係貿易外取引等に関する省令（平成10年通商産業省令第8号）（貿易外省令）第2条）。当然のことであるが、有効期間を徒過した輸出許可を利用して輸出しようとすることは無許可輸出である。また、一般包括許可については、許可の有効日から原則的には3年間であるが、異なる期間が設定される場合もあるので、一般包括許可証を取得した際には、その有効期限を確認しておく必要がある。

さらに、経済産業大臣は許可に条件を付すことができるが（外為法第67条）、許可条件違反に対しては、罰則（10万円以下の過料）（外為法第73条）が課される場合もあるので、注意が必要である。

（4）技術移転規制（technology transfer control）の特質 ────

技術の提供については、外為法第25条第1項第一号に基づき居住者は、非居住者との間で「国際的な平和及び安全の維持を妨げることとなると認められるものとして政令で定める特定の種類の貨物の設計、製造又は使用に係る技術（以下、「特定技術」という。）を特定の地域において提供することを目的とする取引」を行う場合、経済産業大臣の許可（役務取引許可）を取得しなければならない。基本的な枠組みは貨物の輸出（外為法第48条第1項）と同様であるが、技術移転規制には独自の特徴も有

る。以下では、外為関連法令に基づく技術移転規制についてさらに詳しく検討する。

① **居住者・非居住者**　「居住者」及び「非居住者」に関する定義規定は、外為法第6条に置かれている。この「居住者」と「非居住者」は、外為法制定時より外資の導入促進や我が国からの資本逃避の防止等を目的として、居住者（主に日本人）から非居住者（主に外国人）への取引を国家の管理下に置くとの考え方の下、技術取引についても、外国為替取引の中の役務取引の一部として、同様の考え方が用いられてきた[269]。

　外為法における「居住者」とは、本邦内に住所又は居所を有する自然人及び本邦内に主たる事務所を有する法人（自然人等）を指し、居住者以外の自然人等を「非居住者」としている。非居住者の本邦内の支店、出張所その他の事務所は、法律上代理権があると否とにかかわらず、その主たる事務所が外国にある場合でも「居住者」とみなすとされる。このように居住者及び非居住者の区別は所在する場所に関わらず決定される。したがって、海外に居住者が所在する場合（例えば、我が国に居住する者の短期の海外出張時）や我が国に非居住者が所在する場合（例えば、海外からの短期の研修生）も有りうる。また、居住者が我が国に所在する非居住者へ技術を提供することも考えられることから、技術の提供は我が国国内でも発生し、この点は貨物の輸出とは異なる特徴の一つである。

---

[269] 小村・前掲注（237）。

【居住者及び非居住者について】

	居住者	非居住者
日本人の場合	①我が国に居住する者 ②日本の在外公館に勤務する者	①外国にある事務所に勤務する目的で出国し外国に滞在する者 ②2年以上外国に滞在する目的で出国し外国に滞在する者 ③出国後外国に2年以上滞在している者 ④上記①～③までに掲げる者で、一時帰国し、その滞在期間が6月未満の者
外国人の場合	①我が国にある事務所に勤務する者 ②我が国に入国後6月以上経過している者	①外国に居住する者 ②外国政府または国際機関の公務を帯びる者 ③外交官又は領事官及びこれらの随員又は使用人（ただし、外国において任命又は雇用された者に限る）
法人等の場合	①我が国にある日本法人等 ②外国の法人等の我が国にある支店、出張所その他の事務所 ③日本の在外公館	①外国にある外国法人等 ②日本法人等の外国にある支店、出張所その他の事務所 ③我が国にある外国政府の公館及び国際機関
その他		合衆国軍隊等及び国際連合の軍隊等

出典：外国為替法令の解釈及び運用について（抄）[270]より作成

② 規制技術と移転の形態　外為法第25条第1項第一号により規制される技術は、安全保障上機微な貨物の設計、製造又は使用に係る技術であり、外国為替令（外為令）別表に規定されている。主に輸出貿易管理令（輸出令）別表第1に規定された貨物に係る技術が規制されているが、一部輸出令で規制されている貨物以外に係る技術も規制されているので注意が必要である。例えば、外為令別表の2の項では基本的に輸出令別表第1の2の項に係る技術が規定されているが、それに加えて数値

---

[270] 蔵国第4672号（昭和55年11月29日）。

第2章 我が国の輸出管理制度

制御装置に係る技術が規定されている。

外為令（抄）

(別表2の項)
(1) 輸出令別表第1の2の項の中欄に掲げる貨物の設計、製造又は使用に係る技術であって、経済産業省令で定めるもの
(2) 数値制御装置の使用に係る技術であって、経済産業省令で定めるもの

　提供される技術の形態としては、技術データ又は技術支援による。技術データとは、文書又はROM等の電磁的記録媒体に記録された設計図やマニュアル等[271]のことであり、また、技術支援には、技術指導やコンサルティングサービスの提供等[272]が含まれる。すなわち、外為法に基づく技術移転規制は、有形・無形による技術移転を問わず規制されている。なお、技術移転の場合、貨物の輸出と違い、税関という水際がなく通関等の目に見える手続が少ないことや、移転行為自体は即時的に行われることから、許可が必要な技術を気付かないうちに提供してしまうことが懸念される。

　また、外為法第25条第1項の法文上の「特定の種類の貨物の設計、製造又は使用に係る技術（特定技術）」であるが、全ての貨物について、一様に「貨物の設計[273]、製造[274]又は使用[275]に係る技術」が規制されている訳ではない。貨物の種類により、規制される技術の内容が異なる。

　具体的には、例えば、輸出令別表第1の2の項（12）（及び貨物等省令

---

[271] 外国為替及び外国貿易法第25条第1項第一号の規定に基づき許可を要する技術を提供する取引について（平成4年12月21日・4貿局第492号。以下、「役務通達」という。））1（2）カ。
[272] 役務通達1（2）キ。
[273] 設計とは、設計研究、設計解析、設計概念、プロトタイプの製作及び試験、パイロット生産計画、設計データ、設計データを製品に変化させる過程、外観設計、総合設計、レイアウト等の一連の製造過程の前段階のすべての段階をいう（役務通達1（2）ウ）。
[274] 製造とは、建設、生産エンジアニアリング、製品化、統合、組立て（アセンブリ）、検査、試験、品質保証等のすべての製造工程をいう（役務通達1（2）エ）。
[275] 使用とは、操作、据付（現地据付を含む。）、保守（点検）、修理、オーバーホール、分解修理等の設計、製造以外の段階をいう（役務通達1（2）オ）。

第1条第十四号及び同第十七号)で規制される工作機械については、外為令別表の2の項(1)(及び貨物等省令第15条第三号及び第四号)で(輸出令別表第1の2の項(12)で規制される)「貨物を設計し、製造し、若しくは使用するために設計したプログラム又はそのプログラムの設計、製造若しくは使用に係る技術(プログラムは除く)のうち、当該貨物の有する機能若しくは特性に到達し、又はこれらを超えるために必要な技術」、及び「貨物の設計、製造又は使用に係る技術(プログラムを除く。)のうち、当該貨物の有する機能若しくは特性に到達し、又はこれらを超えるために必要な技術」が規制されている。このように、各規制対象貨物に関連して、どういった種類の技術が規制の対象となっているかは、それぞれ貨物等省令第15条以下で確認をしていく必要がある。

③ **許可を要しない役務取引等** リスト規制に該当する技術の提供すべてが経済産業大臣の役務取引許可の対象ではなく、経済活動の自由や学問の自由などと安全保障との関係を踏まえて、経済産業大臣による許可を要しない取引が規定されている[276]。例えば、

a) 公知の技術を提供する取引又は技術を公知とするために行う取引[277]
・(不特定多数の者が入手可能な)学会誌、公開特許情報、ホームページ等への公開
・(不特定多数の者が参加可能な)工場の見学コース、講演会等における技術の提供
・(不特定多数の者が入手・参加可能な)学会発表用の原稿や雑誌への投稿等のための原稿等の送付

b) 基礎科学分野の研究活動において技術を提供する取引[278]
・理論的又は実験的方法により、自然科学分野における現象に関する原

---

(276) 貿易外省令第9条第五号。
(277) 同上。本規定は、国際輸出管理レジームで規定されているものであり、我が国独自で行っているものではない。本規定は、ココム時代から続いているものであるため、実態に即さないような事態も発生している(例えば、インターネットに掲載された大量破壊兵器関連技術の開示など。)。
(278) 貿易外省令第9条第六号。本規定は、国際輸出管理レジームでも合意されており、我が国独自で行っているものではない。しかし、「基礎科学分野の研究活動」に関しては、各国の裁量の範囲に任されている。

理の究明を主目的とした研究活動(279)

c) 必要最小限の技術の提供(280)

・貨物の輸出に付随し、当該貨物の据付、操作、保守又は修理に関する技術を買主や需要者に提供する行為(例えば、工作機械を輸出した際に、輸出先で日本企業の社員が当該工作機械を据付けたり、操作方法を現地企業の社員等へ教示したりする場合等がこれに当たる。)

④ **他法令等による技術移転規制** 外為法の役務取引規制は、兵器及び兵器に転用可能な技術の居住者から非居住者への提供を規制の対象としている。しかし、我が国の企業や研究機関等が有する最先端の技術を海外等へ移転するに当たっては、その移転手段や技術の内容等により、不正競争防止法(281)等の他法令や米国の輸出管理法令である輸出管理規則(Export Administration Regulations:EAR)に基づく再輸出規制の対象となる場合もあるので、注意が必要である(経済スパイや技術流出に対する現行法による対応については、第4章1(1)「技術移転規制の適正化」において紹介する。)(282)。

---

(279) 役務通達1(2)ク。
(280) 貿易外省令第9条第八号。
(281) 不正競争防止法(不競法)による技術移転規制には、①技術情報が営業秘密に該当すること、②従業員等による営業秘密の漏えい等が「不正競争」に該当し事業者間の公正な競争を阻害していること、が必要。よって、技術移転規制の一手段として不競法の適用は可能であろうが、懸念国等にある大量破壊兵器の開発機関への技術流出への対応策として不競法を適用することは、「事業者間の公正な競争の阻害」という要件を満たさない場合がほとんどであり、現実的な法執行は難しいと考えられる。
(282) 米国における輸出管理では、米国から輸出された貨物が別の第三国に再輸出され、再輸出の際にも米国から直接輸出された場合と同様の規制を受ける。したがって、必要に応じ、再輸出許可等を米国商務省等から取得しなければならない。これを再輸出規制という。例えば、我が国が米国から輸入した貨物を加工等して第三国に再輸出する場合、外為法上の輸出管理に加えて、米国の再輸出規制にも注意する必要がある(巻末「輸出管理用語集」参照)。

（参考）貨物の輸出と技術の提供の比較

	貨物の輸出	技術の提供
許可の名称	輸出許可	役務取引許可
輸出先／提供先	全世界	全世界（我が国国内も含む）
輸出／提供の時点	貨物を外国へ向けて送付するために船舶又は航空機に積み込んだ時	貨物の形による技術データの形態を提供する場合は、その貨物を非居住者に引渡したとき、又は非居住者に提供することを目的として外国に向けた船舶若しくは航空機に積込んだときのいずれか早い方 技術支援又は貨物の形によらない技術データの形態を提供する場合は、これ等の技術が非居住者に提供されたとき
未遂罪	あり	なし
少額特例・無償告示	適用あり	適用なし

出典：筆者作成

（5）諸外国における技術移転規制について

　企業や研究機関における最先端技術の開発による競争力の維持・強化や機微技術の不正な移転による国際安全保障に対する否定的な影響を考慮し、我が国のみならず各国は自国技術の管理を重要な政策課題として位置付けている。各国とも、国際輸出管理レジームで合意された機微技術の移転については、輸出管理法令（米国：輸出管理法1979及びEAR、英国：輸出管理法2002、ドイツ：外国貿易管理法（AWG）及び外国貿易管理法施行令（AWV）等）を中心として規制を行っているが、国家の安全保障に関わるような機密情報や営業秘密（Trade Secret）の不正取得等に対しては、防諜法や経済スパイ法等においても規制している。本節では、各国の輸出管理法令による技術移転規制について紹介したい。

　① 米国における技術移転規制──「みなし輸出」規制──　米国では、技術移転（technology transfer）を輸出（export）の概念に含め、米国人（米国籍保有者、市民権、永住権を有する者を含む。）から、非米国人への技術又はソフトウェアの開示（release）をその本国への輸出とみなす「みなし輸出（Deemed Export）」規制が行われている（15 C.F.R. 734 2 (b))。「みなし輸出」規制は、米国内に居る米国人が米国外に所在する非米国人への規制対象技術等の開示だけでなく、米国内に所在する非米国人へ規制対象技術等を開示する場合についても米国商務省の技術移転許可の対象となる。

また、米国人から非米国人にいったん開示された規制対象技術等についても、その者から別の国の非米国人に規制対象技術等が開示される場合には、「みなし再輸出」として米国商務省による技術移転許可の対象となっている（貨物の再輸出規制と同様の措置）。

② **EUにおける技術移転規制**　EUにおける技術移転規制は、EC条約に基づくEC規則（Council Regulation（EC）No.1334/2000）に従ってソフトウェアや技術のEU域外への移転を規制の対象としている。しかしながら、EU各国では、フランスのようにEC規則（No.1334/2000）にそのまま準拠した国もあれば、ドイツのようにEC規則の制定前から技術移転の規制を実施している国もあるが、いずれにせよEC規則は各国の国内法に優先する。EC規則では、電子媒体、ファックス、電話等の手段によりソフトウェアや技術をEU域外に向けて伝達する行為も管理対象としている。

【欧州各国の輸出関連法】

国名	法令名
EU	COUNCIL REGULATION（EC）No 1334/2000 of 22 June 2000 setting up a Community regime for the control of exports dual-use items and technology COUNCIL JOINT ACTION of 22 June 2000 concerning the control of technical assistance related to certain military end-uses
英国	Export Control Act 2002 Export of Goods, Transfer of Technology and Provision of Technical Assistance（Control）Order 2003
フランス	Council Regulation（EC）No 1334/2000（EU規則）に準拠
ドイツ	外国貿易管理法（AWG）及び外国貿易管理法施行令（AWV）

出典：筆者作成

2　外為法による輸出管理

【輸出管理規制をめぐる主な変遷等】

年	内　容
1949	○ココム発足 ○外国為替及び外国貿易管理法（外為法）制定
1952	○我が国がココムに参加
1974	○インド核実験
1977	○ロンドン・ガイドライン（規制は原子力専用品（現在のNSGパート1）のみ）合意
1980～88	○イラン・イラク戦争
1985	○オーストラリア・グループ（AG）発足
1987	○ミサイル技術管理レジーム（MTCR）発足 ○外為法改正。「国際的な平和及び安全の維持を妨げることとなる」貨物又は技術の輸出を許可制にし（現在の外為法第48条第1項の創設）、罰則を強化（刑事罰：3年以下の懲役、100万円以下の罰金→5年以下の懲役、200万円以下の罰金。行政制裁：1年以内の輸出禁止→3年以下の輸出禁止）
1992	○NSGにおいて核兵器関連資機材輸出規制（NSGパート2）に合意
1994	○ココム終了
1996	○ワッセナー・アレンジメント（WA）発足 ○補完的輸出規制（キャッチ・サム）導入
1998	○外為法の名称が「外国為替及び外国貿易法」に変更（「管理」が抜ける）
2002	○キャッチオール規制導入 ○外国ユーザーリスト公表（以後、ほぼ毎年改訂）
2003	○大量破壊兵器の開発に転用されるおそれのある貨物例（懸念貨物例）公表
2004	○大量破壊兵器の不拡散に関する、国連安保理決議1540採択
2005	○包括許可取扱要領の改正により、「輸出管理社内規程（CP）の整備と確実な実施」の包括許可の要件化。
2006	○北朝鮮によるミサイル発射を受け、国連安保理決議1695採択 ○北朝鮮による核実験を受け、国連安保理決議1718採択 ○イランの核開発即時停止を求め、国連安保理決議1737採択 ○輸出令の特定地域（懸念国）からリビアを除外 ○懸念国向けの少額特例の金額を撤廃

出典：筆者作成

3　我が国の輸出管理の特徴——自主管理の原則

　我が国は、限られた天然資源の中、産学官の英知を結集した技術力をベースに優れた製品を世界へ供給している貿易立国であるが、グローバル化した経済の中では如何に迅速かつ正確に貨物を荷主の元に届けるかが重要となってくる。また、憲法で保障されている営業の自由、ひいては「輸出の自由」の原則の下、輸出管理当局が輸出者に対して、輸出しようとする貨物が外為法をはじめとする輸出関連法令による規制の対象となる合理的な理由を説明できなければ、原則として貨物の輸出は認められるものである。

　このような状況で、輸出管理当局が膨大な輸出案件について、全ての輸出貨物に関して外為法をはじめとする輸出関連法令上、許可が必要か否かの確認を行っていては、限られた政策資源で最善を尽くした輸出許可審査を実施したとしても、ほとんどの適正な輸出案件についてまで許可の対象か否かを判断しなければならない。これでは多くの輸出案件が遅滞することになり、輸出者は許可の要否の回答があるまで輸出手続きを進めることができず、結果的に貿易の阻害要因となりかねない。

　そこで、我が国の輸出管理制度は輸出者の自主管理に依拠した制度となっている。すなわち、該非判定やキャッチオール規制における客観要件の確認等、輸出許可の要否の判断をはじめ、外為法に基づく輸出管理の遵守を輸出者が自ら行うこととしている。その内容は多岐にわたる（輸出者による具体的な自主的な管理の内容については次節「４輸出管理とコンプライアンス」参照。）。他方、輸出管理当局は全国の都道府県で開催している安全保障貿易管理説明会等を通じて外為法をはじめとする輸出管理の内容の周知に努めている。

　　コラム14　輸出者の自主管理とCISTEC

　　財団法人安全保障貿易情報センター（CISTEC）は、1989年に設立された企業における輸出管理を支援するために設立された財団法人である。CISTECでは、企業向けに個別の輸出案件に関する輸出管理上の相談に応じる他、外為法によるリスト規制対象貨物に関するガイダンスや企業の自

主輸出管理のための社内規程モデル（モデルCP）の提供、法改正等に伴う説明会の開催等を実施している。

　また、第1章で触れたアジア輸出管理セミナーを主催し、アジア諸国における産官の輸出管理能力の向上にも大きく貢献している。さらに、輸出管理に関する産業界の意見を集約して、政府へ政策提言を行っている[283]。

　CISTECには安全保障輸出管理委員会が設置され、その下部組織として分野別に設置された部会・分科会等に会員企業が参加し、企業の輸出管理強化のために積極的な活動を行っている。こうした活動が政府への政策提言へ反映されるとともに、企業の自主管理にも反映されている[284]。これら企業の輸出管理に対する積極的な取組が、我が国の輸出管理の最前線であり、外為法秩序を下支えしていると言える。

　また、2005年に設立された日本安全保障貿易学会については、CISTECが事務局を務め、輸出管理分野における産学官の橋渡しとしての機能を果たしている[285]。

4　輸出管理とコンプライアンス

　我が国の輸出管理制度は、輸出者の自主的な輸出管理体制がなければ成り立たないものとなっている。この輸出者による自主的な輸出管理体制の整備を促進するため、輸出管理当局は輸出者に対して輸出管理社内規程（コンプライアンス・プログラム（CP））と呼ばれる輸出管理に関する外為法等の法令を遵守し、違反を未然に防ぐための社内規程の整備とその実施による輸出管理を促進している。また、会社法（平成17年法律第86号）の成立に伴い、一定規模の会社に対する法令遵守等に関する内部統制の整備が義務づけられている（会社法第362条4項6号）が、以下では、特に輸出管理関連法令の遵守に着目して、輸出管理社内規程を基にした輸出管理制度について、その経緯等を含めて紹介したい。

---

[283] CISTEC「CISTECのご紹介」（http://www.cistec.or.jp/about/cistec/j_jigyouannai/annai.html）（最終訪問日：2008年7月22日）。アジア輸出管理セミナーについては、第1章2（3）④「国際協力の重要性」参照。

[284] CISTEC「委員会便り」（http://www.cistec.or.jp/service/iinkaidayori/index.html）（最終訪問日：2008年7月22日）。

[285] 日本安全保障貿易学会会則（http://www.cistec.or.jp/jaist/about/kaisoku.pdf）（最終訪問日：2008年7月22日）。

第2章　我が国の輸出管理制度

（1）輸出管理におけるコンプライアンス

① **CP導入促進初期（1989年～）**　輸出者に対する輸出管理社内規程（CP）の導入の契機は、1987年に発覚した工作機械不正輸出事件を踏まえた政府の輸出管理強化策の一環である[286]。輸出関係企業等による不正輸出の防止を目的とする自主的な輸出管理を促進するため、同年、通商産業大臣から輸出関連団体の長宛てに輸出関連法規遵守徹底のための基本方針の策定等を依頼する「輸出関連法規の遵守徹底について[287]」が発出され、これに基づき輸出関連企業等は輸出管理社内規程を整備するきっかけとなった。

② **CP導入発展期（1994年～）**　東西冷戦の終結に伴うココム規制の終焉及び外国の輸出管理制度とのバランスを踏まえ、1994年6月24日付で通商産業大臣より「不拡散型輸出管理に対応した輸出関連法規の遵守に関する内部規定の策定又は見直しについて[288]」が発出され、不拡散型輸出管理に対応した輸出管理社内規程の策定、見直しが輸出関連企業等へ要請された。

また、2002年4月のキャッチオール規制の導入後には、大量破壊兵器等の開発等に対する懸念から、2004年3月31日付けで経済産業省貿易管理部長名で「輸出管理社内規程の作成について」が発出され、輸出関連企業等に対する自主管理が改めて要請された。

③ **CP導入徹底期（2005年～）**　2005年6月には、大量破壊兵器等の拡散防止の強化の観点から、「輸出管理社内規程の整備と確実な実施」を要件とする包括許可制度が導入された[289]。さらに、2006年3月には、税関にCPを届け出たコンプライアンスの優れた者については、貨物を保税地域に入れることなく輸出申告を行い、許可を受けることができる制度（特定輸出申告制度）が導入されるなど、輸出者に対するコンプラ

---

[286] 事件の概要については、後述第3章2（1）Ｉ「工作機械不正輸出事件」参照。
[287] 62貿第3605号。
[288] 6貿第604号。
[289] 新たな包括許可制度の概要は、経済産業省安全保障貿易管理ホームページ（http://www.meti.go.jp/policy/anpo/index.html）に「包括許可制度について」にて紹介されている。

イアンス遵守の要請が一層高まっている(290)。

（2）CP の内容

「不拡散型輸出管理に対応した輸出関連法規の遵守に関する内部規定の策定又は見直しについて」では、基本方針として国際的な平和及び安全の維持を目的とする外為法及び関係政省令等に違反して不正輸出を行わないことを定め、この基本方針を遵守するために以下の9項目をCPに規定することを要望している。

① **輸出管理体制**　輸出管理体制の整備では、組織を代表する者（代表取締役、代表執行役、CEO 等）が輸出管理の最高責任者となることが重要である。なぜなら、疑義ある取引を中止したり、外為法を従業員等へ周知徹底させたりする責任のある者が輸出管理の最高責任者となる必要があるからである。その上で、輸出管理に関する業務分担や責任範囲を定める必要がある。もちろん企業等の業態や規模によって、専門組織を設置する場合や、担当者を置く場合、最高責任者が直接統括する場合等が考えられるが、いずれにせよ輸出管理を担当する者を定め、その責任を明確にしておくことが重要である。

② **取引審査**　取引審査では、(i)該非判定、(ii)用途確認、(iii)需要者確認を行う。

（i）**該非判定**　「該非判定」とは、輸出する貨物又は提供する技術が、輸出令別表第1又は外為令別表に定める貨物又は技術であるかを判定することである。該非判定が不正確であれば、輸出許可が必要なものであるにもかかわらず許可を取得しないことになる等、不正輸出に直結するため、該非判定は輸出管理の基本である。該非判定においては、企業等の製品開発部門に製品等の仕様を評価してもらい、該非の判定を行

---

(290) 経産省所管 CP と財務省（税関）所管 CP には類似の要求項目があることから、輸出者から両制度の調和を図ってほしいとの要望があり、経産省及び財務省（税関）は、2007年4月より、財務省等の他省において所要の審査を経た事項で、かつ共通する事項については、相互に認証することにより、複数のCPの調和を図ることとなった（http://www.meti.go.jp/policy/anpo/kanri/jishukanri/cp-toha/cp-kaisetu/070330cpchyouwa.pdf）（最終訪問日：2008年5月10日）。

うことが重要である。それは製品等の仕様に関しては開発部門が最も詳しいと考えられるからである。商社等で他社から調達した製品の場合には、調達先から該非判定書を入手する等、文書で確認することが適切な該非判定を行うためには重要である。

該非判定の最終責任はあくまで輸出者であるので、調達先から入手した該非判定が適切なものであるかの確認は必須である。開発部門又は調達先における最初の確認に加え、輸出管理部門において最終確認を実施する体制を整備すれば該非判定の誤りも減少すると考えられる。もちろん取引が繰り返し行われ、仕様に変更がないものを毎回同じ過程で該非判定を行うことは非効率であるので、一度該非判定を行ったものについては、二度目以降は手続きを簡略化することは可能である。ただし、法令改正が行われることによって同一の仕様等のものが非該当から該当になることや、その逆のケースが起こり得るので輸出管理部門は注意する必要がある。

(ii) **用途確認・(iii) 需要者確認**　(i)でリスト規制に該当する貨物や技術の場合は、用途や需要者の如何に関わらず輸出許可が必要である。しかしながら、許可申請の審査の際には用途や需要者に関する情報は必須であることから、用途や需要者をあらかじめ確認することは必須である[291]。また、キャッチオール規制に該当する貨物や技術の場合、用途や需要者を確認した上で輸出許可の要否が決まるため、やはり用途及び需要者を確認することが必須となる[292]。したがって、該非判定と並び用途確認、需要者確認は輸出管理の基本となる重要な事項である。

(i)でリスト規制該当の場合や、(ii)や(iii)でキャッチオール規制の客観要件に該当した場合等の輸出許可が必要な場合に、輸出管理部門が当該取引を審査することは当然であるが、その他疑義ある場合等にも幅広く輸出管理部門が取引審査を実施した方がよい場合がある。

③ **最終判断権者による疑義ある取引の未然防止**　②で取引審査を行った結果、最終的には取締役等が最終判断権者となり、当該取引の可

---

[291] 用途によっては、一般包括許可が使えないケースもある。
[292] キャッチオール規制については前述2(3)「キャッチオール規制」参照。

否を最終判断するとともに、疑義ある取引を未然防止できる体制が必要である。特に、最終判断権者の承認なしには、営業部門等が取引を進められない体制にしておくことが重要である。

④ **出荷管理**　出荷管理については、②の手続きを終了し、輸出許可が必要な場合には輸出許可を既に取得していることを確認する。さらに、出荷される貨物と輸出関連書類に記載されている内容が一致していることも確認する。技術の提供の場合には、出荷貨物を管理する書類に相当するものがないことも多いと考えられるので、②の手続きの完了、及び必要な役務取引許可の取得の確認を再度徹底する。

⑤ **監査**　輸出管理の適正な執行を確認するための監査体制を整備するとともに、定期的（1年に1回程度）に監査を実施する。この監査は輸出管理部門が単独で実施することも、監査部門による定期監査の一環として行うことも可能であるが、輸出管理業務の専門性を考えた場合、輸出管理部門が全く関与しない監査は望ましくない。

⑥ **教育・研修**　役員を含め従業員等に対して、輸出管理に関する教育・研修[293]を実施する。これは、輸出管理の意義やその制度を会社全体で正しく認識することが適正な輸出管理の第一歩であるからである。

⑦ **資料管理**　外為法の公訴時効が5年であることを踏まえ、貨物の輸出又は技術の提供に関する記録は少なくとも5年間は保管する必要がある。なお、タイムスタンプ等による書類の改ざん防止等がなされている限りにおいて、電子媒体による書類保存も可能である。

⑧ **子会社等への指導**　子会社や関連会社（子会社等）は、法的には親会社とは別法人であるものの、子会社等による不正輸出事件では親会社に対する社会的責任の追及や親会社のブランドイメージ等に大きな影響を与える場合がある。そうした観点から、親会社は子会社等に対しても輸出管理に関する指導を実施しておくことが重要である。

---

[293] CISTECや日本機械輸出組合等でも輸出管理に関する講習会を実施しているので、社内に研修リソースが不足する場合にはこのような外部研修機関の活用も有効である。また、経済産業省も安全保障貿易管理説明会（適格説明会）を全国各地で実施するとともに、適格説明会で使用した資料は電子媒体で安全保障貿易管理ホームページ（http://www.meti.go.jp/policy/anpo/index.html）（最終訪問日：2008年7月22日）に公開されている。

第2章　我が国の輸出管理制度

⑨　**違反への対応**　外為関連法令に違反した事実が判明した場合には、速やかに社内の輸出管理部門に報告するとともに、輸出管理部門は経済産業省や税関等の関係当局へ報告することを義務付ける体制を整備しておくことが必要である。

（3）CP 整備に対するインセンティブ

　CP 整備はあくまで自主輸出管理の一環であることから、法的な義務ではないが、近年の大量破壊兵器拡散防止や国際的な輸出管理強化の流れにおいて、リスク管理やコンプライアンスの観点からも輸出者の自主管理体制の構築に対する要請は一層強まっている。そこで輸出者に対する自主管理体制の構築に向けたインセンティブも用意されなければならない。その一つが、前節で紹介した包括許可の取得の要件化である。

　①　**包括許可と CP**　我が国で包括的な承認（許可）の制度が始まったのは1985年であり、ココム加盟国向けの輸出を対象としていたものである[294]。ただし、この包括輸出承認は、継続的な取引関係にある相手方との契約書又は輸出入者で合意した販売計画書がある場合を対象としたものであり、基本的には個別許可に等しいと言える。その後、1989年には、共産圏以外のココム非加盟国向けで継続的取引関係がある買主への輸出を対象とし、「輸出管理法規」（当時は CP をこのように呼称）を整備し、それを確実に実施していること等を要件とした包括輸出許可・包括役務取引許可（以下、「1989年包括許可」という。）制度[295]が導入された。

　さらに、1990年には、1985年に導入したココム加盟国で継続的な取引関係にある特定の相手方等を対象とした包括承認（許可）に代わり、ココム加盟国向け一般に特別包括輸出許可・特別包括役務取引許可（以下、「特別包括許可」という。）制度[296]が導入された。これが現在の一般包括許可制度に連なるという点において、我が国の輸出許可制度における事実上初めての包括許可制度である（なお、この時も CP の整備が特別包括

---

(294) 戦略物資の包括輸出承認について（60貿局第30号）。
(295) 包括輸出許可等取扱要領（元貿第633号・輸出注意事項元第1号）。
(296) 特別包括輸出許可等取扱要領（2貿第204号）。

許可の要件となっていた。）。

その後、1994年に呼称が変更され、上述の1989年包括許可は特定包括許可となり、特別包括輸出許可は一般包括許可となった[297]。この一般包括許可においては、CP の整備と実施は包括許可の要件から外された（特定包括許可では引き続き CP の整備と実施が要件であった。）。

いったん廃止された CP の整備を要件とする包括許可制度は、2005年6月に、「輸出管理社内規程の整備と確実な実施」を要件とする新たな包括許可制度として再度導入された。新しい包括許可制度の下では、一般包括許可を取得しようとする者（大企業・個人を問わず全ての包括許可申請者）に対して、輸出管理社内規程（CP）の整備を義務づけるとともに、輸出管理社内規程が確実に実施されていることを申請者が定期的に確認するため「企業概要・自己管理チェックリスト」を毎年7月に経済産業省へ提出することが義務付けられている[298]。また、輸出者による輸出管理が CP に則って適切に実施されているかを輸出管理当局が実際に確認するため、外為法第68条に基づく立入検査が実施されている。なお、特定包括許可を取得する場合には、許可申請に先立って、輸出管理当局による実地調査を受けることが条件となる。加えて、2006年8月より、包括許可の取得・更新に際し、経済産業省が実施する安全保障貿易管理説明会（適格説明会）の受講が要件となった。

---

[297] 一般包括輸出許可・承認等取扱要領（6貿第211号）。
[298] 包括許可取得者に対しては、企業概要・自己管理チェックリストの定期的な提出に併せて、立入検査の受検義務が課されているため、輸出者側にとってみれば輸出管理コストが非常に高まっていると言える。

第2章　我が国の輸出管理制度

【一般包括許可とＣＰ】

自主管理を基礎とした包括許可制度の再構築
→　輸出管理社内規程の整備と確実な実施を確保

許可の前提：	・輸出管理社内規程の整備 　輸出管理社内規程は「基本的事項」を満たしたものであることが必要　規模や事業形態等タイプの違いによる体裁の違いは支障とはならない ・「チェックリスト」による確認
許可の申請：	・経済産業局に行う ・輸出管理社内規程（又はその受理票）と「チェックリスト」の提出が必要 ・事前に輸出管理社内規程を届け出る必要はない
許可の範囲：	・仕向地・貨物の組み合わせ（マトリックス）
有効期間：	・3年以内 ・更新を行うことができる ・更新の際の手続要件を緩和する
主な許可条件：	・輸出管理社内規程に基づき「基本的事項」を確実に実施 ・「チェックリスト」の定期的提出（年1回） ・輸出関連書類の保存 ・輸出管理社内規程の内容に変更ある場合の届出 ・軍事用途・大量破壊兵器用途等に関する失効・届出 （注）輸出実績の報告 は許可条件としない
その他：	・輸出管理の実行に関する当局の事前確認（実地調査）は要件とならない ・新たに輸出管理社内規程を作成した者や新設企業にとっても規程の実行実績の評価について配慮 ・制度切替時に有効な包括輸出許可は、その期限まで有効となる ・これら制度内容について、役務取引包括許可も同様 ・2006年6月から施行

なお、輸出管理の実施状況について、「遵守状況立入検査」が適宜実施される。

出典：経済産業省による包括許可制度の改正説明会資料より抜粋

【安全保障貿易管理説明会での質問】
問　一般包括許可取得のためにCPを整備しようと思うのですが、CPが経済産業省に受理されるまでにはどのくらいの期間がかかるのでしょうか。
答　届け出るCPの内容が確かなものであれば早々に受理されますが、内容に問題があれば何か月経っても受理されません。CPには基本的に「（2）CPの内容」で示した9項目が網羅されていればよいのですが、企業規模や業態等によって内容は自ずと異なってきます。モデルCPを丸写ししても実行不可能であっては意味がありません。したがって、どのような内容のCPがふさわしいか等、CP作成の早い段階での経済産業省へのご相談をお勧めします。

②　**CPの届出企業等の公表について**[299]　経済産業省は、企業等による適切な安全保障貿易管理体制の構築に向け、自主的にCPを作成した上で、その実施状況を自己審査し、かつ、経済産業省に届け出た企業等の名称等を経済産業省のホームページに公表している。経済産業省は、外為法の制度運用等において差別することはないとホームページ上で言及しているが、実際の輸出管理実務においては、本ホームページに取引先の名称等が掲載されているかどうかで国内販売の顧客審査を行う参考にしているところもある。

（4）海外子会社と海外支社の管理

①　**海外子会社の管理**　輸出管理社内規程（CP）においては、親会社による子会社等への指導についても、法的には別法人であるものの、親会社に対する社会的責任を踏まえれば重要であることを指摘した。この場合、子会社等は我が国国内にある法人とは限らない。第1章で検討した「カーン・ネットワーク」の事例を踏まえれば、海外子会社が大量破壊兵器の開発に用いられる貨物を調達する活動に巻き込まれるおそれがあることも親会社は念頭に置いておく必要がある。そのような活動に海外子会社が巻き込まれた場合、行為そのものは海外子会社が行ったことであっても、親会社と海外子会社は密接な関係にある以上、実質的に

---

[299] 経済産業省「輸出管理社内規程（CP）を自主的に作成し当省に届け出た企業に係る企業名の公表について」（2005年2月25日）（http://www.meti.go.jp/policy/anpo/kanri/jishukanri/cp-toha/kouhyou/kouhyou-zenbun.html）（最終訪問日：2008年7月22日）。

経営を支配している親会社に対する社会的な責任も問われかねない。

　② **海外支社と外為法の「域外適用」**　国家は領域内外における自国民あるいは自国企業の行為、利益等について規律する権限を有する。自国企業に対して規律が及ぶのは当該国家の法に基づいて設立された法人であるためであるが、多国籍企業については、その構成部分たる各法人はそれぞれの設立準拠法所属国の管轄権に服することとなる。しかし、輸出管理関連法分野では、国家が法の実効性を確保するために多国籍企業の統一体としての特性に着目して属人主義を拡大し、自国企業によって所有・支配されている外国法人についても規律の対象に含めようとする試みがみられる(300)。

i) 外為法の域外適用

　属地主義(301)の例外として、日本法人の代表者や従業員等が海外で行った行為についても、我が国の外為法が適用される旨規定されている（外為法第5条。外為法の域外適用）。同規定は、居住性の有無を問わず、日本法人と「雇用関係」という特別な関係にある者については、雇用関係を通じて法人の行為を代理しているため、法律の厳格な執行を図る観点から海外における日本法人の行為についても規制されているものである(302)。しかし、全ての行為（取引）が、本規定（域外適用）の対象となるのではなく、支払（第16条）や役務取引（第25条）のように居住者と非居住者間の行為に係る規制のみに限定され、貨物の輸出（第48条）については適用されないものと解されている。

（参考）外為法（抄）

> 第5条　この法律は、本邦内に主たる事務所を有する法人の代表者、代理人、使用人その他の従業者が、外国においてその法人の財産又は業務についてした行為にも適用する。本邦内に住所を有する人又はその代理人、使用人その他の従

---

(300) 田中美穂『多国籍企業の法的規制と責任』（大阪大学出版会、2005）108頁。
(301) 国家が、その領域内で行われたすべての犯罪に関し、行為者又は被害者の国籍の如何を問わず、管轄権を有するという原理。犯罪の構成要件のすべてがその領域内で行われる場合には、内外人を区別することなく、他国の介入を排して当該犯罪に対し国家が刑罰権を主張することができる。
(302) 外国為替貿易研究グループ編『──逐条解説──改正外為法』（経済産業調査会、1998）94頁。

業者が、外国においてその人の財産又は業務についてした行為についても、同様とする。

ii) 米国輸出管理法の域外適用

米国は、外国資産管理規則及び輸出管理規則の適用対象となる「米国の管轄権に服する者」の概念に、米国企業に所有・支配される外国子会社を含め、所有・支配を通じて多国籍企業に対する管轄権の行使を行ったことがある（Fruehauf事件[303]、シベリアパイプライン事件[304]）。しかし、輸出管理関連法の分野では、国家間で利益・政策が大きく異なり、また親会社国と子会社国の管轄権の対立が激しいため、いずれの事件においても、米国による外国子会社への規律は撤廃されている。

5　輸出管理の実践

前節までは主に制度面から我が国の輸出管理を見てきた。以下では、経済産業省が安全保障貿易管理説明会等で使用している資料を基に、実際に輸出管理を行う場合の企業等における留意点や大学等における輸出管理について紹介する。

(1) 違反事例からみる輸出管理上の留意点

これまで概観した輸出管理制度で、実際にどのような行為が違反となりうるかにつき、具体例を基に検討したい。

① **法令解釈の誤り**　　(i) **民生用途の誤解**　民生用途なら全て非該当と独自に解釈していたメーカーの該非判定書に疑念を持たずにそのまま輸出した。リスト規制対象貨物については、用途にかかわらず、一定の仕様・能力等を有する貨物は、経済産業大臣による輸出許可の対象となる。民生用途＝非該当とするのは大きな誤りである。（→77頁参照）

(ii) **海外返送品**　海外から購入した製品が故障し、リスト規制該当貨物であることに気づかないまま、輸出許可を取得せず、修理のために購入先向けに輸出した。修理のための貨物の一時的貸出しや、修理後の

---

[303] 小原喜雄『国際的事業活動と国家管轄権』（有斐閣、1993）286-288頁。
[304] 同上296-394頁。

我が国への積戻しが予定されている場合であっても、「貨物を外国に向けて送り出す場合」は、輸出に該当するので、リスト規制対象貨物の場合には、経済産業大臣の輸出許可が必要となる。

なお、「無償で輸入すべきものとして無償で輸出する貨物」(無償告示の二)には、輸出先で修理した後、再輸入するものは含まれていないので、特例の対象外である。(→79頁参照)

(iii) **公知の技術の誤り**　リスト規制該当技術の提供に当たり、国際規格にて一般に公表されている技術と思いこみ、役務取引許可を取得せずに技術を提供したところ、一部公表されていない技術があった。「不特定多数の者に対し何ら制限なく公開されている技術を提供する取引(公知の技術)」(貿易関係貿易外取引等に関する省令第9条第1項第五号)は、提供する技術がリスト規制該当技術であっても、役務取引許可が不要となるが、当該特例の適用に当たっては、規定の内容を良く理解するとともに、適用の可否を事前に十分確認する必要がある。(→95頁参照)

(iv) **暗号特例**　NC測定装置に内蔵されているROM(半導体記憶装置)をプログラムの改変ができないとものとして輸出した。暗号特例では、購入に関し何ら制限を受けずに販売されるもの、暗号機能が使用者によって変更できないもの等が特例として認められているが、ROMはこれらに該当するとは言えないため、暗号特例は適用できない。(→80頁参照)

② **該非判定の誤り**　該非判定とは、輸出する貨物又は提供する技術が、輸出令別表第1や外為令別表に該当するか否かを判定することである。該非判定は、研究開発部門等の技術部門による判定に加え、輸出管理を担当・統括する部署でも法令解釈の観点から確認する必要がある。一部門による該非判定は誤判定の原因となるばかりか、違法輸出の原因ともなりかねないので、多重のチェック体制を整備しておく必要がある。

(i) **プログラムの判定の見落とし**　貨物とは別に、内蔵されているプログラムについても技術の提供の観点から該非判定が必要となる。工作機械、測定装置及び試験装置等のようにコンピュータ制御によって作動する機械を輸出する際には、当該機械にプログラム(ソフトウェア)が搭載されていないか確認し、搭載されている場合には、技術の提供に

係る該非判定が必要となる。特に、技術の提供の方が貨物の輸出より広範に規制されている場合があり、貨物が非該当であるからといって、内蔵プログラムも非該当とは限らないので注意が必要である。(→93-94頁参照)

(ⅱ) **参照すべき規制リストの誤り**　　該非判定を行うべき輸出令別表第1又は外為令別表の項番を間違ったため、適用できない許可証を使って輸出をした。1つの貨物が複数の項番で規制されていることもあり、注意が必要である。
・工作機械：核関連（2項）、通常兵器関連（6項）
・ポンプ：核関連（2項）、化学関連（3項）
・マルエージング鋼：核関連（2項）、ミサイル関連（4項）
　同じ種類の貨物でも、仕様等による該当項番が異なれば、適用できる輸出許可証の種類が異なるので、注意が必要である。(→75頁参照)

(ⅲ) **判定時期の誤り**　　メーカーから貨物の提供を受けた時点で該非判定を行ったものの、当該貨物に改造を加えて性能や機能が向上した後には、改めて該非判定を行わなかった。メーカーから提供された貨物がリスト規制対象貨物に該当でなかったとしても、独自に改造を加えたことによって該当貨物になる場合もあるので、注意が必要である。

③ **顧客審査の誤り**　　貨物や技術の引き合いを受けた場合、その貨物・技術の需要者に関する背景情報を入手しておかなければ、貨物・技術が不正に転用されるリスクがあることから、顧客審査は慎重に行なう必要がある。

(ⅰ) **懸念顧客リストの入手**　　輸出管理の観点からの顧客審査では、輸入者や最終需要者等が大量破壊兵器等の開発等に関与していないかの確認をするために、
・経済産業省が公表している外国ユーザーリスト（→84頁参照）
・CISTECが提供しているCHASER情報[305]
・米国商務省が公表している懸念企業リスト（Entity List）や禁止顧客

---

[305] CHASER（チェイサー）情報とは調査機関報告書や専門誌等に掲載されている企業情報をCISTECが収集し、提供しているもので、輸出者の顧客審査の参考として利用されている。

第2章　我が国の輸出管理制度

リスト（Denied Person List（DPL））[306]
・輸入者や最終需要者のホームページや登記簿　等

が用いられることが一般的であるが、これらの情報以外にも、D&Bレポート等の民間信用調査機関による信用情報[307]や海外の現地セールスパーソンが日常的な営業活動により入手した情報等も大いに参考になる。

　(ⅱ)　**顧客審査の定期的なチェック**　ある輸出案件の際にいったん確認した需要者の審査についても、繰り返し輸出を行う場合には、定期的[308]に顧客の審査を行うことが重要である。特に、大量破壊兵器等の拡散に懸念のあるアジア諸国においては、需要者の業種・業態が頻繁に変わる場合があるため、例えば、現地のセールスパーソン等に現地企業等を定期的に訪問させ、需要者等の業種・業態に変更がないか等を確認することも一つの方策である（現地で収集した情報が本邦の本社等へ伝達される仕組みが必要であることは言うまでもない）。

　④　**出荷確認の誤り**　(ⅰ)　**出荷指示の誤り**　営業部門がリスト規制非該当の貨物の輸出を指示したにもかかわらず、誤って該当貨物を出荷した。貨物の出荷の際には、リスト規制該当貨物であるか否かを正確に確認し、該当貨物である場合には許可証が取得されているかを確認する必要がある。このようなミスを防止するためには、貨物そのものに該当品である旨を表示したり、梱包において該当品である旨が容易に判別できるようしたりする方法もある。

　(ⅱ)　**役務取引許可の未確認**　リスト規制該当技術を有するシステムについて、役務取引許可を取得することなく、インターネット等を通じ、海外の顧客に使用させた。リスト規制該当技術を有するシステムの操作

---

[306] Entity List は米国商務省が公表している大量破壊兵器開発との関連が疑われる企業・組織に関するリストで、リスト掲載企業・組織向けの輸出は米国商務省の許可が必要である。DPL は米国商務省が輸出特権を剥奪した企業・個人に関する情報である（輸出特権の剥奪については後述第3章1(1)①【コラム20：諸外国の不正輸出に対する罰則】も参照）。

[307] 例えば、会社の売上げに対して購入品の価格が非常に高額である場合や関連会社（親会社・子会社）に軍との資本関係がある場合も注意が必要である。

[308] 経済産業省は、リスト規制対象貨物の需要者については1年ごと、その他の貨物については2～3年に一度の顧客審査の見直しを求めている。

方法を非居住者に提供する場合には、役務取引許可が必要である。また、インターネット等を通じたサービスの提供であっても、貨物と同様に役務取引審査が必要である。

⑤ **輸出許可証の適用誤り** (i) **許可範囲の逸脱** 核兵器関連（輸出令別表第1 2の項）、生物・化学兵器関連貨物（同表3の項、3の2の項）を中国・台湾向けに一般包括許可を使用し、輸出した。大量破壊兵器等関連貨物（輸出令別表第1 2～4の項）に係る一般包括許可は、中国や台湾向け輸出には利用できない。

(ii) **個別許可条件の未履行** 取得した輸出許可証に1年後の貨物積戻しや貨物の設置場所についての経済産業大臣への報告、ストック販売に係る経済産業大臣による事前同意等の条件が付されていたが、これらの条件を履行しなかった。輸出許可証を取得した際には、「許可条件」が付されていないかを良く確認し、「許可条件」が付されている場合には、これを遵守する必要がある。

なお、許可条件として積戻し条件が付された個別許可については、期限までに日本に積戻し、必要な書類を添付の上、経済産業省安全保障貿易審査課に報告する必要がある。（→91頁参照）

(iii) **輸出許可証の確認ミス** 輸出許可証の有効期限や輸出許可された貨物の数量等の確認を怠ったものである。輸出許可証には、有効期限や許可貨物の数量等に制限が課せられている場合もあるので、有効期限や貨物の数量等を必ず確認する必要がある。こういったミスを防止するためには、社内の取引審査票等において、許可証の有効期限や貨物の数量等の記載欄を設ける方法がある。（→91頁参照）

> **コラム15** 企業等における不正転売防止のための取組
>
> 工作機械メーカーにおける不正転売防止に向けた取組
> 兵器の製造等には不可欠なことから、厳しい輸出管理の対象となっている工作機械については、軍事転用を防止する目的に、設置場所から動かすと使用不能になる機能を盛り込んだ製品が販売されている[309]。

（2）大学・研究機関における輸出管理について

諸外国においては、大学・研究機関（大学等）が軍や兵器開発と密接に結びついている例は少なくない。そうした状況を踏まえると、大学等の研究成果の社会還元が進み、留学生の増加、国際的な産学官連携の推進や大学等間交流協定の締結等に伴う海外大学等との連携強化による教育・研究の両面における国際化が進展する一方で、懸念国やテロリストによる大量破壊兵器関連の貨物や技術の調達活動の巧妙化等により、我が国の大学等が大量破壊兵器等の開発等に転用されるおそれのある貨物や技術の調達活動に巻き込まれるリスクが高まっていると言えよう。このような状況下では、大学等は従前にも増して実効的な輸出管理を行う必要がある。

　① **輸出管理の対象となる研究活動**[310]　大学等における研究活動のうち、外為法上の「貨物の輸出」や「技術の提供」となる行為について、幾つか事例を紹介したい。

a)「貨物の輸出」に当たる事例
・海外での観測実験や研究のために、観測機器や測定装置等を海外へ送付するために船舶や航空機へ搭載すること
・（共同研究や実験の検証・評価等として）生物材料（ウィルス・細菌・毒素・菌類・ゲノム等）を海外の大学等や医療機関へDHL・EMS等で送付すること
・国際展示会へ出品する試作品等を手荷物により航空機へ持ち込むこと等

＜留意点＞
・日本へ持ち帰ることを前提とした行為であっても、「貨物の輸出」となる。
・輸送や郵送だけでなく、手荷物（ハンドキャリー）も「貨物の輸出」

---

(309) 森精機（株）（2006年9月8日付日本経済新聞朝刊1面）及びシチズン（2006年10月18日付日本経済新聞朝刊9面）。
(310) 大学は、学術の中心として、広く知識を授けるとともに、深く専門の学芸を教授研究し、知的、道徳的及び応用的能力を展開させることを目的としている（学校教育法第52条）が、知識の教授（教育）については、不特定多数を対象として行われるものであることから、役務取引許可申請の対象外となる。

となる。
- 海外の大学等から借りた装置等を返送する場合も「貨物の輸出」となる。
- 海外出張等で本人が使用するために携行する市販のパソコンは規制対象外。

b)「技術の提供」に当たる事例
- 海外大学等との共同研究において、日本の大学等の研究者が技術データ（実験データ等）をFAXや電子メール等により海外の大学等の研究者へ送付すること
- 日本の大学等にあるスーパーコンピュータや実験機器等の使用方法を海外からの留学生や研究者等へ伝授すること
- 実験機器等に付随するインストール用ディスク、取扱説明書、ユーザーマニュアルその他技術資料等を海外大学等の研究者へ提供すること
- 海外の大学等の研究者に対する特定技術に関するプレゼンや説明すること等

＜留意点＞
- 日本国内において行われる技術の提供も規制の対象となる。
- 技術の提供の手段は、電子メールや電話等の有形・無形を問わない。
- 居住者と非居住者との間で守秘義務契約を締結していた場合であっても、規制の対象となる。
- すべての役務取引が経済産業大臣の許可の対象ではなく、許可を要しない役務取引もある（公知の技術を提供する取引又は技術を公知とするために行う取引等（（例えば、不特定多数の者が入手できる）学会誌、公開特許情報、ホームページ等に公開すること等））

　上記のとおり、大学等の研究活動に関連する様々な行為が「貨物の輸出」や「技術の提供」に当たるため、これらの行為を組織管理の対象にする必要がある。貨物の輸出については、リスト規制該当貨物を輸出しようとする場合は、ほとんど例外なく許可申請の対象となる。一方で、「技術の提供」については、日本人研究者等による論文発表や学会発表等（「公知技術の提供」）や現象に関する原理の究明を主目的とした研究

活動（基礎科学分野の研究活動において技術を提供する取引）は許可を要しない役務取引に該当する。他方、企業等と秘密保持契約等を締結して行うような共同研究等（外国人研究者や留学生等が従事するものに限る）については、不特定多数の者を対象としておらず、また企業等との共同研究であることから、「公知技術の提供」や「基礎科学分野の研究活動における技術の提供」には基本的に当たらないものと考えるべきである。

なお、大学の目的のもう一つの柱である教育活動に関しては、一般に市販されている教科書に記載されている内容を教授する限りにおいては、役務取引許可を取得する必要はない（不特定多数の者に対する「公知技術の提供」に該当するため）。

コラム16　大学等における研究は外為法の規制対象か

「許可を要しない役務取引等」として、貿易外省令第9条第六号は、「基礎科学分野の研究活動において技術を提供する取引」を規定しているが、大学等の研究活動の全てが役務取引許可の対象外となるわけではない。役務通達では、「基礎科学分野の研究活動」を「自然科学の分野における現象に関する原理の究明を主目的とした研究活動であって、理論的又は実験的方法により行うものであり、特定の製品の設計又は製造を目的としないもの」と規定しているが、近年の大学等における研究成果の社会還元の進展や大学等の国際化の進展等により、大学等の研究開発は、基礎研究にとどまらず、応用・開発研究など実用化を念頭においた研究開発まで行われている。すなわち、原理の究明を主目的とした研究活動ばかりではなく、企業等との共同研究や委託研究などにおいては、特定の製品の設計や製造を目的とした応用・開発研究まで行われている場合がある。大学等での研究だからと言って、すべて無条件に輸出管理の対象から外れるものではないことは認識しておくべきである。

5 輸出管理の実践

【産総研における貨物の輸出及び技術の提供の形態例】

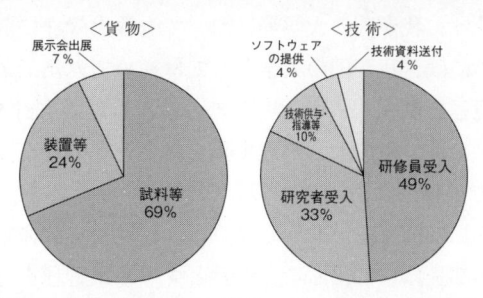

＜貨物＞
- 展示会出展 7%
- 装置等 24%
- 試料等 69%

＜技術＞
- ソフトウェアの提供 4%
- 技術資料送付 4%
- 技術供与・指導等 10%
- 研究者受入 33%
- 研修員受入 49%

出典：(独) 産業技術総合研究所「大学・公的研究機関の輸出管理について」より

　大学等と企業における輸出管理の大きな違いは、企業では、継続的に同種の貨物を大量に輸出する場合が多いが、大学等では、単発的に一つ又はごく少数の貨物を輸出する点もあるが、それ以上に、取り扱っている技術分野が大学等では非常に多岐に渡り、その分多大な管理コストがかかる。

【大学等と企業における輸出管理の相違】

	大学等	企業等（大手メーカー）
組織体制	教授を長とする講座（研究室）単位で動く場合が多い。研究者個人が輸出手続きを全て行うことが前提。	事業部制やカンパニー制など業務内容を大括り化した組織で輸出管理を実施。また、開発部門、営業部門、出荷部門など、輸出管理の関連部署がある。
構成員	様々な国から多数の研究者や留学生を受け入れ。セミナーやシンポジウムなどの交流機会が多く、ケースに応じた情報管理が必要。	受け入れ外国人の国籍は、子会社・関連会社の有る国が主であり、外国人従業員自体も関連会社等が中心（外国人も多くない。）。
研究分野	研究分野は多岐にわたる。また、基礎研究も多く、軍事転用可能性の判定は難しい。	分野は限定的（特定可能）。
研究管理	研究は、研究室（者）単位で管理しているため、大学等としての組織的な管理は行われていない。	個々の研究者が行っている研究内容は、会社として組織的に管理。
輸出（貨物）	それぞれ1回きりが多い（輸出される物が毎回異なるため、毎回該非判定や顧客審査を行う必要がある）。	特定の製品が複数回にわたって輸出される（基本的に該非判定は1回きり）。

出典：産業構造審議会安全保障貿易管理小委員会第9回制度改正WG資料4等より筆者作成

② **大学等における輸出管理の取組**　大学における輸出管理の重要性の高まりを受け、我が国の大学等においても輸出管理に取り組み始めている。2006年には、我が国の大学としては初めて九州工業大学が安全保障輸出管理規程を制定し、大学としての輸出管理の方針を定めた[311]。また、2007年には、中央大学が理事長を輸出管理の最高責任者とする輸出管理体制を整備し、教員等が以下に該当する行為を行う場合には、「『技術の提供』に関する該非判定フロー」に従って該非判定を行い、必要に応じて学部長に申し出ることを旨とする輸出管理を行っている[312]。

【大学における輸出管理の対象となる行為】

- 海外の共同研究先又は個別の研究者への技術資料・プログラム等を提供する場合
- 研究員、留学生、研修生等の受け入れに伴い、技術を提供する場合
- 海外の研究機関に対して特許使用許諾に伴うノウハウ等を提供する行為
- 研究室の見学時に技術を提供する場合
- 海外の研究機関への装置等を送付する場合
- 海外で開催される学会・シンポジウム等へ装置等を出品する場合
- 海外の共同研究先又は個別の研究者への試料・試作品等の送付や装置等を貸与する場合
- 海外出張時に手荷物として、試料・部品・試作品・測定機器等を持ち出す場合

コラム17　大学等の輸出管理強化に向けた政府の取組

　経済産業省は、大学等の研究者により大量破壊兵器の開発等に転用されるおそれのある貨物や技術が不用意に輸出等されることがないよう、大学等に対して注意喚起を行うため、2005年4月1日付けで、すべての国公私立大学及び公的研究機関の長に対して「大学等における輸出管理の強化について[313]」（平成17・3・31貿局第1号）を送付し、輸出管理の強化を要請した。
　また、大学等の重要な財産の一つである知的財産を取扱うTLO（技術

---

[311] 九州工業大学「海外との産学連携における基本的立場」（http://www.ccr.kyutech.ac.jp/f_shisei/kaigai.html）（最終訪問日：2008年5月10日）。
[312] 中央大学「安全保障輸出管理について」（http://www.chuo-u.ac.jp/chuo-u/community/g07_j.html）（最終訪問日：2008年5月10日）。
[313] 経済産業省「大学等における輸出管理の強化について」（http://www.meti.go.jp/policy/anpo/kanri/bouekikanri/daigaku/050401univ.html）（最終訪問日：2008年5月10日）。

移転機関）を対象とした説明会を実施するとともに、個別の大学・公的研究機関においても説明会を開催している。

さらに、2006年における一連の不正輸出事件等を踏まえて、大学等における実効的な輸出管理が一層必要であるとの認識の下、経済産業大臣より文部科学大臣宛てに大量破壊兵器等に関連する貨物の輸出や技術の提供が不用意に行われることがないよう、大学等における的確な輸出管理を依頼すべく「大学等における輸出管理の強化について[314]」が発出され、文部科学省から各大学等長宛に「大学及び公的研究機関における輸出管理体制の強化について（依頼）[315]」が通達された。これらの要請等を踏まえ、大学等や個々の研究者等の輸出管理意識の向上等を図るため、経済産業省は文部科学省と連携し、47都道府県において大学等を対象とした説明会を順次開催している。

2008年1月には、外為法に基づく技術提供管理等を効果的に実施するため、大学・研究機関が実施すべきことをとりまとめ、大学等における技術提供管理等の参考に資することを目的として、経済産業省は「安全保障貿易に係る機微技術管理ガイダンス（大学・研究機関用）[316]」を作成し、公表した。

コラム18 研究成果は狙われている

大学等における研究成果は、学術論文や特許等の形で社会へ還元されることになるが、当該情報はいかなる者の目に触れるか分からないため、その発表等に際しては注意が必要である。例えば、病原菌の人体に対する影響やその治療方法等について論文を発表した研究者の元に、生物・化学兵器の開発を行っている懸念のある国の研究者や所在が不明な者等から問い合わせがあった場合には、当該情報の使用目的や問い合わせ者の素性確認等を厳格に行わなければ、研究成果が生物・化学兵器の開発等に転用されてしまう可能性がある。

---

[314] 経済産業省「大学等おける輸出管理の強化について」（2006年3月3日）（http://www.meti.go.jp/policy/anpo/kanri/bouekikanri/daigaku/060303univ.pdf）（最終訪問日：2008年5月10日）。
[315] 文部科学省「大学及び公的研究機関における輸出管理体制の強化について（依頼）」（http://www.mext.go.jp/b_menu/shingi/gijyutu/gijyutu8/toushin/06082811/015/001.htm）（最終訪問日：2008年5月10日）。
[316] 経済産業省「安全保障貿易に係る機微技術管理ガイダンス（大学・研究機関用）」（http://www.meti.go.jp/policy/anpo/kanri/bouekikanri/daigaku/kibigijyutukanrigaidansu.pdf）（最終訪問日：2008年5月10日）。

③ **公的研究機関における輸出管理の取組——(独)産業技術総合研究所の輸出管理** (独)産業技術総合研究所(以下、「産総研」という。)では、研究活動や研究成果が外為法等に違反することがないよう安全保障輸出管理規程(317)等を整備し、輸出管理に取り組んでいる。産総研では、代表権を有する副理事長を輸出管理の最高責任者とする輸出管理体制を整備し、各研究部門の責任者が一次的な取引審査の責任者となり、輸出管理統括部門が二次的な審査を実施している。

【産総研における輸出管理体制と役割】

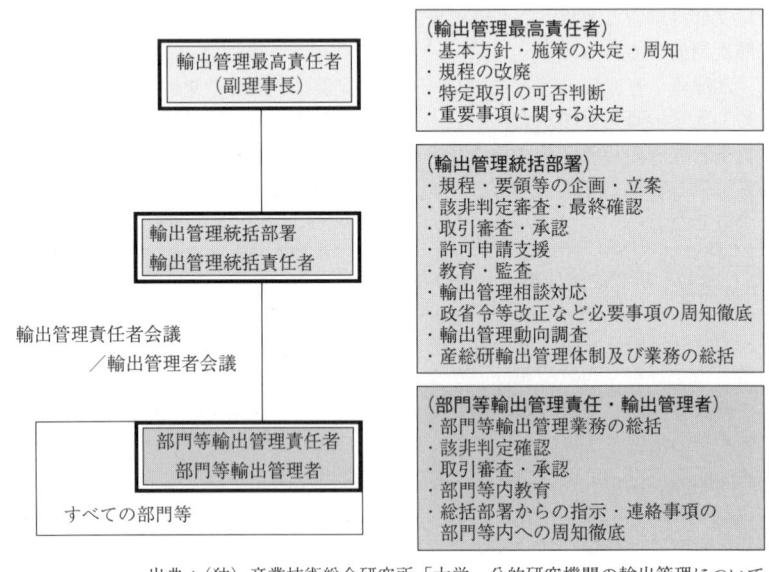

輸出管理最高責任者 (副理事長)	(輸出管理最高責任者) ・基本方針・施策の決定・周知 ・規程の改廃 ・特定取引の可否判断 ・重要事項に関する決定
輸出管理統括部署 輸出管理統括責任者	(輸出管理統括部署) ・規程・要領等の企画・立案 ・該非判定審査・最終確認 ・取引審査・承認 ・許可申請支援 ・教育・監査 ・輸出管理相談対応 ・政省令等改正など必要事項の周知徹底 ・輸出管理動向調査 ・産総研輸出管理体制及び業務の総括
部門等輸出管理責任者 部門等輸出管理者 (すべての部門等)	(部門等輸出管理責任・輸出管理者) ・部門等輸出管理業務の総括 ・該非判定確認 ・取引審査・承認 ・部門等内教育 ・総括部署からの指示・連絡事項の部門等内への周知徹底

※輸出管理責任者会議／輸出管理者会議

出典:(独)産業技術総合研究所「大学・公的研究機関の輸出管理について」

なお、産総研以外の公的研究機関においても、輸出管理体制の整備が行われつつある。

④ **大学等における輸出管理上の注意点** (i)**外国人研究者・留学生等の受入れに当たって** 海外(特に、大量破壊兵器等の開発や保有が懸念される国)の研究機関等からの研究者や留学生等の受け入れに当たっ

---

(317) (独)産業技術総合研究所「安全保障輸出管理規程」(2004年1月15日)(http://unit.aist.go.jp/legal-office/ci/legal/kitei/yusyutsukanri-kt.html)(最終訪問日:2008年5月10日)。

5 輸出管理の実践

ては、その外国人が所属している研究機関において、兵器の開発等に関連する（軍事関連）研究が行われていないか、当該外国人が如何なる研究活動に従事していたかを履歴書や研究経歴書等により確認することが安全保障上必要である。特に、大量破壊兵器等の開発等に直結しかねない分野（原子力分野、バイオ・医薬分野、航空宇宙分野等）については、より慎重な受入れ審査が必要である。

ドイツにおける科学者の入国審査について

> ドイツでは、EU市民、日本、米国、オーストラリア、韓国等のビザ申請が不要な国を除いた国からドイツへ入国するためのビザ申請のうち、物理、バイオ、化学、宇宙等の大量破壊兵器関連技術の拡散につながるおそれのある研究分野（大学院レベル以上）に係る科学者のビザ申請について、申請者の専門分野等のチェックを行っている。

出典：産業構造審議会安全保障貿易管理小委員会第9回制度改正WG資料4等を基に筆者作成

(ii) **海外機関との大学等間交流協定等の締結に当たって** 我が国の大学等は海外の研究機関等と大学間や部局間等の交流協定を締結し、共同研究の実施や留学生・研究生の交換等を実施している。海外の研究機関等と交流協定等を締結するに当たっては、その研究機関等が軍・国防省や軍事関連企業と結びつきがあるかどうか等を確認し、研究成果が不正に軍事転用されないよう細心の注意を払う必要がある。大学等として、大学等間交流協定の締結や共同研究を実施したりする場合は、教職員個人の判断ではなく、組織として合意を行った上で行う必要がある。

我が国の大学等と協定を締結している外国ユーザーリスト掲載の大学等

大学・研究機関	国名
University of Tehran	イラン
Amirkabir University of Technology	イラン
HARBIN INSTITUTE OF TECHNOLOGY	中国
Beijing University of Aeronautics and Astronautics	中国
Center of Advanced Technology	インド
Indian Space Research Organization (ISRO)	インド

出典：筆者作成

123

(iii) **海外からの視察者等への対応について**　海外からの研究所や研究室等の視察者・見学者等の受け入れに際し、居住者から非居住者への技術提供が行われることが大いに想定されるため、原則として輸出管理の対象となると考えるべきである。したがって、視察者等の受け入れに当たっては、視察者等へ提供する技術の内容を十分に確認しておく必要があるが、研究所等であれば、あらかじめ外部への見学コースを整備しておくことや、研究室単位でも学会発表で使用したポスターやパネルを基に説明を行うといった対応を行うことにより、輸出管理にかかるコストを減らすことが可能である。

⑤ **海外大学等における輸出管理の取組状況**　2001年の米国同時多発テロ以降、大量破壊兵器等の開発や製造を企図する国やテロリストによる大量破壊兵器等の開発等に転用可能な技術情報の入手を防止する観点から、大学等における輸出管理の必要性が急速に高まっている。米国では、投稿やピアレビューのために海外へ論文を送付する行為も輸出管理（輸出管理規則（Export Administration Regulation：EAR）や国際武器取引規則（International Traffic in Arms Regulations：ITAR）の対象となっているが、基礎研究に該当するものについては、規制の対象外（基礎研究例外）となっている[318]。

(i) **米国の大学等における輸出管理について**　たとえ大学等における研究活動であってもEARやITARの規制対象となっているが、「市場の自由（freedom of market）」や「知的自由（intellectual freedom）」と国家の安全保障との関係を調整するために、その成果が通常に公開され、かつ科学界の中で広く共有されるような「基礎研究（fundamental research）」については、EAR等の対象外となっている（15 CFR 734.8(a)）[319]。以下では、米国の大学等で行われている研究を、a）一般的

---

[318] 我が国の輸出管理は全て外為法で規制されているが、米国の輸出管理では汎用品はEAR、武器はITARで規制されており、所管も前者が商務省、後者が国務省である。

[319] "fundamental research" basic and applied research in science and engineering, where the resulting information is ordinarily published and shared broadly within the scientific community. Such research can be distinguished from proprietary research and from industrial development, design, production, and product

な研究、b) 企業からの委託研究等、c) 政府からの委託研究等の3つに区分し、それぞれが基礎研究例外 (fundamental research exception) とどのように整理できるかを述べたい。

a) 一般的な研究

大学等における研究のほとんどを、基礎研究例外としている。ただし、企業や政府からの委託研究等については、EAR 等の対象と整理している。

b) 企業からの委託研究等

研究成果を営業秘密 (Trade Secret) などにより公開を制限する旨の研究契約等を資金提供者との間で締結している場合には、当該研究は基礎研究例外とはならない (15 CFR 734.8 (b)(5))。

c) 政府からの委託研究等

政府からの委託研究や国家の安全保障にかかわるものとして研究により生じた情報の保全に研究契約等において同意した研究については、基礎研究例外とはならない (15 CFR 734.11 (a))。

---

utilization, the results of which ordinarily are restricted for proprietary reasons or specific national security reasons as defined in Sec. 734.11 (b) of this part.

第3章 判例等から学ぶ違反事件の研究と外為法の解釈

これまで国際情勢（第1章）及び制度論（第2章）について論じてきたが、本章では過去の違反事件や、そうした事件の判例等を基にした外為法の解釈論について論じる。企業や大学・研究機関が、貨物の輸出や技術の提供を通じて外為法を運用する、すなわち、外為法で規制対象となっている貨物の輸出又は技術の提供を行う場合に、どのような場合に違法性を問われる可能性があるかについて、過去の事例を通じて検討することにより、企業や大学・研究機関における輸出管理の一助となることを期待する。

1　外為法違反に対する罰則・処分等

(1) 刑事罰

無許可輸出とは、外為法に基づき経済産業大臣による許可の対象となっている輸出や技術の提供について、必要な許可を取得せずに輸出又は技術の提供を行うことをいう[320]。

① **刑事罰の概要**　外為法第69条の6は、同法第48条第1項の許可（貨物の輸出）、同法第25条第1項第一号の許可（技術の提供）を得ることなく輸出又は提供した場合、すなわち無許可輸出に対しては、5年以下の懲役若しくは200万円以下の罰金、又はこれらの併科を規定している。罰金額は、違反行為の目的物の価格の5倍が200万円を超えるときは、罰金額は当該価格の5倍以下となる。なお、刑事罰の適用に当たっては、刑事訴訟法に従って公訴時効は5年である[321]。

また、外為法における刑事罰は、違法な事実行為を行った自然人をそ

---

[320] 厳密には無許可の技術の提供は「無許可役務取引」と称すべきであるが、一般的には無許可による貨物の輸出及び技術の提供を包含して「無許可輸出」と呼称することが多い。本書でも特に区別しない限り、無許可輸出という場合、無許可による技術の提供も含めることとする。

の処罰対象とするとともに、両罰規定（第72条第1項）を根拠として、業務主体である法人をも処罰の対象としている。このような両罰規定は、業務主たる法人が違法行為をした代表者・従業員等の専任・監督に関する注意を尽くさなかったという過失の存在を推定する規定である(322)（なお、現行の外為法には違法輸出に対する法人重課の規定はない）。

コラム19　外為法と罪刑法定主義

外為法は政令に多くの部分を委任する委任立法であり、こうした規制の方法が罪刑法定主義との関係で刑事訴訟において大きな論点となる場合がある。

外為法のような経済法は規制対象が技術進歩等で変化していくため、要件を一般的に定め、対象品目又は技術を政令等に委任することは一般的に行われている(323)。また、外為法は輸出貿易管理令等で輸出許可が必要な範囲を明確に規定しており、規制対象は明確なため憲法第31条には違反しない。同様に罪刑法定主義にも違反しないと解される(324)。また、具体的な品目の規定振りは複雑なこともあるが、そうした品目を輸出しようとする者は当然それを知っているべきと考えられる(325)。

判例でもイランにジェットミルを不正に輸出した事件（後述2(1)Ⅲ参照）に対する控訴審判決（東京高判平18.3.30）で、外為法及び輸出貿易管理令等が憲法第31条に違反するとした被告の主張を斥け、「処罰の範囲が不明確であるとはいえない」と判示した。さらに、外為法のように品目を規定した政令すらない場合の判例として、「アブラソコムツ」という魚

---

(321) なお、罰金刑に対する公訴時効は3年（刑事訴訟法第250条第6号）であるため、時効の違いにより、業務として行った自然人のみが処罰の対象となり、法人は処罰の対象とならない事態がある。実際に、イラン向けジェットミル不正輸出事件（最判平18.10.10）（後述2(1)Ⅲ）では、行為者の起訴事実が2件であったうち、前者1件は法人にとって時効が成立していた。

(322) 「両罰規定は、業務主の過失を推定し、推定を覆す事実が証明されない限り業務主は責任を免れ得ないことを定めるものと解されるべき。」（最判昭38.2.26刑集17.1.15）。

(323) 昭和62年8月21日 衆議院・商工委員会 畠山通産省貿易局長答弁（第109回国会衆議院商工委員会議録第3号9頁（1987.8.21））。

(324) 昭和62年8月20日 衆議院・本会議 中曽根総理大臣答弁（第109回国会衆議院会議録第10号224頁（1987.8.20））。

(325) 昭和62年8月25日 衆議院・商工委員会 畠山通産省貿易局長答弁（第109回国会衆議院商工委員会議録第4号3頁（1987.8.25））。

が食品衛生法の「有害な物質」と言えるかが争われた事例がある。控訴審判決（東京高判平7．10．31判時1566．134）は食品衛生法では「『有害な物質』が含まれた食品を具体的に明示した規定がない」と認め、「法令上全て具体的に網羅して列挙」することは「およそ不可能」であるとした。しかし、「一般人の理解において」食品衛生法の「有害な物質」として「適用を受けるものかどうかの判断を可能ならしめるような基準が読み取れる」として、列挙されていないことが憲法第31条に違反するものではないと判示した。最高裁（最判平10．7．10刑集52．5．297）も高裁判決を支持し、「有害な物質の意義が不明確であるということはできない」と判示している。

コラム20　諸外国における不正輸出に対する罰則

米国の汎用品に対する輸出管理法令である輸出管理規則（Export Administration Regulation：EAR）では、EARに故意に違反して輸出した場合、5年を超えない範囲での禁固、及び輸出額の5倍を超えない額又は5万ドルのいずれか高い方の額の罰金が課される。悪質性が高い場合には、禁固は10年に罰金も25万ドル（法人の場合には100万ドル）に上がる。さらに違反者に対して輸出特権（Export Privilege）が剥奪される[326]。

②　**外為法違反の成立時期等**　外為法における貨物の輸出の時点は、貨物を外国へ向けて送付するために船舶又は航空機に積み込んだ時であり[327]、また、貨物の輸出については、未遂犯も処罰される（同法第69条の6第2項）。未遂罪の成立時期は、輸出に着手したときと解されている[328]。具体的には輸出のために貨物を保税倉庫に搬入した時点で未遂罪は成立する。

しかし、技術の提供については、未遂罪は規定されていないが、技術の提供に関する未遂罪が規定されていないのは、犯罪の実行の着手をどの時点で認めるかが見極めにくく、刑罰の対象範囲が不明確となるおそ

---

(326) Export Administration Regulation（EAR）§764.
(327) 輸出貿易管理令の運用について（輸出注意事項62第11号・62貿局第322号）
(328) 中国向け無人ヘリコプター不正輸出未遂事件（事案の概要については、2（3）Ⅶ参照）においては、中国向けに輸出しようとした無人ヘリコプターを保税地域に搬入し税関へ輸出申告を行った時点において、未遂罪の成立を認めている。

れがあったからである[329]。また、無許可による貨物の輸出及び技術の提供についての過失犯については、過失犯に対する処罰規定がないため刑事罰の対象となっていない[330]。

③ **その他** 輸出許可に付された条件（いわゆる許可条件）に違反した者は、10万円以下の過料[331]に処される（同法第73条）。

【外為法（抄）】

> 第69条の6　次の各号の一に該当する者は、5年以下の懲役若しくは200万円以下の罰金に処し、又はこれを併科する。ただし、当該違反行為の目的物の価格の5倍が200万円を超えるときは、罰金は、当該価格の5倍以下とする。
> 一　第25条第1項の規定による許可を受けないで同項の規定に基づく命令の規定で定める取引をした者
> 二　第48条第1項の規定による許可を受けないで同項の規定に基づく命令の規定で定める貨物の輸出をした者
> 2　前項第二号の未遂罪は、罰する。
> 第72条　法人（第26条第1項第2号及び第4号、第27条第13項並びに第55条の5第2項に規定する団体に該当するものを含む。以下この項において同じ。）の代表者又は法人若しくは人の代理人、使用人その他の従業者が、その法人又は人の業務又は財産に関し、第69条の6から前条まで（第70条の2を除く。）の違反行為をしたときは、行為者を罰するほか、その法人又は人に対して各本条の罰金刑を科する。
> 第73条　次の各号の一に該当する者は、10万円以下の過料に処する。
> 二　第67条第1項の規定により付した条件に違反した者

---

(329) 昭和62年8月25日 衆議院・商工委員会 畠山通産省貿易局長答弁（第109回国会衆議院商工委員会議録第4号29-30頁（1987.8.25））、通商産業省貿易局編『改正外国為替及び外国貿易管理法の解説』（商事法務研究会、1988）70-71頁、外国為替貿易研究グループ編『逐条解説──改正外為法』（経済産業調査会、1998）836頁。

(330) 後に言及するとおり、外為法違反（無許可輸出）に対する罰則は、刑事罰の他に行政制裁（輸出等の禁止）があるが、これに加え、無許可輸出等を行った者に対して再発防止等を強く要請する経済産業省貿易経済協力局長名による警告を実施する場合がある。

(331) 輸出許可申請に対する許可／不許可を行う際の基準は、行政手続法の適用対象外（外為法第55条の12）として公表されていないため、行政庁による恣意的な運用を防止する必要がある。特に、許可条件違反については如何なる場合に許可条件が付されるかが対外的に不明確であるため、違反に対する処分としては行政処分である「過料」にとどまっていると考えられる。

第3章　判例等から学ぶ違反事件の研究と外為法の解釈

（2）行政上の措置（行政制裁（輸出等の禁止）、許可取消等）

外為法では、刑事罰の他に行政制裁（輸出禁止等）や許可取消等の処分が科される場合もある。

① **行政制裁**　無許可輸出を行った者に対しては、3年以内の貨物の輸出の禁止又は非居住者との間での役務の提供が禁止されることがある（同法第25条の2、第53条）。これは、輸出又は輸入に関する法令違反が国民経済を混乱させるおそれが大きいこと、貿易業者に対する予防的効果・矯正的効果の観点から制裁措置を行うことが、実際的で効果が大きい場合があること等による[332]。また、行政処分は、行政刑罰とその法的性格を異にし、刑法及び刑事訴訟法の適用がないため、刑事訴訟法に定める公訴時効（5年）を経過した後に外為法違反が発覚した場合に行政処分を科すことは可能となっている。

【外為法（抄）】

> 第25条の2　経済産業大臣は、前条第1項の規定による許可を受けないで同項第一号に規定する取引を行った者に対し、3年以内の期間を限り、非居住者との間で貨物の設計、製造若しくは使用に係る技術の提供を目的とする取引を行い、又は特定技術に係る特定の種類の貨物の輸出を行うことを禁止することができる。
> 第53条　経済産業大臣は、第48条第1項の規定による許可を受けないで同項に規定する貨物の輸出をした者に対し、3年以内の期間を限り、輸出を行い、又は非居住者との間で特定技術の提供を目的とする取引を行うことを禁止することができる。

> 第25条　居住者は非居住者との間で次に掲げる取引を行おうとするときは、政令で定めるところにより、当該取引について、経済産業大臣の許可を受けなければならない。
> 　一　国際的な平和及び安全の維持を妨げることとなると認められるものとして政令で定める特定の種類の貨物の設計、製造又は使用に係る技術を特定の地域において提供することを目的とする取引
> 第48条　国際的な平和及び安全の維持を妨げることとなると認められるものとして政令で定める特定の地域を仕向地とする特定の種類の貨物の輸出をしようとする者は、政令で定めるところにより、経済産業大臣の許可を受けなければならない。

---

(332)　金沢良雄編『新貿易関係法』（日本評論社、1983）220頁。

> 第67条　主務大臣は、この法律又はこの法律の規定に基づく命令の規定による許可又は承認に条件を付し、及びこれを変更することができる。

コラム21　行政刑罰（刑事罰）と行政制裁の併科について

　過去の違法輸出に対して、行政刑罰（刑事罰）と行政制裁（外為法の場合は、3年以内の輸出禁止等）を併せて課すことは、憲法第39条「同一の犯罪について、重ねて刑事上の責任は問われない」が禁止する二重処罰に該当するのではないかとの論点がある。しかし、行政制裁は、過去のある違法輸出に対する制裁である行政刑罰（刑事罰）とは理由を異にし、違法輸出者に対して輸出を認め続けることにより将来公共の福祉（我が国及び国際的な平和及び安全の維持）が害されるおそれがあることを懸念して課されるものである。よって、二重処罰には当たらない。

コラム22　個人に対する行政制裁の可否について

　外為法第53条第1項に基づく行政制裁の対象は、外為法第48条第1項に基づく経済産業大臣の許可を受けないで貨物の輸出をした者と規定されているのみであることから、代表者・従業員等が法人の業務に関連して違法輸出を行った場合、個人・法人ともに、行政制裁の対象となり得る。したがって、仮に違反法人が倒産した場合、制裁が目的とするところの予防・矯正効果の実現を図るため、違法行為を行った行為者（自然人）を対象とした制裁を行う場合もある。

コラム23　事業部単位を客体とした制裁処分の可否について

　法人に複数の事業部が存在し、その一つの事業部が無許可取引を行ったときに、当該事業部の行う取引のみを制裁の対象とすることは、対外取引の法律効果は事業部に帰属するものではなく、全て法人に帰属していることから妥当ではないと考えられる。したがって、行政制裁の対象範囲を限定する場合には、禁止される取引の対象、輸出貨物の範囲を限定すれば足り、客体はあくまで法人格を有する法人を単位として行うべきと考えられる。

②　**行政手続法との関係**　外為法上の処分である輸出等の禁止や許可の取消は、行政手続法上の「不利益処分」に当たり、一般論として行政手続法第13条第1項は、「行政庁は、不利益処分をしようとする場合

には、…当該不利益処分の名あて人となるべき者について、意見陳述のための手続を執らなければならない」こととされている。しかし、外為法における不利益処分（許可の取消）については、行政手続法の例外となっている（外為法第55条の12）。これは、緊急に不利益処分をする必要があるため、聴聞又は弁明の手続を執ることができない[333]事態を想定したものである（外為法と同様に不利益処分を科す際の事前聴聞を不要としているものとしては、違法車両への通行中止等の措置命令（道路法第47条の3第1項）や特定有害廃棄物等の輸出者等への措置命令（特定有害廃棄物等の輸出入等の規制に関する法律第14条第1項）等）。

コラム24 インフォームの処分性について

　インフォームは、通知を受けた者が、通知を受けた貨物を輸出しようとする場合に輸出許可申請を行う必要がある旨の通知である。したがって、それ自体が直接国民の権利義務を具体的に変動させるものではないため、行政庁による公権力の行使に当たる行為とは言えないのである。よって、通知を受けた際に許可申請を行い、その結果に不服がある場合には、その処分について不服申立をすることで権利救済を図ることができる（最判54.12.25判集33.7.753）ので、行政不服審査法及び行政手続法の「処分」には該当しないと解される。

　③　**行政指導**　　行政指導とは、「行政機関がその任務又は所掌事務の範囲内において一定の行政目的を実現するため特定の者に一定の作為又は不作為を求める指導、勧告、助言その他の行為であって処分に該当しないもの」（行政手続法第2条第6号）をいい、安全保障貿易管理分野では往々にして行われ、貿易経済協力局長名による「警告[334]」はこれに該当する。

　その他、部長・課室長名による指導文書も必要に応じて発出されるが、

---

[333] 本理由以外にも、聴聞・弁明手続が執られていない処分としては、卸売業者の許可取消（卸売市場法第25条第1項）、建築士免許の取消（建築士法第9条）、老齢厚生年金の支給停止、年金併給調整（厚生年金保険法第38条第1項・第46条）、障害基礎年金の失権、年金併給調整（国民年金法第20条第1項・第35条）等がある（松本敦司「行政手続法の施行状況」ジュリスト、No. 1304（2006）14項）。

[334] 過去の貿易経済協力局長名警告（無許可輸出）の件数は、21件（2008年8月8日現在（2000年以降））。

これも行政手続法上の行政指導に該当し、行政手続法第35条第1項及び第2項に基づき、行政指導の趣旨及び内容並びに責任者を明示しなければならない。なお、口頭でなされる行政指導について、その相手方から行政指導の趣旨及び内容等を記載した書面の交付を求められたときは、行政上特別の支障がない限り、これを交付しなければならないとされている。

なお、行政制裁（輸出等禁止）と異なり、行政指導（警告）については、不服申し立てのための法的根拠は存在しない。

④ **処分等の公表に対する考え方** 行政制裁（輸出等禁止）及び行政指導（貿易経済協力局長名での警告[335]）については、違法輸出事案の概要を経済産業省のホームページ等において公表している。これは、違法輸出等により我が国及び国際的な平和及び安全の維持という法益が侵された結果、国民が同様の違法輸出等を犯さないよう注意喚起をする意味も含まれている。行政庁がその行った処分等について公表するか否かの判断は、行政庁の裁量に委ねられているものであるが、処分等の公表は、公益上の観点[336]から極めて重要であり適切な措置である[337]。こうした行政庁による公表により当該企業等が経済的損失を被る可能性は否定できないが、違法輸出等が当該企業等の故意や重大な過失により引き起こされた場合や、我が国及び国際的な平和及び安全の維持に打撃を与える危険性がある場合には、法人の正当な利益を害するものとは言えない。輸出管理当局は、当該無許可輸出による法益侵害の程度と公表による社会的利益とを比較衡量して、公表をするか否かを決定しなければならない。したがって、単なる形式的な手続きミスによる違反行為に対してまで一律に公表をするのは疑問である。

---

[335] 無許可輸出に対する局長警告以外にも不実申請に対しても局長警告を実施（2005年12月26日）。

[336] 情報公開法は、国民生活に重要な影響を与える情報については、開示請求制度に基づく受動的な開示にとどまらず、政府が能動的に情報提供を行う必要がある旨を規定しており（行政機関の保有する情報の公開に関する法律第40条）、外為法等の適切な運用についても自発的に国民に説明する義務を有する。

[337] 行政処分である許可（一般包括許可）の取消について、過去にその事実が積極的に公表されたことはない。

（3）社会的制裁

　このように外為法上の無許可輸出による制裁は、法的には刑事罰及び行政制裁に大別されるが、こうした違反が公表されることによる社会的制裁は無視できない。企業等にとっては、外為法違反が明らかとなることによる企業イメージの悪化は避けられない。第1章で述べたマレーシア企業（及び政府）が「カーン・ネットワーク」に意図的ではないにもかかわらず、関与したことによるイメージ悪化は記憶に新しい。特に「企業の社会的責任」や「コンプライアンス」といった昨今の状況を踏まえれば、こうした違法行為を未然に防ぐことは重要なリスク管理と言えよう。さらに、後述（139頁）するように、こうした企業等のイメージ低下等による業績悪化は株主代表訴訟の対象にもなり得る。

2　過去の主要な外為法違反事件

　本節では、過去の主要な外為法違反事件について検討する。過去の違反事件の検討を通じて、違反事件の態様や輸出管理に与えた影響等を考察したい。

2 過去の主要な外為法違反事件

（1） リスト規制違反事件

● I ● **工作機械不正輸出事件**（東京地判昭63.3.22（昭和62特(わ)第1547号））

> 工作機械、繊維機械、電気機械、電子機器等及びその部分品の製造・販売等を目的とするA社は、ココム規制対象品である同時9軸制御プロペラ加工機（大型金属NC工作機械）を輸出するに際し、ココム規制を受けない同時2軸制御の大型立旋盤であると偽って通商産業大臣（以下、「通産大臣」という。）の「非該当証明」を受け、1982年～1983年にかけソ連に不正輸出した。また、1984年6月、工作機械の部分品である切削加工用の工具部分（スナウト）を非該当品としてソ連向けに不正輸出し、スナウトの関連プログラムについて輸出承認を受けずに、84年7月、商社社員の手荷物としてソ連向けに提供した。

【判示事項】
1 不正輸出の態様と量刑
- A社では対共産圏輸出が不況対策として期待されていた。
- 輸出相手先に対して本件金属工作機械を輸出するとなればココムや外為法令等の規制に触れることになるため、日本からは同時2軸制御のNC装置付き機械しか輸出できない旨話したところ、相手側から「それでは本件金属工作機械を同時2軸制御の機械として輸出しNC装置をソ連で同時五軸制御に改造すればよい。それをやる企業が日本にないのであればNC装置についてはノルウェーのK社に相談してみてはどうか」などと提案された。
- A社は同時9軸制御（NC装置の仕組みとしては一つの制御軸を共有する二組の同時5軸制御であり、機械全体としては同時9軸制御となる。）の本件金属工作機械を表向きは同時2軸制御の立旋盤として輸出し、NC装置についてはいったんK社から同時2軸制御のものを輸入して機械本体に取り付け、ソ連へ輸出後同社をして同時5軸制御に改造させるという基本方針を決定した。
- A社とK社の交渉の結果、
  ① NC装置についてはK社の製品を採用し、これが同時5軸制御の機能を有することを確認した上で同時2軸制御にレベルダウンし

て輸入し、A社がこれを本件金属工作機械本体に取り付けてソ連に輸出する

② ソフトについては、A社が制作し、本件金属工作機械本体とは関係ないものとしていったんK社に提供し、さらにK社からこれをソ連に提供する

こととした。

・輸出相手先から、「A社はソ連でNC装置を同時5軸制御に改造するについて技術的協力をする」等の条項を契約書中に明記するよう求められ、A社は通商産業省（以下、「通産省」という。）への輸出申請に必要な契約書中にそのような条項を入れれば輸出承認が得られない旨を説明して説得を試みたものの、相手側の強硬な要請によりやむなく右条項等に関するプロトコール（確約書）を取り交わすことにした。

・通産省に対しては、本件金属工作機械のNC装置が現地ソ連においてK社の手で同時2軸制御から同時5軸制御に改造されることを秘して本件金属工作機械の輸出が外為法令等の規制に触れない旨説明し、非該当証明書の交付を受けた。また、ソフトについては最終的な提供先等を秘して本件金属工作機械とは無関係なK社内における部品加工用の工作機械の作動に関するソフトであるかの如く記載した内容の役務取引許可申請書等を作成して通産省に提出し、役務取引許可を得た。

・これら工作機械の輸出後、輸出相手先からのクレームに対して、このクレームが解決しない限りA社社員らがソ連から帰国させてもらえないような事態となり、スナウト及びスナウト用に修正したプログラムを無償で提供することになった。

・これらスナウトも、既にソ連で同時9軸制御で作動している本件金属工作機械の部分品であるからソ連に輸出するとなればココムや外為法令等の規制を受けるため、A社は、通産省に対し輸出承認申請も非該当証明申請もせず、税関に対して既に前記の如く通産省から非該当証明を得て輸出した本件金属工作機械の部分品で為ってソ連側のクレームによりアフターサービスとして無償で輸出する非該当貨物である旨申告し、輸出した。

・この修正ソフトも、同時9軸制御の本件金属工作機械の使用に係る技

術であり、かつ電子計算機の使用に係る技術であるからソ連へ提供するとなればココムや外為法令等の規制を受けるため、通商産業大臣に対する役務取引の許可申請をすることなく、情を知らないモスクワへ出張する商社員に手荷物としてソ連に搬出させた。
・1988年3月22日、東京地方裁判所は、A社に対して罰金200万円、A社鋳造部長に対して懲役10か月（執行猶予3年）、第二技術部専任次長に対して懲役1年（執行猶予3年）を言い渡した。

2　輸出管理に与えた影響

・A社は、当時の社長を含めた最高幹部らの了解、指示によって消極意見を押さえ込んで本件商談を推進し、本件犯行当時、通産省においては少数の係官が山積みされた輸出申請書類を前にして特段の事情のない限り申請書類に真実の内容が記載されているとの前提で、特に一流企業からの申請であれば一層の信頼を置いて審査をしていたことを逆手に取って不正直な方法で本件一連の輸出に及び、しかも本件輸出の引き合いをもたらした貿易会社の社員がココム委員会へ通告して本件が発覚した後も、関係者協議の上、関係書類の廃棄、通産省への虚偽説明などの隠ぺい工作をし、ひいては政府の迅速かつ適正な対策を遅らせ、その結果、自由主義諸国家なかんずくアメリカの我が国政府や企業に対する不信感を著しく増大させ、東西貿易に萎縮後退の傾向を生じさせるなどの重大な結果を招いたものであつて、厳しい非難を免れない。

・本件は工作機械本体の輸出は公訴時効の成立により公訴が提起されず、スナウト及びスナウト用に修正したプログラムの不正輸出のみの刑事責任が問われている。

コラム25　**非該当証明書について**

　輸出貿易管理令別表第1貨物一般非該当証明書（以下、「一般非該当証明書」という。）については、「輸出貿易管理令の運用について（昭和62年・62貿局第322号）」に基づき発行されていたが、同通達の改正により、1995年9月10日限りで廃止された。廃止に至る背景及び経緯としては、一般非該当証明書の発行は、本来該非に関して疑義のある輸出貨物について

第3章　判例等から学ぶ違反事件の研究と外為法の解釈

輸出者等の判定を支援する目的で創設されたが、当初の趣旨とは異なり、数多くの輸出者等が通関時の円滑化のため、明らかに非該当である輸出貨物について一般非該当証明書を取得するケースがあったことから、輸出者の負担を軽減するために廃止された。

● Ⅱ−1 ● ミサイル部品不正輸出事件（東京地判平4.4.23）

航空電子機器会社であるB社は、F4戦闘機に装備されるミサイルの部分品を、イラン・イラク戦争中であったイランが最終仕向地と認識しながら、通産大臣の許可を受けずにシンガポール経由でイランへ輸出した。

【判決概要】
1　不正輸出の態様と量刑
・税関に対して、非該当品の粉体流量計のカウンターホイールであるとの虚偽の申告をするなどして、不正輸出を行った。
・1992年4月23日、東京地方裁判所は、B社の元代表取締役社長、元常務取締役航空事業部長、元取締役航空機営業本部長、元航機事業部次長に対し、懲役2年（執行猶予3年）、同社に罰金500万円を言い渡した。

2　輸出管理に与えた影響
・ミサイル部品を戦争当事国に供給したものであり、平和国家の理念を掲げる我が国の国際的信用を損なったばかりでなく、国際関係に重大な影響を及ぼしかねない。

・本事件は、武器輸出三原則を踏まえた規制対象についての初めて事件である。

● Ⅱ—2 ● 不正輸出株主代表訴訟

(東京地判平8.6.20(平成4年(ワ)第17649号))

> B社取締役らの善管注意義務・忠実義務違反により、売上高の減少による利益の喪失、棚卸し資産の廃棄損失、日本・米国で支払った罰金・制裁金等、合計145億円あまりの損害をB社が被ったとして、担当取締役3名に50億円の範囲で賠償を求める。

【判示事項】
・関税法、外為法に違反する不正輸出取引につき、元代表取締役社長、元常務取締役航空事業部長、元取締役航空機営業本部長に善管注意義務、忠実義務違反があったとして、約12億8,000万円の賠償を命じた(その後、元取締役らは高裁へ控訴したが、裁判所からの和解勧告を受け、計約1億円を支払うことで株主側と和解した)。
・取締役には会社に損害を及ぼすべき従業員の違法行為を発見し阻止する一般的な注意義務があると解されるのであって、B社のような会社の場合、その業種及び取扱商品の性質上、関税法及び外為法違反の有無については、取締役としても十分に注意を払う必要があったといえる。
・条件的な因果関係が認められるからといって、生じた損害の全額について責任を負わせるのは酷であって、寄与度に応じた因果関係の割合的認定を行うことが合理的である。
・本件不正輸出は、関税法及び外為法違反として、会社の事業運営に重大な不利益・損害を及ぼす蓋然性の高い行為であるから、元取締役航空機営業本部長が取締役としてこれを支持・承認することが取締役の善管注意義務・忠実義務に違反することは明らかである。
・本件不正輸出は、関税法及び外為法に違反し、会社に重大な不利益・損害を及ぼす蓋然性の高い行為であるから、右不正輸出を知りながらこれを阻止せず承認した元代表取締役社長及び元常務取締役航空事業部長の行為が取締役の善管注意義務・忠実義務に違反することは明らかである。
・確かに、元代表取締役社長及び元常務取締役航空事業部長は、不正輸

第3章 判例等から学ぶ違反事件の研究と外為法の解釈

出を積極的に支持したわけでも、取引の全てに責任があるわけでもない。この点は、後記のように、両者の負うべき損害賠償責任の金額を定めるに当たって考慮すべきであるが、取引を中止すればそれによるトラブルを避けられず、過去の不正輸出も露顕することになって会社が多大な損失を被る可能性があったとしても、違法行為の露顕を防ぐために違法行為を継続することが正当化されるはずもないから、こうした事情は、両者の善管注意義務違反・忠実義務違反の判断に影響を及ぼすものではない。

● Ⅲ ● イラン向けジェットミル不正輸出事件
（東京地判平16.10.15、東京高判平18.3.30、最判平18.10.10）

粉体工学機器の製造販売、輸出及び輸入等の業務を目的とするC社は、1999年5月28日頃及び2000年11月22日頃、ミサイル等の推進薬の原料である過塩素酸アンモニウムを粉砕するためのジェットミルを船積みさせて、イラン・イスラム共和国に向けて輸出し、もって通産大臣の許可を受けないで貨物を輸出した。

【判示事項】
1 不正輸出の態様と量刑
＜本件不正輸出に至る過去の経緯＞
・C社はイランの引合い元からジェットミルを過塩素酸アンモニウムを粉砕するために用いる旨の連絡を受けた。同社は通産省から輸出を許可されないと考え、引合い元に対し過塩素酸アンモニウムを「無難な」ものに変更するよう依頼した。
・ジェットミルのエンドユーザーは交渉の過程で変遷したため、正確なユーザーを判断することはできなかった。しかし、真のユーザーはイラン国防省関連の国有企業と考えていた。
・通常はジェットミルの近くに設置する操作盤を考えられないほど遠隔地に設置したい旨の依頼を受け、エンドユーザーが爆弾等を製造するための危険物の粉砕を受託しているのではないかと考えた。
＜本件不正輸出＞

・元代表取締役及び元ソウル支店長（犯行当時のイラン担当者）はいずれも本件ジェットミルに関し、それが輸出貿易管理令による規制対象貨物であることを認識しながら、無許可輸出を行った。
・元ソウル支店長は、本件ジェットミルについて通産省に許可申請しても輸出許可が下りず、輸出ができなくなるおそれがあると判断し、本件ジェットミルが通産大臣の許可を受ける必要でない貨物である旨の虚偽の申告をすることを決めた。
・元代表取締役は、C社の売り上げを伸ばすため、元ソウル支店長の意思を了解して無許可輸出を承認した。
・2004年10月15日、東京地方裁判所はC社に対し、罰金1,500万円、C社元代表取締役に対し懲役2年6か月（執行猶予5年）、C社元ソウル支店長に対し懲役1年6か月（執行猶予3年）を言い渡した（被告人は地裁判決を不服として控訴。2006年3月30日、東京高裁より控訴棄却、即日上告。同年10月10日、最高裁より上告棄却により判決確定）。

2 輸出管理に与えた影響

・輸出者の努力によって守られるべき国際貿易秩序をないがしろにして犯行に及んだ。
・本件各犯行が世界的な安全及び平和に与えた不安感や、本件の結果我が国に向けられることとなった国際的な不信感も決して軽いものではない。

・イラン向けの無許可輸出は2件あるが、これを包括して一罪としている。
・S社は本件違法輸出の他にも北朝鮮向けにもジェットミルを輸出していた（当該輸出は時効成立）[338]。
・S社がイラン側と取引するようになったのは、1987年にテヘランで開かれた国際見本市に小型のジェットミルを出品したのがきっかけという[339]。

---

(338) 警察庁『警察白書〔平成16年版〕』（2004）（http://www.npa.go.jp/hakusyo/h16/hakusho/h16/index.html）（最終訪問日：2008年8月28日）。
(339) 2003．6．14付朝日新聞夕刊15面、2003．6．15付読売新聞朝刊1面。

（2）キャッチオール規制違反事件

● Ⅳ ● 北朝鮮向けタイ経由迂回輸出事件 （東京地判平16.2.23）

> 半導体、集積回路等の電子部品、工作機械、発電機及びこれらの関連機器・部品類の販売並びに輸出入等の業務を目的とするＭ社は、核兵器の開発等に用いられるおそれのある直流安定化電源装置を、2002年11月に経済産業大臣から輸出許可の申請をすべき旨の通知（インフォーム）を受けたにもかかわらず、2003年4月に同大臣の許可を受けないで、同装置3台を神戸港からタイを経由して北朝鮮向けに無許可輸出を行った。

【判決概要】

1　不正輸出の態様と量刑

- Ｍ社は、経済産業大臣からのインフォームを受け、いったんは輸出を断念したものの、タイ経由で北朝鮮に輸出しようと企てた。Ｍ社は、長年北朝鮮への輸出業務に関わり、本件貨物の輸出許可を受けることが困難であると認識していたにもかかわらず、これを潜脱するために最終仕向地をタイと偽り、架空の契約書を作成し、口裏合わせをし、インフォームを受けた際と輸出申告をする税関を変更している。
- 直流安定化電源装置の輸出申告に当たり、最終仕向地や輸出許可の要否などについて虚偽の申告をし、経済産業大臣の許可を受けないで同装置をタイへ輸出した。
- 2004年2月23日、東京地方裁判所はＭ社に対し罰金200万円、同社代表取締役に対し懲役1年（執行猶予3年）の刑を言い渡した。

2　輸出管理に与えた影響

- 大量破壊兵器の拡散を防止するために国際的協調の下に行われている外為法等に基づく輸出管理の趣旨を没却するものである。

> - キャッチオール規制導入後の初めてのキャッチオール違反事件である。
> - 同装置は、我が国からの要請に基づき、2003年4月8日、中継地である香港税関で差し押さえられた後、6月3日、経済産業省の行政指導に基づき、Ｍ社により日本に積み戻された。

2　過去の主要な外為法違反事件

コラム26　税関の対応と関税法

　本事件は第1章でも触れられたように香港税関の協力で、香港で直流安定化電源装置を差し押さえることに成功した。しかし、なぜ我が国税関で輸出を阻止することができなかったのであろうか。これについては以下のような議論がある(340)。
　関税法第106条2号は、やむを得ない相当の理由がある場合には税関長から船舶の出発を延期させ、その間に同法第105条に基づく貨物検査を実施し、その結果関税法の違反事実（虚偽申告等）が確認された場合には同法第121条に基づき簡易裁判所の発する令状により強制差押えをすることができるとされている。しかしながら、当時関税法第106条を実際に発動したことはなかった。また、同法第106条を発動すると、税関は出港を遅らせることによる損害を船会社から損害賠償請求を受ける可能性があることを考慮しなければならない。
　したがって、発動に当たっては、違反事実の確定及び同法第121条による強制差押えの見通しが必要となるが、極めて短時間でそれを行うだけの情報が不足しているので、現状では実際に強制差し止めをすることは難しいという。
　しかしながら、検察は本件公判の冒頭陳述で直流安定化電源装置が神戸港から船積みされたとの情報が経済産業省から税関へ通報されたにもかかわらず、なぜ税関は出港を止められなかったのか、と税関の対応に疑問を呈したと伝えられている(341)。輸出管理の実効性向上のためにも、関税法第106条の発動要件について、今後検討する必要があろう。

---

(340) 香港税関との協力については、第1章（3）④【コラム2：迂回輸出事件に見る国際協力の重要性】参照。
(341) 初公判（2004年2月10日）の検察側の冒頭陳述で、「装置の出港差し止め要請が経済産業省からあったのに、財務省関税局は『輸出業務への影響』を理由に拒否した」と指摘（2004.2.10付朝日新聞朝刊37面）。

第3章　判例等から学ぶ違反事件の研究と外為法の解釈

● Ⅴ ● **北朝鮮向け中国経由迂回輸出事件**（横浜地判平16.5.10）

> N社は、核兵器等の開発等のために用いられるおそれのあるインバーター（周波数変換器）の輸出に関し、2003年8月に経済産業大臣から輸出許可申請が必要である旨の通知（インフォーム）を受けたにもかかわらず、2003年11月、同インバーター1台を共謀者に手荷物として持ち出させる形で中国経由北朝鮮向けに無許可輸出を行った。

【判決概要】

・2004年5月10日、横浜地方裁判所はN社代表取締役に対し懲役1年（執行猶予3年）、共謀者に対し懲役10か月（執行猶予3年）の刑（インバーターは没収）を言い渡した(342)。

● Ⅵ ● **北朝鮮向け凍結乾燥機不正輸出事件**（山口簡判平18.8.30）

> 精密機械製品等の国内販売、輸出入等を目的とするO社は、2002年9月頃、核兵器等の開発等のために用いられるおそれがあるものとして輸出許可が必要な凍結乾燥機が軍若しくは国防に関する事務をつかさどる行政機関等による微生物若しくは毒素の開発等に用いられる旨、連絡を受けたにもかかわらず、経済産業大臣による必要な輸出許可を受けないで台湾を経由して北朝鮮へ輸出した。

【判決概要】

・2006年8月30日、山口簡易裁判所は、O社の元代表取締役に対して罰金100万円を言い渡した。

・キャッチオール規制の客観要件該当による初の事件である(343)。
・本事件では、実際に凍結乾燥機を台湾へ輸出した企業はO社ではなかったものの、情を知らない企業（製造メーカー）に凍結乾燥機を輸出させたとして、O社を輸出者（輸出をした者）とした認定したものである（間接正犯)(344)。

---

(342) 経済産業省「有限会社アイ・ディー・サポートに対する行政制裁（輸出禁止）について」(2004.6.11)(http://www.meti.go.jp/policy/anpo/topics/gyousei-seisai/seisai2004.06.11.pdf)（最終訪問日：2008年8月28日）。
(343) おそれ省令第1号別表第6（経済産業大臣が定める行為）に該当する（注(262)参照）。客観要件及び経済産業大臣が定める行為については前述第2章2

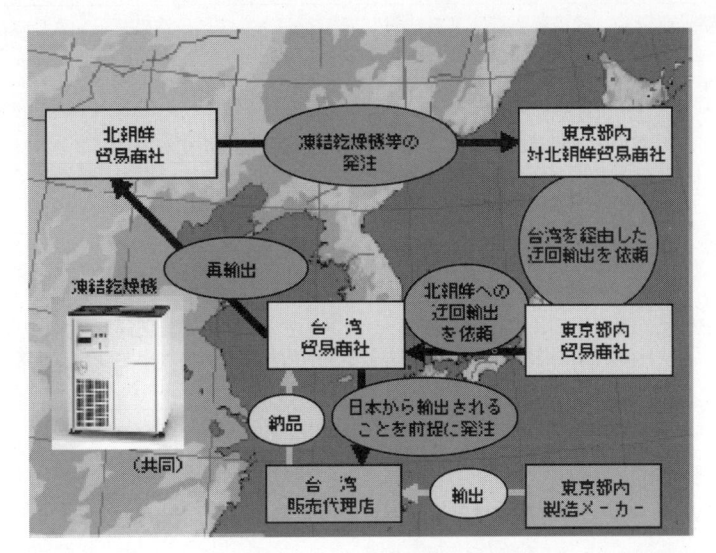

出典：警察庁『警察白書〔平成19年版〕』

(3) 最近の不正輸出事件

● Ⅶ ● 中国向け無人ヘリコプター不正輸出未遂事件(浜松簡裁平19・3・16)

> Y社は、化学兵器や細菌兵器等を散布できるとして国際輸出管理レジーム（MTCR）に基づく輸出管理の対象となっている無人ヘリコプターを中国人民解放軍の関連企業に対して、経済産業大臣の許可を取得せずに輸出しようとした。

【判決概要】
・2007年3月16日、浜松簡易裁判所は、Y社に対して罰金100万円の略式命令を言い渡した。

---

(3)①「客観要件」参照。
(344) 警察庁『警察白書〔平成19年版〕(2007)』(http://www.npa.go.jp/hakusyo/h19/honbun/index.html)（最終訪問日：2008年8月28日）。

第3章　判例等から学ぶ違反事件の研究と外為法の解釈

・略式命令後、経済産業省はY社に対して無人ヘリコプター輸出禁止9カ月の行政処分とともに、Y社が輸出先企業について、以下のような情報を入手し、「軍事用途に使われる疑い」が払拭できなかったにも関わらず輸出をしていたとして、同社に対して警告を発している(345)。
　－企業グループ組織図には、軍向け専門の関連会社名が記載され、軍とのビジネスをする場合にはこの関連会社を経由する必要があるとの説明を受けている。
　－ビジネス計画検討打合せにおいて、輸出先企業から、軍による無人ヘリコプター又は飛行船の大量調達の意向が示され、軍向け輸出の可能性を打診されている。
　－輸出先企業から入手したプロモーションビデオには、軍民共同で無人ヘリコプター訓練基地を建設する調印式など軍事的利用の可能性を示唆する映像及び説明が含まれ、輸出先企業と軍との関係を強く示唆している。

● Ⅷ ●　マレーシア等向け三次元測定機不正輸出事件（東京地判平19・6・25）

　精密測定機器の製造、輸出等を目的とするZ社は、2001年及び2005年、核兵器の開発等に転用されるとして国際輸出管理レジーム（NSG）に基づく輸出管理の対象となっている三次元測定機を、性能検査データを偽造するなどして、マレーシアやシンガポールへ輸出した。

【判決概要】
1　不正輸出の態様と量刑
・Z社はバブル経済崩壊後業績の悪化していた三次元測定機部門を立て直し、海外での市場占有率を高めて利益を上げるため、三次元測定機の開発と拡販を推進することとなった。
・三次元測定機はその精度等に応じて、輸出貿易管理令別表第1の2の項（2項規制）と6の項（6項規制）の対象となっている。
・当該三次元測定機は2項規制にも6項規制にも非該当の三次元測定機として開発されたが、1995年には2項該当の性能を有するようになっ

---

(345) 経済産業省「外国為替及び外国貿易法に基づく行政処分（輸出禁止）及び警告について」（2007.5.11）。(http://www.meti.go.jp/policy/anpo/index.html)（最終訪問日：2008年7月26日）。

た。
・Z社は2項該当になることにより、個別輸出許可等の取得に時間がかかり、納期が遅れて顧客が離れることを懸念して、三次元測定機の精度に関するデータを偽装し、非該当機として輸出を続けることとした。
・2003年頃に開発した三次元測定機では精度が非常に高く、精度の高い機種を対象とした2項規制に該当する同機種を6項規制にすら該当しない機種として輸出することは困難となった。そこで、6項該当機であれば既に取得していた一般包括許可を用いて簡便な手続により迅速に輸出できると判明していたことから、Z社は同機種を2項規制に該当しない6項該当機であると装って輸出することを決定した。
・国内向けの機種と同一の精度を有する三次元測定機に別の名称を付して全く別の機種であるかのように見せかけた上、実測精度を無視して一律に非該当機又は2項に該当しない6項該当機であると虚偽の輸出申告を行っていた。
・不正輸出された三次元測定機1台は、その後マレーシアからリビアに渡り、国際原子力機関（IAEA）による査察の際に同国内の核開発施設で発見された[346]。
・2007年6月25日、東京地方裁判所はZ社に対し罰金4,500万円、同社代表取締役社長に対し懲役2年8月（執行猶予5年）、同社代表取締役副会長に対し懲役3年（執行猶予5年）、同社常務取締役兼輸出管理審査委員長に対し懲役2年4月（執行猶予4年）、同社取締役に対し懲役2年（執行猶予4年）、の刑を言い渡した。

---

(346) 警察庁・前掲注（344）。

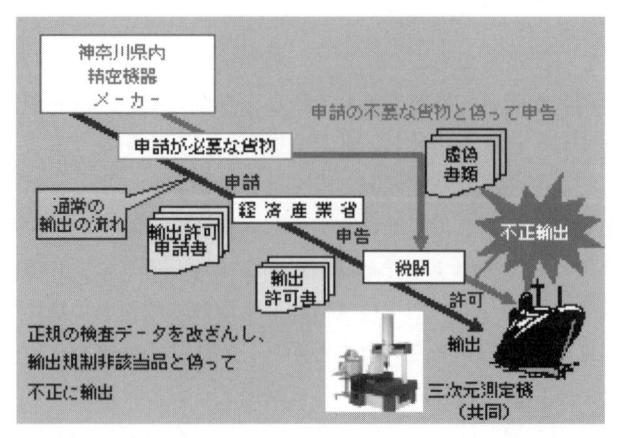

第 3 章　判例等から学ぶ違反事件の研究と外為法の解釈

出典：警察庁『警察白書〔平成19年版〕』

2　輸出管理に与えた影響

・顧客を確保する必要があるとして、十分な顧客審査を行っていなかったのであるから、このような事態は起こり得べくして起こったものと言わざるを得ない。その結果、核兵器の開発、製造や拡散に対する不安感を一般市民に生じさせ、我が国の輸出管理体制に対する国際的信用の低下を招いた。

・本判決後、経済産業省はＺ社に全貨物の輸出禁止6か月、引き続き三次元測定機の輸出禁止2年6か月の行政処分を行った[347]。外為法第53条第1項に基づく行政処分としては最長のものである。

(4) 検　討

① **不正輸出の手口**　前節で主要な外為法違反事件を概観したが、それぞれの事件における違反の態様、すなわちどのようにして外為法の規制を逃れたかについて整理したい。（1）Ⅰの事件を内部告発した熊谷独氏は、以下のような外為法に違反する不正輸出の手口を紹介している[348]。

---

[347] 経済産業省「外国為替及び外国貿易法違反企業に対する行政制裁（輸出禁止）について」（2007年6月26日）（http://www.meti.go.jp/policy/anpo/kanri/topics/gyousei-seisai/070626press.pdf）（最終訪問日：2008年5月10日）。

ⅰ) 裏契約とサイドレター：契約を二重にして表の契約では輸出許可が必要でないスペックにしておき、裏契約でより高性能の規制貨物を輸出する契約を結ぶ。

ⅱ) マスキング：輸出許可が必要な規制品でない外観を装う。

ⅲ) ハンドキャリー：渡航者が手荷物として輸出する。

ⅳ) ソ連代表部納入

ⅴ) ブレイクダウン：プラント等を細かい部品単位に分解して輸出する。

ⅵ) 地方税関利用

ⅶ) 第三国経由

ⅷ) 見本市展示

工作機械不正輸出事件(Ⅰ)は、まず「ソ連で NC 装置を同時 5 軸制御に改造する」旨のサイドレターを契約書とは別に取り交わしていた（ⅰ) サイドレター)。また、不正輸出された同時 9 軸制御の工作機械を表向きは同時 2 軸制御の立旋盤とした（ⅱ) マスキング)。また、当該工作機械に組み込むソフトは、ノルウェー向けに輸出し、同国の K 社がソ連に提供することにした（ⅶ) 第三国経由)。さらに、クレームを受けて追加提供することになったソフトは商社員に手荷物としてソ連に搬出させた（ⅲ) ハンドキャリー)。

ミサイル部品不正輸出事件(Ⅱ)は非該当品であると虚偽の申告を行って輸出した（ⅱ) マスキング)

イラン向けジェットミル不正輸出事件(Ⅲ)は、そもそもイラン側と取引をするようになったきっかけが国際見本市に出品したことだと指摘されている（ⅷ) 見本市展示)。ジェットミルが輸出許可を受ける必要でないスペックであると虚偽の申告を行った（ⅱ) マスキング)。

北朝鮮向けタイ経由迂回輸出事件(Ⅳ)は、まず、最終仕向地をタイと偽り、架空の契約書を作成し、口裏合わせをしたが（ⅰ) 裏契約)、実際はタイ経由北朝鮮向けの迂回輸出であった（ⅶ) 第三国経由)。また、当初、輸出しようと試みてインフォームを受けた税関と、実際に違法輸出を

---

(348) 熊谷独『モスクワよ、さらば』（文藝春秋、1988）18-27頁。

第3章　判例等から学ぶ違反事件の研究と外為法の解釈

行った税関を変更し、本件がインフォームを受けた貨物であることを発覚させないようにしている（ⅵ）地方税関利用）。

　北朝鮮向け中国経由迂回輸出事件(Ⅴ)は北朝鮮に輸出するために手荷物として中国へ輸出した（ⅲ）ハンドキャリー）（ⅷ）第三国経由）。

　北朝鮮向け凍結乾燥機不正輸出事件(Ⅵ)は台湾経由で北朝鮮向けに迂回輸出した（ⅷ）第三国経由）。

　マレーシア等向け三次元測定機不正輸出事件(Ⅷ)は輸出許可が必要な三次元測定機を許可が不要な非該当機、又は一般包括許可が使用可能な該当機と虚偽の輸出申告を行って輸出した（ⅱ）マスキング）。

　このように熊谷氏の著書は20年前に書かれたものだが、その後の外為法違反事件もほぼこの分類に当てはまる[349]。

　また、ソ連が崩壊したことで「ソ連代表部納入」という方法は消滅したかに思えるが、こうした大使館等の外国政府機関やそれに準じる機関を利用した方法は現在でも懸念される。例えば、警察庁は以下のように指摘する。我が国には、朝鮮総聯の傘下団体として在日本朝鮮人科学技術協会という在日朝鮮人科学者等で構成された団体が存在しており、様々な活動を通じて、北朝鮮の科学技術発展に寄与することを目指しているとされている。今後、我が国の企業との共同経営や在日朝鮮人である商工人、科学者等との協力の強化に伴い、先端科学技術並びにそれに関する情報及び物資の違法な流出が懸念される。このような団体による情報の違法な持ち出し等を通じて、我が国から先端科学技術等が流出するようなことがあってはならない。また、こうして我が国から持ち出された先端科学技術等が、大量破壊兵器の開発等に悪用されるようなことがあってはならない[350]。

---

[349] Ⅶ中国向け無人ヘリコプター不正輸出未遂事件は未遂事件なので、ここでは取り上げない。

[350] 警察庁「焦点第273号──先端科学技術等を狙った対日有害活動」（2006.12）（http://www.npa.go.jp/kouhousi/biki4/p02.html）（最終訪問日：2008年8月28日）。

2 過去の主要な外為法違反事件

事件名	違法輸出の手口
Ⅰ 工作機械不正輸出事件	サイドレター、マスキング、ハンドキャリー、第三国経由
Ⅱ ミサイル部品不正輸出事件	マスキング
Ⅲ イラン向けジェットミル不正輸出事件	マスキング、見本市展示
Ⅳ 北朝鮮向けタイ経由迂回輸出事件	裏契約、地方税関利用、第三国経由
Ⅴ 北朝鮮向け中国経由迂回輸出事件	ハンドキャリー、第三国経由
Ⅵ 北朝鮮向け凍結乾燥機不正輸出事件	第三国経由
Ⅷ マレーシア等向け三次元測定機不正輸出事件	マスキング

出典：著者作成

　手口が変化しないにもかかわらず、最近不正輸出事件が頻発している背景には、違反企業自身の問題があることは当然であるが、違反事件を発見、摘発する能力が向上していることも指摘できる。こうした傾向の背景としては第一義的に捜査機関の努力によるところが大きいことは言うまでもない。さらに、こうした捜査機関の努力を補強しているいくつかの要因も指摘できる。第一に行政機関相互の情報共有の進展である。輸出管理当局である経済産業省と水際での取締をする税関、捜査当局である警察の三者間における協力態勢は以前と比較すれば格段に改善された。こうした協力態勢の改善により迅速な対応が可能になったと言えよう。第二に国際的な協力の進展があげられる。Ⅳでは香港税関との協力、ⅧではIAEA等との協力が重要な要素となっている。国際的な協力において外交当局の役割の重要性は言うまでもない。

　② **動　機**　動機について判例で指摘しているものは、いずれも経済的な利益を期待して不正輸出を行ったと指摘している。しかしながら、それによって脅かされる利益は、一般的な経済犯罪とは異なり、一企業の利害を大きく越え、我が国に対する不信感あるいは国際的な安全保障に対する影響という非常に重大なものである。実際、Ⅰソ連向け工作機械不正輸出事件の判決では、「本来、私企業が自由で積極的な貿易活動を通じて利潤を追求することそれ自体は何ら非難を受けるものではない。むしろ、こうした経済活動が我が国の発展に寄与した功績は見逃せない

が、利益優先の余り国際社会でのルール、モラルを無視するような企業活動は厳に慎まなければならない(351)」と判示している。また、こうした犯罪によって不正輸出に関与した企業が受ける社会的制裁は大きい。いずれの判決も被告人に執行猶予を認めるに際して、社会的制裁を受けたことを挙げている。これは企業・被告人個人のいずれにも当てはまることである。さらに、不正輸出による行政制裁の期間が延長される傾向にあり、最長3年間の輸出禁止処分は経済的にも企業の死活問題となろう。

なお、経済的利益とは関係のない大学や公的研究機関であれば、こうした事態に巻き込まれるおそれはないかと言えばそうではない。海外の大学や公的研究機関が軍事関係の研究開発に従事している場合も少なくない(352)。実際、Ⅲイラン向けジェットミル不正輸出事件ではエンドユーザーの一つは大学であった。すなわち、学術研究の名目で提供した貨物が軍事転用される可能性も念頭に置いておく必要がある。いかに、こちら側の動機が純粋なもの、例えば「科学的真理の探求」や「学問に国境なし」であったとしても、相手方の動機が同じとは限らない(353)。

3　判例等から学ぶ解釈論の研究

(1)「輸出」に関する解釈

外為法第48条第1項は、「国際的な平和及び安全の維持を妨げることとなると認められるものとして政令で定める特定の地域を仕向地とする特定の種類の貨物の輸出をしようとする者は、政令で定めるところにより、経済産業大臣の許可を受けなければならない」と規定している。以下では、過去の外為法違反事件の判例等を基に輸出許可を受けなければならない者やその時期等について紹介する。

① 「輸出をしようとする者」の範囲　　外為法第48条第1項は、貨物

---

(351) 東京地判昭63.3.22（昭和62特（わ）第1547号）。
(352) 例えば、外国ユーザーリスト（82頁参照）において大学や研究機関もリストに掲載されていることを想起したい。
(353) 研究成果が軍事転用に利用される危険性については、前述第2章5（2）④【コラム18：研究成果は狙われている】参照。

の「輸出をしようとする者」が経済産業大臣の許可を受けなければならないと規定しているが、当該「輸出をしようとする者」に関する定義規定は、外為法上存在しない。しかし、判例等によれば、「輸出をしようとする者」には、「輸出行為の経済的効果の帰属者、換言すれば、自己の計算において輸出行為をなす者」のほか、その「関与者」も含まれると解釈されている(354)。「輸出をしようとする者」と評価し得るような「関与者」であるか否かについては、輸出行為への関与の度合い、行為者の主観等を総合的に勘案して輸出管理当局で判断すべきものとされている。

一方で、実務的には、大量の輸出許可申請へ迅速に処理する必要があるため、許可申請者は原則として輸出契約の名義人とされている。

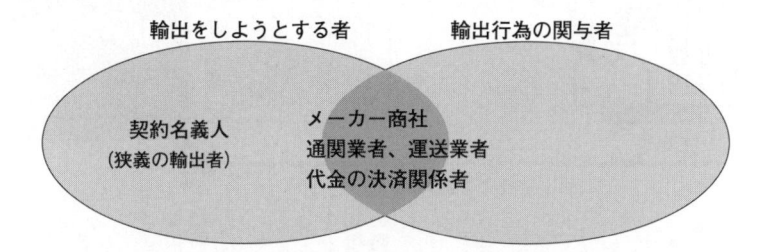

輸出をしようとする者　輸出行為の関与者

契約名義人
（狭義の輸出者）

メーカー商社
通関業者、運送業者
代金の決済関係者

【大阪高判昭52.10.13（昭和52年（う）第152号）】
　国際収支の均衡の維持、外国貿易及び国民経済の健全は発展をはかる等の観点から、貨物の輸出についての制限として標準外決済方法等につき通商産業大臣の承認を受けるべき義務を定めた外国為替及び外国貿易管理法第48条、輸出貿易管理令1条並びに輸出貨物代金回収を確保し通貨価値の安定を図るための支払方法の証明を定めた同法第49条、同令第3条の規定の趣旨目的に、これらを潜脱するいわゆる枠積み輸出等の実態をも加味して考えるとき、同法第48条及び第49条等にいう「輸出しようとする者」とは、所論のいう意味における本来の輸出者のほか、現実に輸出に関与し貨物を輸出しようとする者、すなわちこれを標準決済方法を仮装した無為替輸出に即していうならば、特定貨物を国外に無為替で搬出する意図をもって標準決済方法による輸出取引を仮装して外国為替銀行の確証をえ、或いは税関に対する輸出申告をなしその他右貨物の国外搬出に必要な行為の遂行に当たる者をも含むこと解するのが適当である。

以上を勘案するに、外為法第48条第1項の「輸出しようとする者」と

---

(354) 前述 2（2）Ⅵ「北朝鮮向け凍結乾燥機不正輸出事件」も参照。

は、輸出行為の遂行に当たる者が広く含まれ、当該者に対しては経済産業大臣による輸出許可を受ける義務が課されている。しかし、輸出許可申請の義務は、当該輸出行為に対して課されているものであり、当該輸出行為に対する許可を義務者（輸出をしようとする者）のうち誰かが許可を受ければ、他の義務者の輸出許可を受ける義務は解除される。

② **輸出の既遂時期**　外為法上、「輸出」及び「輸出の時点」に関する定義規定はおかれていない。しかし、運用通達[355]においては、輸出の時点を「貨物を外国へ向けて送付するために船舶又は航空機に積み込んだ時[356]」と規定している。また、関税法は、第２条第２項において、「輸出」を「内国貨物を外国に向けて送り出すこと」と定義している。

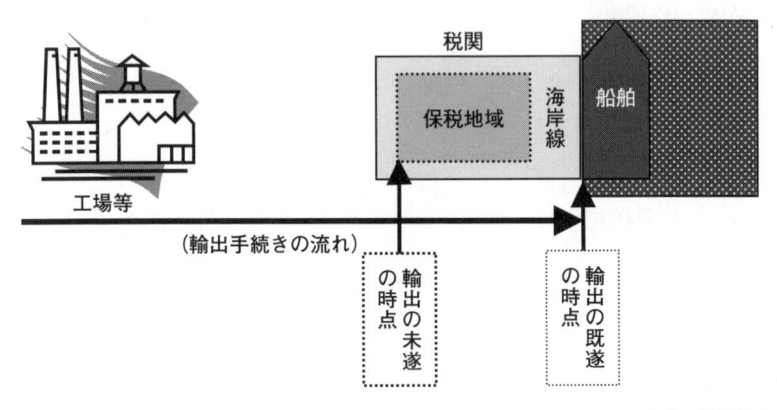

出典：筆者作成

③ **判　例**　関税法等における輸出の時点について、判例[357]は、「海上にあつては目的の物品を日本領土外に向けられた船舶に積載すること。」と船積説を採用しており、船積が開始された時点が輸出の実行の着手であり、船積が完了すれば既遂となる。

したがって、貨物を船積みしていったん出港した以上、その船舶が我

---

[355]「輸出貿易管理令の運用について（昭和62年11月6日付け輸出注意事項62第11号）」０-２　輸出の時点。
[356] よって、税関に対して貨物の輸出申告を行った段階では「既遂」とはならず、「未遂」となる。
[357] 最判昭25．9．28刑集４．9．1820他最高裁・高裁判例多数。

が国の領海内か我が国の港に寄港中であっても（福岡高判昭25.12.25刑判特15.185）、外国に陸揚げしないで、そのまま我が国へ持ち帰っても（東京高判昭26.6.9高判集4.6.657）、密輸出は既遂となる。しかし、はしけに密輸出貨物を搭載して港内に停泊し、積み替えるべき外国向け船舶の来航するのを待ち受けている段階では、積載行為に接着する行為をしたともいえないので、密輸出の予備となる（仙台高判昭29.2.16刑判特36.58）。さらに、違法輸出の意思があって貨物を国外に持ち出したものの、天候や準備不足等の理由によって目的地まで到達させることができなかった場合、判例によれば未遂犯として処罰され、不能犯とならない。判例は、「客観的に犯罪の遂行に可能な手段を以てその実行に着手すれば、犯行実現の危険性あること勿論であるから、共犯人の用意に欠くるところがあつてその目的を遂げ得なかつたとしても、それは障害未遂を以て論ずべきであり、不能犯とみるべきではない」と論じている（最判昭25.9.28刑集4.9.1820）。

「輸入」の解釈について

> 外為法上、「輸入」の定義規定は「輸出」と同様に置かれていないものの、判例は「輸入」の既遂時期を「通関手続を完了した状態におくこと」と判示している。一方で、外為法の逐条解説[358]は、輸入の既遂時期を「外国から到着した貨物が本邦の海外線を突破すること」としている。

【東京高判昭34.10.29（昭和33年（う）第1975号）】
　輸入貿易管理令四条および九条にいう「輸入」とは、関税法における「輸入」の意義と同様に、通関手続を完了した状態におくことを意味する。

なお、関税法第2条第1項第1号は、「輸入」を「外国から本邦に到着した貨物又は輸出の許可を受けた貨物を本邦に引き取ること」と定義している（判例は、「輸入」とは、陸上では国境線を越えて、海上では船舶から陸揚げして、外国貨物を我が国内に運入れる行為（大判明40・9・27刑録13.1007））とする陸揚説が通説となっている）。

---

[358] 外国為替貿易研究グループ・前掲注（329）578頁。

第3章 判例等から学ぶ違反事件の研究と外為法の解釈

> **コラム27** 輸出の定義と国連安保理決議1540
>
> 　大量破壊兵器不拡散に関する国連安保理決議1540では「輸出、通過、積換及び再輸出を管理する適切な法令…を含め、そのような品目に対する適切で効果的な国内的輸出及び積換管理を確立し、発展させ、再検討し及び維持すること」が国連加盟国の義務となっている。ここでいう「国内的輸出…管理」は、我が国ではこれまでに検討してきた外為法による輸出管理が該当する。
> 　それでは、その他の項目は外為法の輸出管理ではどの程度まで規制されているのだろうか。まず、再輸出は我が国にいったん輸入された貨物が再び外国に輸出されるもので、通常の輸出と全く同じ扱いとなる。次に通過（transit）と積替（trans-shipment）は、どうだろうか。通過とは、一般的に貨物を輸送する船舶が領海内を通過するだけ、又は港に寄港するだけで貨物の積み卸し等は行わないものを言う。他方、積替は、いったん保税地域に仮陸揚げした上で再度船に積むことを言う(359)。積替については、外為法で我が国に仮陸揚げをした貨物を再度積み込む場合として、輸出に該当するため規制対象となっている。一方、通過の場合、「船舶に積載する」という行為が通過の性格上あり得ないため、定義上我が国からの輸出とは考えられない。このため外為法では規制されていない（通過、積替の管理と外為法の関係につき第4章2（2）「国連安保理決議1540の履行」参照）。

（2）輸出許可の効力（最判昭45.10.21刑集24.11.1480）

　取得した輸出許可の効力は当該輸出申請した貨物にのみ及ぶと考えられ、その他の貨物の輸出許可は別途取得する必要があると考えられるが、「当該貨物」の範囲はどこまでであろうか。

　園芸用品に対する関税法上の輸出許可を利用して洋食器を輸出した事案(360)において、判例は「輸出許可の効力は、輸出申告書に記載された貨物と同一か、少なくともこれと同一性の認められる貨物に及ぶだけであつて、それ以外の貨物には及ばない」と論じ、園芸用品に対する輸出

---

(359) 同一の船舶に貨物を再度積んでも、別の船舶に積んでも積換に当たる。
(360) 当時の外為法においては洋食器の輸出承認が必要であったが園芸用品の輸出承認は不要であったため、園芸用品に偽装して輸出しようとしたものである。

許可は洋食器には及ばず、無許可輸出が成立すると判示した。したがって、輸出許可の効力は当該貨物そのものだけでなく、「これと同一性の認められる貨物」にも及ぶのである。なお、洋食器と園芸用品に「同一性」がないことは明らかとしたが、「同一性」の判断の基準については示されていない。

輸出申請を審査する実務を踏まえれば、「同一性」があると言うためには、同一種類の貨物であることはもちろん、性能（スペック）も「同一性」を主張できる程度に類似していることが必要ではないかと考えられる。なぜなら、同一種類の貨物であっても性能によって許可が必要な場合と必要でない場合があり、また許可が必要な場合でも、より性能が高い貨物については、より慎重に審査が行われるのが当然であると考えられるからである。

本事案で興味深いことは、本最高裁判決前の高裁の判断である。高裁は、「本件洋食器に対する輸出許可はあつたが、その許可は被告人らの詐欺的手段に基づく錯誤によつてなされたものであるから当然無効である」と判示した。最高裁は、そもそも輸出許可は与えられていない（無許可）と判断したため、こうした高裁の判示は否定されたが、本件では同一性が全く認められない貨物に対してであったため、そもそも許可は与えられていないと判断されたものである。したがって、高裁の論理自体は否定されてはいないと考えられることから、同一性が認められる貨物に対する輸出許可があったとしても、そうした輸出許可が輸出者の詐欺的手段に基づく錯誤によって与えられた場合、当該輸出許可は錯誤無効となることがあり得ることを示していると考えられる。すなわち、高裁の判示は（外為法）「第48条…により通商産業大臣の輸出承認を必要とする種類の貨物（筆者注：本件では洋食器）をその承認を得ないで輸出しようと企て、…承認不要貨物（筆者注：本件では園芸用品）の輸出に仮装する虚偽の輸出申告を行ったのに対し、税関が錯誤によって輸出許可を与えた場合であっても、…輸出許可は…要承認貨物自体に対して一応与えられたものと見ざるを得ない」とし、当該「税関の瑕疵ある行政行為として、その効力の有無が問題とされる」とした。こうした「瑕疵ある行政行為」は、「無効の行政行為と取り消しうべき行政行為」に分け

られ、本件事案では「瑕疵は…あえて行政手続きによる認定判断を俟つまでもなく、きわめて明白であるから、該許可は無効」と判示した。

本件は、関税法違反（関税法上の無許可輸出）に問われた事件であり、外為法上どのような輸出申請が詐欺的と言えるかについては更なる検討が必要であるが、後述する不実申請の一部で悪意性が高いものは該当する可能性があると思われる。すなわち、不実申請そのものに対する罰則は現時点ではないものの、場合によっては当該輸出許可が錯誤無効であると言える場合があると考えられ、その場合には外見上輸出許可を有している場合でも無許可輸出が成立する余地があると考えられる。

また、工作機械を表向きは同時2軸制御の立旋盤として輸出し、NC装置はいったん同時2軸制御のものを機械本体に取り付け、輸出後同時5軸制御に改造したという工作機械不正輸出事件（前述2(1)Ⅰ参照）において、判例は「当該貨物は輸出時において既に同時5軸制御（又は9軸制御）の機械であるため、輸出許可が必要であった」と判示している。

(3) 不実申請

輸出許可申請に当たり、実際には存在しない最終需要者や偽りの工場、遵守する意志のない誓約書等を輸出関連書類として申請を行って許可を受けたとしても、これらの不実申請に対する罰則規定は現行外為法には規定がないため、罰することはできないとの見解がある[361]。外為法に基づく経済産業大臣による輸出許可の対象は、「貨物の種類」と「仕向地」であり、それ以外の最終需要者等については、あくまで許可を行うための判断材料に過ぎないからである（なお、貨物の項番や仕向地を偽って許可を受けた場合には、当該許可は無効になる可能性が高い）。しかしながら、不実申請は、法的責任を問うことはできないのだろうか。

まず、輸出申請の際に最終需要者や最終用途等に関する書類の提出が求められるが、印章や署名を使って輸出先政府等が発行したように見せ

---

[361] 産業構造審議会貿易経済協力分科会安全保障貿易管理小委員会第5回制度改正WG資料5。かかる観点からか、経済産業省は、不実申請を行った企業に対して貿易経済協力局長名で警告を行っている（2005年12月26日付けプレスリリース）。

かけた最終需要者や最終用途等の証明書は、私文書偽造罪（刑法第159条）に該当する。

【北朝鮮向け漁船不正輸出事件（東京地判平13.10.26）】
　船舶の売買、仲介等を業とする会社の取締役Ａは、北朝鮮の会社に中古漁船を売却する仲介を依頼され、そのままでは通産大臣の輸出承認を得ることができないため、インドネシアを仕向地に仮装することを計画し、そのために暫定船籍証明書及び暫定計測証明書を偽造した上で、税関職員に提示させて行使するとともに、輸出通関手続きをするに当たって仕向地を偽った輸出の申告をさせ、漁ろう設備を有する船舶を北朝鮮へ密輸出した。

【判決概要】
・インドネシア共和国発行の暫定船籍証明書及び暫定計測証明書に在日本インドネシア共和国の公印様の丸型印を冒捺（私文書偽造）し、税関に提示した（同行使）。
・通産大臣の承認を受けないで、「第三十一博洋丸」を福島県いわき市の港から、大韓民国経由で北朝鮮に向けて出港させ、もって、通産大臣の承認を受けないで漁ろう設備を有する船舶を輸出した（無承認輸出）。
・平成13年10月26日、東京地方裁判所は、元取締役に対し懲役２年６か月（執行猶予４年）及び罰金100万円を言い渡した。

　次に、印章や署名を使って私文書を偽造していない場合でも、事実と異なる虚偽の資料を提出し、その虚偽の資料に基づき、輸出許可証を発行した場合はどうであろうか。経済産業大臣の輸出許可は、輸出許可申請者に対して貨物の輸出を許容するものであり、輸出許可証はこれを証明する書面である。よって、輸出許可は、単なる証明や確認文書とは異なり、一種の権限付与の行政行為であることから、輸出許可証は刑法第157条第２項における「免状[362]」に属するものと考えることができる。となると、輸出許可審査を行う上で重要な判断材料である最終需要者等を偽って輸出申告し、輸出許可書に虚偽の記載をなさしめて、その交付を受けた場合には免状不実記載罪が成立する可能性があるのではないか。

---

[362] 判例（大判明41.9.24判録14.798等）は、「免状とは、一定の人に対し一定の行為をなす権利を付与した行政官庁の証明書を汎称する」としている。

最後に、様々な不実の申請による分類を掲げておく。言うまでもないことだが、全て故意の場合に限られる。

・輸出する貨物又は提供する技術（以下、「貨物等」という。）の項番又は仕向地が虚偽…無許可輸出（外為法第25条又は第48条違反）
・輸出許可申請にあたり、最終用途や最終需要者等に関して虚偽の資料を提出して、その結果、許可申請を審査する担当官が錯誤に陥り、輸出を許可…当該輸出許可は錯誤無効のため、無許可輸出（外為法第25条又は第48条違反）
・輸出許可申請にあたり、最終用途や最終需要者等に関して印章や署名を偽造した書類を提出して、輸出許可を取得…私文書偽造罪（刑法第159条違反）
・輸出許可申請にあたり、最終用途や最終需要者等に関して虚偽の資料を提出して、輸出許可を取得…免状不実記載罪（刑法第157条第2項違反）

このように不実申請にも様々な類型があり、その一部は外為法又は刑法に違反する行為と言えるが、その範囲は限定的であり、不実申請一般を処罰する規定はない。

（4）違法性の認識

　無許可輸出をしてしまった場合に、外為法で規制されている貨物だと知らなかったと抗弁することは可能であろうか。まず、輸出者が外為法を知らなかったということが考えられる。刑法第38条第3項は「法律を知らなかったとしても、そのことによって、罪を犯す意思がなかったとすることはできない」としている。もちろん、うっかり輸出してしまった場合は、過失として不可罰とされる場合もあるが、場合によっては、故意が認められることもあり得る[363]。

　有毒飲食物等取締令違反に問われた判例（最大判昭23.7.14刑集2.8.889）では、「犯罪の構成に必要な事実の認識に欠けるところがなければ、その事実が法律上禁ぜられていることを知らなかったとしても、犯意の

---

(363) 過失犯は処罰されないことは、外為法第69条の6参照（129頁）。

成立を妨げるものではない」と判示している。また、麻薬取締規則違反に問われた判例（最判昭26.1.30刑集5.2.374）では、「違法の認識は犯意成立の要件ではないのであるから、刑罰法令が公布と同時に施行されてその法令に規定された行為の違法を認識する眼がなかったとしても犯罪の成立を妨げるものではない」と判示した。さらに、官報が届かなかったため規制を知り得なくても、故意はあり得るとした判例もある(364)。

　次に輸出者は、外為法を知っていたが、当該貨物を規制対象ではないと思って輸出したような場合が考えられる。特に、規制内容を確かめるために経済産業省に相談するというケースは実際によくあることである。このような場合には、次のような判例が参考となろう。

　紙幣類似の「サービス券」を作成したことが通貨及び証券模造取締法違反に問われた事案（最決昭62.7.16刑集41.5.237）で、事前に警察署に相談に行き紙幣と紛らわしいものは同法違反に問われるので、「サービス券」を大きくする等紛らわしくないようにしたらよいとアドバイスを受けた。また、そのアドバイスを無視して類似の「サービス券」を作成し、警察署に持参し、配布したが、警察署からは格別の注意も受けなかった、といった場合に、違法性の錯誤があったことに「相当の理由」はない（したがって犯罪が成立する）と判示した。本決定では故意性が阻却される「相当の理由」は「本件の刑罰法規に関し確立していると考えられる判例や所管官庁の公式の見解又は刑罰法規の解釈運用の職責にある公務員の公の言明などに従って行動した場合ないしこれに準ずる場合」とした。これに関連して経済法関連の判例では、石油の生産調整が独占禁止法違反に問われた事案で、当時の通商産業省の容認の下に生産調整が行われたからと言って違法性が阻却されないものの、被告人たちに違法性の意識がなく、またそのことに「相当の理由」があるため、故意性が阻却された（したがって被告人は無罪となった）判例がある（東京高判昭55.9.26）。

---

(364) 札幌高判昭25.9.8、前田雅英『刑法総論講義〔第3版〕』（東京大学出版会、1998）301頁。

第 3 章　判例等から学ぶ違反事件の研究と外為法の解釈

したがって、輸出者が経済産業省に相談し、担当官から「規制対象ではない」、又は「輸出許可申請は不要だ」といった公式の回答を受け取っていれば、輸出者に外為法違反の故意は認められないであろう。しかしながら、回答がなかった場合やさらに精査が必要だといった回答を受け取った場合には、故意性は否定されないと考えられる。同時に、第一義的には外為法で規制されている貨物かどうかの判断は輸出者がするものであり、経済産業省に相談をすることは、キャッチオール規制の事前相談制度等を除き[365]、事実上問い合わせているに過ぎず、法的制度としては位置付けられていない。さらに、「規制対象ではない」旨の回答を得るために事実と異なる説明を担当官に行った場合には、担当官を錯誤に陥らせて瑕疵ある判断をさせたと考えられる場合もあろう（既述（2）「輸出許可の効力」、（3）「不実申請」参照）。

---

(365) 前述第 2 章 2（3）③「許可申請手続」参照。

第4章　輸出管理の課題

　本章では、我が国における輸出管理制度の改善のため、産学官において如何なる取組があり得るのかについて検討する。具体的には、現在、外為法が規制対象としていない、又は規制が不十分である場合や、規制のあり方に問題がある場合等につき検討する。それによって、現在の輸出管理の抱える課題や外為法体系の限界についても考えたい。

1　安全保障環境に対応した輸出管理制度

（1）技術移転規制の適正化

　① 経済社会情勢の変化に対応した技術移転規制　経済活動のグローバル化や海外との人的交流の進展等に伴い、我が国への外国人技術者や留学生等の増加のみならず、我が国から海外への渡航者が増加し、技術移転をめぐる環境において、居住者から非居住者への技術提供を管理すれば我が国からの技術移転を十分に管理できるという前提に疑問が生じている。

　例えば、海外から我が国にやってきた外国人技術者や留学生等が一定の滞在期間を過ぎること等によって定義上「居住者」となり、我が国の企業や大学・研究機関において世界の最先端技術を習得する技術移転が、居住者（我が国の企業や大学・研究機関）→居住者（海外からの技術者や留学生等）への技術移転となり、現在の外為法では規制の対象外となる。特に、昨今、中国人、北朝鮮人、イラン人、ロシア人等が来日し、ビジネスパーソンや大使館員、研究者・留学生、通商代表部員等様々な身分で長期滞在して外為法上の居住者になり、日本が有する最先端の大量破壊兵器関連技術の移転を受け、本国に持ち帰ろうとしているとの指摘がなされている[366]。

---

(366) 警察庁・前掲注（344）。

第4章　輸出管理の課題

　また、海外駐在員や退職技術者等が海外で活動を行う場合、海外に一定期間居住すること等によって日本人ではあるが「非居住者」となることがある。団塊の世代の大量退職時代に突入し、日本人技術者が海外で技術提供する場面が増加している。彼らが現地で先端技術の移転等をする際、非居住者（海外に居住する日本人）→非居住者（現地で技術移転を受ける者）への技術移転であることから、やはり現行外為法の規制対象外となってしまう[367]。他方で、非居住者となる企業の海外駐在員と居住者である我が国在住の企業の開発担当者が技術開発等に関する会議等を行う場合には定義上、居住者→非居住者なので、役務取引許可が必要となるという不便も生じている。

　このように、現行の外為法における技術移転規制の「漏れ」を通じて、外為法の法目的である「国際社会の平和および安全の維持」が保たれなくなる懸念が増大している。

　さらに、北朝鮮によるミサイル発射や核実験、イランの核開発などを踏まえ、大量破壊兵器関連技術等の拡散を防止する国際社会の決意・取組みは急速に強まっており、特に最先端の技術を有する我が国にとって、機微技術の流出防止に万全を期すことは極めて重要な課題であり、上述の課題に早急に対処する必要があろう。

　なお、外為法の居住者・非居住者の規定は役務取引のみならず、資本取引等でも規定されている概念である。したがって、役務取引の観点のみで居住者・非居住者に関する定義規定を見直すことは困難であることから、居住者・非居住者に代わる新たな概念を導入するか、新たな立法措置によって対応するかのいずれかの方法になると考えられる。

【例】　懸念される機微技術の移転事例

> その1：在日ロシア通商代表部員は、2004年9月頃から2005年5月頃にかけて、日本において、日本人会社員から、その会社の先端技術に関する機密情報等を不正に入手し、その報酬として、日本人会社員に約100万円を支払っていた。17年10月、同代表部員及び日本人会社員を背任罪で検挙（警察白書）。

---

[367] 居住者・非居住者の定義については前述第2章（4）①「居住者・非居住者」参照。

> その2：中国人や中国系アメリカ人が、米国技術（航空・防衛技術）を盗み出して模倣している実態や技術流出活動を紹介しつつ、日米にとって直接的な脅威であるとFBI担当者は述べている（警察学論集）。

(i) 法人内における技術移転に対する考え方

　現行の外為法に基づく技術移転規制においては、法人内におけるその構成員（従業員、研究員その他の法人と雇用関係にある者）間の移転行為については、それら構成員の属性（日本人であろうと外国人であろうと）を問わず、規制対象としては想定していない。

　その一方、貨物の輸出とは異なり、このような移転行為は、技術特有の性格（不可逆性、複製容易性等）を踏まえれば、その従業者等が組織を離れた後に外国へ技術移転を行うような場合に機微な技術が国外へ流出することも想定され、実際にも、このような企業等の法人内に入り込む形での有害活動事例の指摘もなされている。

　したがって、企業活動のグローバル化の進展や技術特有の性格等を踏まえたとき、技術移転規制の目的を達成する上で、懸念国等の外国人が勤務する国内法人内での技術管理の不徹底等による機微技術の意図せざる流出を防止することも、企業等には求められている。そのためには、法人内部での機微技術の管理に対して有効な方策を考える必要がある。

(ii) 大学等における技術管理の強化について

　大学等における教育・研究活動であっても、無条件に輸出管理の例外ではなく、引き続き輸出管理をしっかり行っていく必要がある。特に、注意すべきは我が国の大学等であっても、原子力学科や航空・宇宙学科、生物（バイオ）や化学など、直接的までとは言えないにしても大量破壊兵器等関連技術の研究開発がまったく行われていないとは言えないだろう。

　外為法による役務取引規制が大学等の教育・研究活動のどこまでを対象とするかは、日本人教員による留学生等を含む学生に対する講義や研究室における技術的な指導が「取引」や「対外取引」に該当するかなど精査していく必要がある。

　また、大学等における教育活動は、憲法第23条で保障されている「学

第4章　輸出管理の課題

問の自由」に大きく関わる問題（教員側にも「教授の自由」があり、教育を受ける留学生等にも「教育を受ける権利」が我が国国民と同様に保障されるものである）であり、経済法により規制を課すことについて大学等の研究者には心理的な抵抗感が非常に大きい。また、そもそも憲法で保障されている「学問の自由」などの精神的自由権を行政庁の裁量の大きい経済法で規制できるのかという論点もある。

　また、大学等における研究活動のうち、海外企業等との委託・共同研究開発については、「特定の製品の設計又は製造を目的とする」ことを踏まえれば、当該研究活動は（輸出許可申請を不要とする）「基礎科学分野の研究活動」には該当しないとの整理は可能であろうが、海外企業等との委託・共同研究以外の研究活動が「基礎科学分野の研究活動」に該当するかどうかを整理する必要があるのではないか。こうしたことを踏まえれば、当面は、大学等に対し、企業等との委託・共同研究等を許可申請が必要な行為として例示しつつ、大学等における研究者の輸出管理に対する意識を高めていくことが必要である。なお、政府としても、大学等における研究者の輸出管理の徹底を図るため、「安全保障貿易に係る機微技術管理ガイダンス（大学・研究機関用）」の周知を一層図っていく必要がある[368]。

・大学等の管理部門へのアプローチ

　企業等との共同研究や国からの委託研究等においては、外為法上の規制対象となる役務取引等がありうることを改めて認識してもらい、大学等における輸出管理体制の整備を促進する観点から、国際的な共同研究開発等に係る競争的資金や科学研究費補助金等の採択の条件として、適切な技術管理体制の確立や輸出管理規程の整備、研究成果が安全保障上の危険がないよう各研究者が留意することの規定を盛り込むことも一案である。

・学会へのアプローチ

　大量破壊兵器関連の技術を取り扱う学会（例えば、日本原子力学会、日

---

[368]「安全保障貿易に係る機微技術管理ガイダンス（大学・研究機関用）」については、第2章5（2）②【コラム17：大学等の輸出管理強化に向けた政府の取組】参照。

1 安全保障環境に対応した輸出管理制度

本航空宇宙学会等、日本化学会、日本分子生物学会）を通じて、軍事転用されやすい技術等について調査を行い、研究成果が不用意に懸念国やテロリスト等の手に渡らないよう各学会において研究開発や技術移転に関するガイドラインの整備を促すことも必要である。

② **技術流出事案の対応としての外為法**　我が国では技術流出事案が続発しているが、各国では自国技術の流出を防ぐための法整備を行っている。

（参考）諸外国における秘密保護法制

国　名	法律名	構成要件	罰　則
米　国	連邦法 第18編第37章 「スパイ及び検閲」	合衆国を侵害し、又は外国で利用することを意図した国防に関する情報の収集、移転等の禁止	10年以下の拘禁若しくは1万ドル以下の罰金
		外国政府、外国の政党、軍、公務員、市民等に対する国防に関する情報の通報、引渡し、移転等の禁止	死刑、無期・有期拘禁刑
		国防施設の写真撮影及びスケッチの禁止	1年以下の拘禁刑若しくは1万ドル以下の罰金
	第18編第90章 「トレード・シークレットの保護」	外国企業、政府に利することを知りつつトレード・シークレットを盗み、これに提供する行為の禁止	15年以下の懲役若しくは50万ドル以下の罰金
		個人・組織が所有者の同意を得ず、不正な手段で企業情報（注：ソフトウェア、図画、書類、試作品、企画アイデアなど企業利益に係るあらゆる形態の情報）を入手する行為の禁止	（個人の場合）15年以下の懲役若しくは50万ドル以下の罰金又は併科 （組織の場合）1000万ドル以下の罰金
		フランスに対する敵対行為又は侵略行為をそそのかす目的をもって、外国政府、外国企業等と内通する行為の禁止	30年の禁錮及び300万フランの罰金

第4章　輸出管理の課題

フランス	新刑法典 第4部「国民、国家及び公共の平和に対する重罪及び軽罪」	国民の基本的利益を害する性質を帯びる情報、技法、物件、文書、情報処理データ、ファイルの外国政府、外国企業等への引渡しの禁止	15年の禁錮及び150万フランの罰金
		国民の基本的利益を害する性質を帯びる情報、技法、物件、文書、情報処理データ、ファイルの外国政府、外国企業等への引渡しのための入手、収集の禁止	10年の禁錮及び100万フランの罰金
		身分又は職務に基づいて、国防上の秘密の性格を有する情報、技法、物件、文書、情報処理データ、ファイルの破壊、窃盗、漏えいする行為の禁止	7年の禁錮及び70万フランの罰金
		身分又は職務によらず、国防上の秘密の性格を有する情報、技法、物件、文書、情報処理データ、ファイルの所持、破壊、窃盗、漏えいする行為の禁止	5年の禁錮及び50万フランの罰金
ドイツ	刑法典 第93条～第99条	国家機密の外国勢力への通報等（反逆罪）により、自国の対外的安全に（特に）重大な不利益を及ぼす危険の惹起	無期又は5年以上の自由刑（特に重大な事態の場合） 1年以上の自由刑
		国家機密の公表により、自国の対外的安全に（特に）重大な不利益を及ぼす危険の惹起	1年以上10年以下の自由刑
			（特に重大な事態の場合） 6か月以上5年以下の自由刑
		漏えいするために国家機密を入手した者（反逆的探知等）	1年以上10年以下の自由刑

1　安全保障環境に対応した輸出管理制度

		反逆罪の予備	1年以上10年以下の自由刑 (特に重大な事態の場合) 5年以下の自由刑
中　国	国家秘密保護法	国家安全危害罪について、国及び人民の危害が特別に重大で情報が悪らつな場合	死刑
		スパイ組織に参加する等、国の安全に危害を及ぼした者	10年以上又は無期懲役
		国外の組織等のため、国家秘密又は情報を窃取等又は提供した者	10年以上又は無期懲役 (情報が特別重大な場合) 5年以上10年以下の懲役
韓　国	刑法	国家機密を収集、漏えいした者	死刑又は無期懲役
	国家保安法	軍事上の機密を敵国に漏らした者	死刑、無期又は7年以上の懲役
	軍事機密保護法	軍事機密を不当な方法で探知・収集した者	10年以下の懲役又は禁錮

出典：各国の刑法典等を基に筆者作成

③　**秘密特許制度について**　我が国の特許法では、発明の公開の対価として、その発明者に対して一定期間、独占的な権利（特許権）を付与することを基本原則としている。しかし、特許庁へ出願された特許発明は、その公開を制限する規定がないため、全ての特許発明は権利の取得の有無に関係なく、原則として、特許庁への特許出願から18か月後には自動的に特許電子図書館（IPDL）等で公開される。しかしながら、特許電子図書館で公開された特許発明の中には我が国の防衛関連企業等による発明も含まれており、これらの特許発明は海外企業や外国政府等が容易に入手できる状態となっている。このように機微な発明が出願公開されることにより安全保障上の懸念が発生する場合に備え、欧米や中国、インド等の主要国においては、機微な発明が含まれる出願の公開を制限する「秘密特許制度」が導入されている[369]。我が国においても、

第4章　輸出管理の課題

軍事関連技術や軍事転用可能な技術等の機微技術を制限する秘密特許制度の導入について検討するべきではないか。

【我が国における秘密特許制度の歴史等】

> 我が国でも、過去には、一部の特許発明（軍事上必要な発明）について、その公開や特許権の制限等に関する規定（いわゆる「秘密特許制度」）が存在していた。秘密特許制度に関する規定ができたのは、明治32年（1899年）特許法であり、秘密特許制度は第二次世界大戦終了後の1948年まで維持されていた。秘密特許が最初に付与された1903年から第二次世界大戦が終結する1945年までの間に出願・登録された秘密特許の件数1571件にのぼり、海軍大臣による出願・登録が583件、陸軍大臣による出願・登録が355件にのぼる。しかし、ポツダム宣言の受諾に伴う連合国への無条件降伏により、我が国の軍国主義の絶滅と非軍事化等を目指すことを目的としたGHQの指示を踏まえ、1948年に特許法が改正され、我が国の秘密特許制度は廃止された。しかしながら、いったん廃止された秘密特許制度は、1954年に米国との間で締結した「日本とアメリカ合衆国との間の相互防衛援助協定」に基づく「防衛目的のためにする特許権及び技術上の知識の交流を容易にするための日本国政府とアメリカ合衆国政府との間の協定」により実質的に復活し、現実にも公開されていない特許（秘密特許）が存在する(370)。

（2）国連安保理決議1540の履行

大量破壊兵器不拡散に関する国連安保理決議1540では、輸出管理に加え、積替、通過、再輸出、仲介に関する管理も要求している。このうち、我が国に一旦輸入した貨物を輸出する再輸出については、外為法上、通常の輸出と同じ扱いとなっており、既に現行外為法で管理が実施されている。残る積替、通過、仲介については、管理が十分とは言えない側面がある。一方では外為法の規制の範疇を越えるものもあり、規制のあり方自体から問われていると言える。

①　**通過（transit）・積替（trans-shipment）の管理**　国連安保理決議1540が要求している措置のうち、我が国の領海を通過、又は寄港する船

---

(369) 技術情報等の適正な管理の在り方に関する研究会「技術情報等の適正な管理の在り方に関する研究会報告書」（2008.7）63頁（http://www.meti.go.jp/press/20080728006/20080728006-3.pdf）（最終訪問日：2008年8月18日）。なお、同研究会は土肥一史一橋大学大学院教授を座長とし、経済産業省経済産業政策局知的財産政策室が事務局を務め、取りまとめられたものである。
(370) 田上博道「我が国における技術移転規制について」（特許研究 No.42（2006年）57-64頁）。

舶に積んだ貨物に対する管理（通過）は、寄港するだけでは我が国からの輸出に該当しないため、外為法上規制されていない(371)。我が国を通過するだけの貨物は輸出の定義に該当しないことから、通過管理を検討する場合には外為法の枠内で措置することは極めて難しい(372)。したがって拘束力ある国連安保理決議で要求されている事項であるため、何らかの新たな立法措置が必要となろうが、我が国の輸出管理の埒外にあるため、政府全体で通過管理のあり方につき議論する必要があろう。この際、国連海洋法条約上の無害通行権等との関係についても議論することが必要となる。

他方、積替とは、外国から到着した貨物を一時的に空港や港湾の保税地域に積み下ろし、再び外国向けの船舶や航空機に積み込む場合をいう。これらについては仮陸揚げ貨物として外為法の規制対象とされてきた。すなわち、保税地域から積み込む行為が輸出の定義に該当するためである。しかしながら、積替は別表第1の1の項（武器）を除き適用除外とされてきた。これでは国連安保理決議1540が要求している大量破壊兵器開発に転用可能な関連貨物に対する規制を行うことができなかった。そのため、2006年に輸出貿易管理令が改正され、輸出貿易管理令別表第1の2の項～16の項の貨物に該当する貨物であって、大量破壊兵器等の開発等のために用いられるおそれがある場合に、経済産業大臣の許可を受けることが義務づけられた(373)。具体的には、大量破壊兵器の開発等に用いられる旨の連絡を受けたときや、経済産業大臣から許可申請が必要である旨の通知（インフォーム）を受けたときには輸出許可が必要となる。なお、仕向地がホワイト国である場合には、対象とはならない(374)。

また、通過、積替における最大の課題は輸出者や運送会社、通関業者

---

(371) 外為法上の輸出の定義等については、第3章3（1）「『輸出』に関する解釈」参照。
(372) 例えば、論理的には外為法に通過規制に関する新たな条項を設けるということも考え得るが、定義上、輸出ではない行為を規制対象に含めることにつき、外為法の法目的等と整合が図れるか等の難点がある。
(373) 施行日は、2007年6月1日。
(374) 輸出貿易管理令第4条第1項第一号イにおける「別表第3に掲げる地域」がホワイト国である。ホワイト国については前掲注（259）・（260）参照。

等に過度な負担をかけることなく、我が国の物流コストを不必要に押し上げることなく、効果的な管理、すなわち懸念貨物の輸送を発見できるかにある。国内においては関係省庁、政府と産業界との連携に加え、国際的な協力が不可欠な分野である。この点につき、負担を減らすという観点からは、2006年の積替に関する政令改正ではリスト規制を採用せず、キャッチオール規制と類似した仕組みを採用している。

【積替に関する規制：輸出貿易管理令（抄）】

> （特例）
> 第四条：法第四十八条第一項の規定は、次に掲げる場合には、適用しない。ただし、別表第一の一の項の中欄に掲げる貨物については、この限りでない。
> 一　仮に陸揚げした貨物のうち、本邦以外の地域を仕向地とする船荷証券（航空貨物運送証その他船荷証券に準ずるものをする船荷証券（航空貨物運送証その他船荷証券に準ずるもの含む。）により運送されたもの（第三号から第五号までにおいて「外国向け仮陸揚げ貨物」という。）を輸出しようとするとき（別表第三に掲げる地域以外の地域を仕向地として輸出しようとする場合にあつては、次に掲げるいずれの場合にも該当しないときに限る。）。
> 　　イ　その貨物が核兵器、軍用の化学製剤若しくは細菌製剤若しくはこれらの散布のための装置又はこれらを運搬することができるロケット若しくは無人航空機（ロ及び第三号において「核兵器等」という。）の開発、製造、使用又は貯蔵（ロ及び第三号において「開発等」という。）のために用いられるおそれがある場合として経済産業省令で定めるとき。
> 　　ロ　その貨物が核兵器等の開発等のために用いられるおそれがあるものとして経済産業大臣から許可の申請をすべき旨の通知を受けたとき。

② 大量破壊兵器関連の貨物や技術の移転に関する仲介（brokering）等の防止　（i）仲介取引に対する規制　　我が国企業等が関与する第三国間の貨物の移動を伴う貨物の売買に関する取引については、外為法第25条第1項第二号により、規制の対象となっている。これがいわゆる仲介取引に関する規制と呼ばれている。しかしながら、仲介取引も輸出貿易管理令別表第1の1の項（武器）のみを対象としてきた。このため積替と同様に、国連安保理決議1540が要求している大量破壊兵器開発に転用可能な関連貨物に対する規制を行うことができなかった。そのため、2006年に外国為替令が改正され、輸出貿易管理令別表第1の2の項～16の項に該当する貨物であって、大量破壊兵器等の開発等のために用いられるおそれがある場合に、経済産業大臣の許可を受けることが義務づけ

られた[375]。具体的には、大量破壊兵器の開発等に用いられる旨の連絡を受けたときや、経済産業大臣から許可申請が必要である旨の通知（インフォーム）を受けたときには輸出許可が必要となる。なお、船積地域又は仕向地がホワイト国である場合には、対象とはならない[376]。

【仲介に関する規制：外国為替及び外国貿易法（抄）】

（役務取引等）
第25条：居住者は、非居住者との間で次に掲げる取引を行おうとするときは、政令で定めるところにより、当該取引について、経済産業大臣の許可を受けなければならない。
一　（略）
二　国際的な平和及び安全の維持を妨げることとなると認められるものとして政令で定める外国相互間の貨物の移動を伴う貨物の売買に関する取引

外国為替令
（役務取引の許可等）
第17条：（略）
2　法第25条第1項第二号に規定する政令で定める外国相互間の貨物の移動を伴う貨物の売買に関する取引は、次のいずれかに該当する取引とする。
一　輸出貿易管理令別表第一の一の項の中欄に掲げる貨物の外国相互間の移動を伴う当該貨物の売買に関する取引
二　輸出貿易管理令別表第一の二から一六までの項の中欄に掲げる貨物の外国相互間の移動を伴う当該貨物の売買に関する取引（当該取引に係る貨物の船積地域又は仕向地が同令別表第三に掲げる地域であるものを除く。）であつて、次のいずれかに該当するもの
　イ　当該取引に係る当該貨物が核兵器、軍用の化学製剤若しくは細菌製剤若しくはこれらの散布のための装置又はこれらを運搬することができるロケット若しくは無人航空機（ロにおいて「核兵器等」という。）の開発、製造、使用又は貯蔵（ロにおいて「開発等」という。）のために用いられるおそれがある場合として経済産業省令で定める場合に該当する場合における当該取引
　ロ　当該取引に係る当該貨物が核兵器等の開発等のために用いられるおそれがあるものとして経済産業大臣から許可の申請をすべき旨の通知を受けた場合における当該取引

(ⅱ)　**技術の移転に関する仲介**　　大量破壊兵器等の不拡散のためには、大量破壊兵器等の開発等が懸念される国（懸念国）に対して、大量破壊兵器等の開発等に転用可能な貨物を厳格に管理するだけでなく、大量破壊兵器等に関連する貨物の製造や使用等に係る技術が懸念国等に移転す

---

[375] 施行日は、2007年6月1日。
[376] 外国為替令第17条第2項第二号における「別表第3に掲げる地域」がホワイト国である。ホワイト国については前掲注（259）・（260）参照。

第4章　輸出管理の課題

ることがないよう管理することも重要である。しかしながら、現行の外為法では、我が国から直接的に提供される技術取引は規制の対象となっているが（第25条第1項第一号関連）、我が国企業等が関与する第三国間の技術取引については、規制の対象となっていない。すなわち、技術の移転に関する仲介取引は外為法による規制の対象となっていない。

　また、NC工作機械や三次元測定装置等は内蔵プログラムにより機器の性能が変化するため、プログラム如何によっては貨物の精度等を落とすことも可能であり、その場合、外為法上の輸出許可を要しない貨物となる。しかし、同貨物を海外の企業など第三者から調達したプログラムにより内蔵プログラムを改変することにより、高性能な機器となりうるため、輸出管理の実効性向上の観点からは、我が国企業等が関与した第三国間のプログラム等の技術取引を規制する必要がある。

　また、従来外為法は資金の移動の管理と取引を重畳的に規制してきたことから、現在の外為法においても、我が国からの大量破壊兵器等の開発等に転用可能な技術の移転や第三国間の貨物の移動を伴う規制に対しては、契約等商取引に関連したものに限定している（第25条第1項関連）。しかしながら、国際的な平和及び安全の維持の観点からは、契約等商取引以外の行為についても規制の対象とする必要がある。

　なお、大量破壊兵器関連の技術仲介等については、加盟国に大量破壊兵器等の不拡散のための措置を求める国連安保理決議1540においても管理を行うこととしている。

　(iii) **規制される仲介行為の内容**　第三国間の貨物の移動を伴う取引については外為法による規制の対象であることは述べたが、そこでいう取引の範囲は極めて狭い。すなわち、「外国相互間の貨物の移動に係る売買」とは、居住者が貨物の「売り」と「買い」の双方の当事者となる場合に限るものであり、これらのうち片方のみに留まる場合（又は留まる段階）においては、「許可を受けなければならない取引」に該当しない。ここでいう「売り」契約は居住者が非居住者に対し貨物を売る契約を指し、「買い」契約は居住者が非居住者から貨物を買う契約を指す。(i) 売買の予約、(ⅲ) 売買契約に係る取次（手数料等を受けるものに限らない。）、保証、融資等の取引、(ⅲ) 売買契約の履行行為、(ⅳ) 物流のみ

1 安全保障環境に対応した輸出管理制度

に携わる行為は、いずれも売買に関する取引にあたらない(377)。

しかしながら、外為法第25条第1項第二号では「外国相互間の貨物の移動を伴う貨物の売買に関する取引」(傍点筆者)となっており、売買契約の当事者となる場合だけに限られるかについては解釈上議論の余地もあろう。

国連安保理決議1540には、brokeringに関する定義規定はない。米国の武器輸出管理規則である国際武器取引規則(International Traffic in Arms Regulations：ITAR)では、仲介業者(broker)及び仲介行為(brokering activities)に関する定義規定がある。

ITARにおける定義(378)

> 仲介業者(broker)： 仲介業者とは、他者のために、軍事用貨物又は軍事用役務を契約、購入、売却、移転する交渉上又は調整上の代理人として活動し、見返りに対価又は手数料、その他の報酬を受け取る者を言う。
> 仲介行為(brokering activities)： 仲介行為は仲介業者として行為することを指し、融資や輸送、運送取次(乙仲)、その他由来にかかわらず軍事用貨物又は軍事用役務の製造、輸出、輸入を促進する全ての行為を含む。

この定義規定を念頭に置くと、ITARのbrokering activitiesには該当するが、外為法の仲介取引には該当しない行為についても規制の是非やそのあり方についても検討する必要があろう。ただし、「対外取引に対し必要最小限の管理又は調整を行う」という外為法の目的(外為法第1条)を踏まえれば、そうした行為は「対外取引」には該当しないとも解され、その場合は通過規制と同じく新たな立法措置が必要となろう。

(3) 法人に対する処罰のあり方

① 法人重課規定の導入　　2006年から2007年にかけて、我が国を代表する企業による悪質な外為法違反事件が続発したが、現行の外為法では、法人の業務活動に関連して行われた無許可での貨物の輸出及び技術の提供に対する罰則は、自然人の罰金額に連動する両罰規定に留まり、法人の資本力や売上高等にかんがみて、現行の両罰規定による罰金額で

---

(377)「外国為替及び外国貿易法第25条第1項第2号の規定に基づき許可を要する外国相互間の貨物の移動を伴う取引について」(平成18・12・18貿局第3号)。
(378) International Traffic in Arms Regulations (ITAR) §129.3.

は十分な抑止力を果たしているとは言えない。独占禁止法や不正競争防止法等の外為法以外の経済法令においても、法人による違法行為に対する有効な抑止力とするために法人重課規定の創設が行われていること、外為法の法目的である国際的な平和及び安全の維持を実現する上でも、違反行為に対する十分な抑止力が必要であることを踏まえ、外為法においても無許可での貨物の輸出及び役務の提供に対して法人重課規定を導入することが必要であると考えられる。

　② **三罰規定の導入**　「マレーシア等向け三次元測定機不正輸出事件」や「イラン向けジェットミル不正輸出事件」は、代表権を有する社長らが関与して無許可輸出を積極的に行っていた悪質な事件であった。輸出管理の最高責任者である代表者にとっては、会社の経営危機の打開や会社の業績向上等のため、従業員等による無許可輸出等に係る計画又は行為を黙認するようなインセンティブが働く場合がある。

　独占禁止法では、三罰規定に基づき、私的独占や不当な取引制限（カルテルや入札談合等）に係る違反行為が行われた場合、当該法人及び違反行為者に加えて、違反計画又は違反行為を知って防止又は是正を行わなかった代表者に対しても、罰金刑が科されることとなっている。これは、株主代表訴訟による民事面のみならず、刑事面においても、代表者自身に対してコンプライアンスの徹底を促すものである。

　他方、安全保障貿易管理の分野においても、その違反行為は、国際的な平和及び安全の維持を脅かすものであり、経営者による安全保障貿易管理に対する自覚と法令遵守が必須である。その中で、無許可輸出等に係る計画や行為を知りながら防止・是正措置を行わないのは到底許容されるものではなく、また、外為法の保護法益である国際的な平和及び安全の維持は、独禁法の保護法益（公平かつ自由な競争）に比しても、決して小さいものではない。したがって、経営トップによる積極的な輸出管理への関与を促すためにも、三罰規定の導入が必要である。

【三罰規定を導入している法律】

> 独占禁止法（第95条）、労働基準法（第121条）、航空法（第154条2項）、食品衛生法（第77条）

1　安全保障環境に対応した輸出管理制度

（4）通常兵器に係る補完的輸出規制の導入

　現在のキャッチオール規制は、大量破壊兵器の開発等のおそれがある場合には非リスト規制品目であっても輸出許可を必要とする制度であり、通常兵器に使用されるおそれがある非リスト規制の貨物又は技術については規制されていない[379]。ワッセナー・アレンジメント（WA）では、2003年に非リスト規制品であっても国連武器禁輸国等に対して軍事用途に用いられるおそれがある場合には規制対象とすることに合意している。こうした制度は既にEUにおいて導入されているが、我が国も通常兵器への利用を規制する非リスト品目の導入に向けた検討を進め、2008年11月から通常兵器に係る補完的輸出規制として導入される。

　通常兵器に係る補完的輸出規制の仕組みは次のようになっている。

　まずキャッチオール規制の対象品を規定していた輸出貿易管理令別表第1及び外国為替令別表の16の項が特定の32品目とそれ以外の品目に区別される。

>　16の項（2008年11月以降）
>　(1)　特定32品目[380]
>　(2)　関税定率法別表第25類から第40類まで、第54類から第59類まで、第63類、第68類から第93類まで又は第95類に該当する貨物又は技術（リスト規制及び(1)に該当する貨物又は技術は除く）

　なお、キャッチオール規制は(1)及び(2)双方が対象である（16の項(1)と(2)を合わせれば、改正前の16の項となる）ため、16の項が分割されても規制内容に変化はない。

　次に輸出貿易管理令に別表第3の2が新設され国連武器禁輸国等が規定される。

>　国連武器禁輸国等（輸出貿易管理令別表第3の2）
>　アフガニスタン、コンゴ民主共和国、コートジボワール、イラク、レバノン、リベリア、北朝鮮、シエラレオネ、ソマリア、スーダン

---

[379] 非リスト規制品であれば、通常兵器に使用されるおそれがある場合にとどまらず、通常兵器に使用される場合も規制対象外（許可不要）である。
[380] 輸出貿易管理令別表第1や外国為替令別表には具体的な品目が列挙されているがここでは省略する。

① **ホワイト国向け輸出の場合**　キャッチオール規制と同様に規制対象外である(381)。

② **国連武器禁輸国等（別表第3の2掲載国・地域）向け輸出の場合**
16の項(1)、(2)のいずれの品目を輸出する場合にも客観要件、インフォーム要件のいずれかに該当した場合、輸出許可が必要となる。ただし、客観要件は用途要件のみが規定され、需要者要件は規定されていない。客観要件、インフォーム要件ともにキャッチオール規制と基本的に同義であるが、通常兵器に係る補完的輸出規制の場合、貨物等が通常兵器の開発等に使用される情報を入手した場合が客観要件該当となる(382)。

③ **①及び②以外の国向け輸出の場合（非ホワイト国・非国連武器禁輸国等向け輸出）**　16の項(1)のみが対象であり、かつインフォーム要件のみが規定されている。すなわち③の場合に客観要件の確認は不要である。

以上をまとめると輸出者が客観要件を確認する必要がある場合は国連武器禁輸国等向け輸出に限られ、また確認する客観要件も用途要件に限られ、需要者要件の確認は不要である。

（参考）　キャッチオール規制と通常兵器に係る補完的輸出規制の比較

	輸出令別表第1 外為令別表 対象品目	対象地域	規制要件		
			インフォーム要件	客観要件	
				用途要件	需要者要件
キャッチオール規制	16の項(1)、(2)	非ホワイト国	○	○（大量破壊兵器の開発等）	○
通常兵器に係る補完的輸出規制	16の項(1)、(2)	国連武器禁輸国等	○	○（通常兵器の開発等）	―
	16の項(1)（特定32品目）	非ホワイト国・非国連武器禁輸国等	○	―	―

---

(381) ホワイト国については前掲注(259)(260)参照。
(382) キャッチオール規制における客観要件（用途要件・需要者要件）については第2章2（3）①「客観要件」参照。

1 安全保障環境に対応した輸出管理制度

　なお、非リスト品目規制では既に大量破壊兵器等を対象としたキャッチオール規制（大量破壊兵器キャッチオール規制）があるので、その範囲を通常兵器にまで拡大することも考えられたが、それには以下のような問題点があり単純な大量破壊兵器キャッチオール規制の拡大は困難なことから品目や対象国を限定したり、インフォーム要件に限定するといった制度となったと思われる。

　第一に、現行のリスト規制からも明らかなように対象となる貨物又は技術の範囲が膨大なものとなる[383]。第1章で紹介したように大量破壊兵器にはいくつもの種類があるものの、通常兵器と比較すればはるかに少ない。大量破壊兵器キャッチオール規制と同じ基準で「通常兵器に使用されるおそれ」を規制範囲とすれば、その対象は大量破壊兵器とは比較にならないほど広範となる。

　第二に、開発、製造、保有等が国際法的に違法化されている大量破壊兵器と、合法である通常兵器と同列には扱えないことが指摘できる。すなわち、開発等が違法な大量破壊兵器であればある程度広範に開発等に転用される「おそれ」を認定し、そうした輸出を未然に防止することが、拡散防止上も好ましいものとなるが、種類の多い通常兵器ではどのような場合を懸念するのかについての議論が不可欠である。したがって運用にあたっては、例えば、WA の趣旨である通常兵器の過度な蓄積や地域的な不安定化を招くといった観点から、どのような場合に輸出許可申請が必要であるか、また許可申請があった際に、どのような場合に許可をするか、又は不許可にするかといった判断基準を大量破壊兵器キャッチオール規制とは別に検討することが不可欠である[384]。いかなる通常兵器に使用されるおそれ場合も全て輸出を禁止すべきだという議論は論理的でも現実的でもない。また、我が国以外から容易に入手できる貨物

---

[383] 現在のリスト規制では、輸出貿易管理令別表第1又は外国為替令別表で規制されている貨物（技術）のうち2～4項が大量破壊兵器関連貨物（技術）、5～15項が通常兵器関連貨物（技術）となっている。前述76頁参照。

[384] 「ワッセナー・アレンジメント合意による非リスト品目向け規制について（『通常兵器キャッチオール』）」安全保障貿易管理小委員会第6回制度改正 WG（2006.12）。

第4章　輸出管理の課題

や技術の場合、効果も疑問である。

　第三に、WAでは国連武器禁輸国等に対象を限定しているが、WAで合意した「地域的な武器禁輸国」の解釈である。我が国は武器輸出三原則等により、我が国単独で事実上の武器禁輸を実施しているが、これをそのまま通常兵器に係る補完的輸出規制に当てはめれば、対象は全世界となる。他方、WAで合意した以上の規制を我が国が単独で実施することの意味を考える必要がある。いかなる規制であっても輸出者には負担となる。一方で、他国から容易に入手できる貨物や技術を規制しても国際安全保障全体から見れば効果はない。規制には費用対効果の観点は不可欠であり、輸出者に膨大な負担をかけて効果が乏しいといった制度は無意味である。

　第四に、第一の点と関連するが、大量破壊兵器キャッチオール規制では外国ユーザーリスト及び懸念貨物例を輸出者に対する参考情報として提供している(385)。通常兵器に係る補完的輸出規制で同種の情報提供をすることは不可能である。なぜなら、「外国ユーザーリスト通常兵器版」は「世界防衛産業一覧」と同じである。こうした企業との取引をどう警戒すべきなのかどうかについて第二の点から基準を示すことができない。「懸念貨物例リスト通常兵器版」は膨大な通常兵器の何を特に懸念するのかといった検討が不可欠であり、懸念される通常兵器は対象国ごとに異なることは言うまでもない(386)。

2　形式的な輸出管理の防止

（１）政府職員が自ら使用する武器

　外為法第48条第１項によれば規制貨物を「輸出しようとする者」は、経済産業大臣の許可が必要である。これは政府機関であっても例外ではない。政府機関における唯一の例外は、経済産業大臣が輸出者である場合で、この場合には輸出許可は不要である（輸出貿易管理令第12条第１

---

(385) 前述第２章２（３）【コラム９：外国ユーザーリスト】、【コラム10：懸念貨物例リスト】参照。
(386) 例えば、国連武器禁輸国に指定されているアフリカの国々がステルス戦闘機を購入することが懸念されるだろうか、といったことを想起したい。

項)。政府機関の行為は各々独立していることから、それぞれの活動を輸出管理の面から経済産業大臣が確認し、輸出許可を与える現行制度の仕組みは基本的に妥当であると考える。

しかしながら、いくつかのケースではこうした許可制度が形骸化、又は無意味になる事例がある。現下の国際情勢が劇的に変化しない限り、近い将来、輸出管理業務は増大こそすれ、減少することは想定されないことから、業務の効率化の観点から、こうした場合にも例外なく許可が必要であるかどうかについて、今後検討が必要であると思われる。

① 「武器輸出」？　2005年5月、違法操業を捜査しようと韓国漁船に海上保安官が立入検査をしようとしたところ、韓国漁船は海上保安官を乗せたまま逃走した。こうした検査は我が国の排他的経済水域における韓国漁船の不法操業の取締の一環として行われたものであり、本件は海上保安官を乗せたまま逃走するという悪質なものであった[387]。

韓国漁船に乗り込んだ海上保安官が拳銃や防弾チョッキ等の武器を携行していたかについては定かではないが、仮に武器を携行していた場合、外為法上の輸出に該当するのであろうか。

そもそも輸出とは貨物を外国に向けて送付することを指す[388]。外国とは我が国以外の地域をいう（外為法第6条）。すなわち我が国以外の地域に貨物を送り出すことにより輸出が生起する。送り出す形態は様々であり、手荷物でも輸出に該当することから携行した武器でも同様に輸出に該当すると考えられる。

しかしながら、こうした解釈論に意味があるだろうか。形式的に輸出に該当することを全て管理することが、輸出管理の目的である、「我が国又は国際社会の平和及び安全の維持」（外為法第1条）に合致するかどうかが問われなければならない。

② 類似のケース　①の議論を一般化すると、海上保安官、警察官、自衛官が任務で他国（外国籍の船舶又は航空機に乗り込むことを含む）に武器を携行することは外為法上の輸出に該当すると整理できる。その他、

---

[387] 海上保安庁『海上保安レポート2006』（国立印刷局、2006）4、39頁。
[388] 外国為替研究グループ・前掲注（329）526頁。

第 4 章　輸出管理の課題

本件と類似のケースとして任務の遂行のために武器を携行している例を挙げれば、以下のような事例が考えられる。

(i)　**海上保安庁関係**
・違法操業取締や麻薬取締のため、容疑船舶に乗船した際の発砲（韓国漁船に立入検査した海上保安官の例）

(ii)　**警察関係**
・外国籍ハイジャック航空機突入時の武器の携行
・スカイ・マーシャル（民間航空機に警察官が警乗する制度[389]）（拳銃や防弾チョッキを携行して日本籍の航空機に乗り込むこと自体は輸出に該当しないが、国際線で目的地において当該警察官が拳銃や防弾チョッキを携行して航空機を降りれば、当該目的地への輸出に該当）

(iii)　**自衛隊関係**
・PKO 等において自衛官が携行する武器
・日米物品役務相互提供協定（ACSA）に基づく自衛隊から米軍への物品・役務の提供（自衛隊と米軍が相互に物品や役務を提供する ACSA に基づく、提供行為も我が国領域内又は公海上等において米国（米軍）への輸出に該当する[390]）
・邦人輸送に向かった輸送機に乗り込んだ自衛官が、現地でゲリラの攻撃を受け輸送機を防護するため、又は正当防衛のために輸送機を降りて輸送機を防護する行為（輸送機自体、又は武器を輸送機に積んだまま積み下ろさなければ、輸出に該当しないため輸出許可は必要ではないが、携行武器を積み下ろす（飛行機から降りてゲリラ等の攻撃から邦人や輸送機を防護する）行為は輸出に該当する）
・遠洋航海中の護衛艦が途中で故障したため、一部部品を日本から輸送して交換する（または、護衛艦に積んでいた修理用部品で修理する）場合、故障部品を護衛艦から取り外す行為及び修理用の部品を送付する行為（護衛艦自身が遠洋航海することは輸出に該当しないため、輸

---

[389] スカイ・マーシャルについては警察庁「焦点第271号――厳しさを増す国際テロ情勢」（2005.12）（http://www.npa.go.jp/keibi/kokutero1/japanese/0504.html）（最終訪問日：2008年7月29日）参照。
[390] ACSA については防衛庁・前掲注（32）139頁参照。

出許可は不要であるが、海外で故障して護衛艦から外した部品及び修理のために追送する部品は輸出に該当する。故障した後に当該部品について輸出許可を取得すればそれで足りるが、それでは手続に要する時間は護衛艦は修理できない不便が生じる。したがって、「故障する可能性がある部品」（つまり全ての部品）には出港前に輸出許可を取得することになる）

③ **共通する特徴**(391)　　上記例に共通する特徴は、

1) 貨物の最終需要者が行政機関自身であり、最終需要者は明らか（ACSA では最終需要者は米軍なので当てはまらないが、最終需要者が明確であることは同様）
2) 上記行政機関は武器の輸出以前の問題として、自らの行動には法的根拠が必ず必要であり、その際の武器の使用については厳重な法的制限があり、その妥当性は輸出管理ではなく武器使用そのものの妥当性が必ず問われる（例えば、発砲であれば警察官職務執行法によりその妥当性が問われる。また、PKO 等では携行する武器は、予め閣議で決定されている。）
3) 上記根拠は、基本的には上級機関からの命令又は任務という形態を取っている。例えば、自衛隊の行動は閣議決定や防衛大臣の命令を受けて行われるものである。
4) したがって、貨物の「輸出」を認めないことは、政府全体としてみた場合には極めてナンセンスである。例えば、自衛隊が PKO で携行する武器は閣議決定で決められているが、経済産業大臣がこの決定を覆すことが政府全体として見た場合には想定しがたい。
5) さらに、これらの行動は、まさに外為法の目的である「我が国又は国際社会の平和及び安全の維持」に合致するものではないか。

④ **自衛隊、海上保安庁、警察の活動に関する輸出許可の要否**
1) 輸出許可を求めることの利点
輸出許可を求めることの利点として挙げられることは、法的安定性で

---

(391) こうした行為に当てはまらない政府機関の行為の例としては、ODA による海外への巡視艇の供与が挙げられる。

第4章　輸出管理の課題

ある。いかなる理由であれ違法輸出を黙認しては制度の正統性が問われる。したがって、明示的に輸出許可が不要であると例外化されていない限り、輸出許可を求めることが必須である。

2）輸出許可を求めることの欠点

　武器輸出三原則等を踏まえれば、「武器の輸出」は原則として不許可となる。しかし、③を踏まえた場合、政府として不許可処分をすることが妥当であろうか、また可能であろうか。

3）考察

　以上を踏まえれば、上記③に当てはまるような政府機関の行為は、明示的に輸出許可が不要なものとすべきではないかと思われる。こうした例外措置がない状況で当面困ることはないが、実際に「輸出」が生起したときに、形式的な「無許可輸出」を黙認する事態は外為法体系全体の信頼性を揺るがすおそれがある。また、形式的な審査に貴重な審査官を投入することは資源配分の点からも疑問がある。他方、これら政府機関を「無許可輸出」として糾弾することは、あまりに非現実的であり、外為法の目的からも全く不要なことである。具体的には、許可を必要としない輸出は、輸出貿易管理令第4条に特例として規定されている。ただし、武器輸出は特例の適用が認められていない。

輸出貿易管理令（抄）

> 第4条　法第48条第1項の規定は、次に掲げる場合には、適用しない。ただし、別表第1の1の項の中欄　に掲げる貨物については、この限りでない。
> 　二　次に掲げる貨物を輸出しようとするとき。
> 　　ヘ　無償で輸入すべきものとして無償で輸出する貨物であつて、経済産業大臣が告示で定めるもの

　同様に役務取引においても外国為替令第17条第4項に「経済産業大臣が当該取引の当事者、内容その他から見て法の目的を達成するために特に支障がないと認めて指定したもの」については許可が不要である旨、規定している。同項は別表第1の1を適用除外としていないので武器関連の取引も適用対象となっている。

　そこで、輸出貿易管理令第4条ただし書「別表第1の1…は、この限りでない」を削除し、武器輸出でも特例の適用が認められるようにした

2　形式的な輸出管理の防止

上で、上記③のような武器輸出を告示で定めることが考えられる。輸出貿易管理令では特例の考え方が示されていないが、外国為替令第17条第4項と同様の考え方を取れば「当該輸出の当事者、内容その他から見て法の目的を達成するために特に支障がない」場合には、特例の適用を認めて輸出許可が不要な場合とすべきである。

(2) 過剰なインフォームの防止

　キャッチオール規制においては、経済産業大臣から輸出許可が必要である旨の通知(インフォーム)を受領した場合、貨物の種類や仕向地の如何を問わず、輸出許可が必要となる。しかしながら、憲法で保障されている営業の自由、ひいては「輸出の自由」の原則の下、政府当局が輸出者に対して、輸出しようとする貨物が外為法をはじめとする輸出関連法規の対象となる合理的な理由を説明できなければ、原則として貨物の輸出は認められるものである。すなわち、現行のキャッチオール規制に基づくインフォームの場合、輸出されようとする貨物が、大量破壊兵器の開発等に転用され得ることについて合理的な懸念がない場合、そもそも輸出管理当局は輸出許可が必要である旨の通知をしてはならない(輸出管理当局が輸出者に対して輸出許可が必要である旨の通知をすることを「インフォームをかける」という。)。また、たとえインフォームをかけた結果、輸出者から輸出許可申請があった場合、懸念が払拭できないことを輸出者へ輸出管理当局が合理的に説明できると判断しない限りは、輸出者からの輸出許可申請は原則として許可されて然るべきである。実際には非公開の情報等も利用して判断する輸出許可申請の審査の性格上、輸出者に対して個別に不許可の理由を明示することは考えがたい。しかしながら、輸出者は不許可処分が不服の場合、取消請求等の行政訴訟を提起することが可能である。現時点において、インフォームに基づき、輸出許可を必要とした場合で、政府が不許可処分としたことに対する取消請求等の行政訴訟が提起された事例はないが、訴訟においては輸出管理当局の判断の妥当性が争点となることは想像に難くない。したがって、輸出管理当局がインフォームをかける際には、その合理性や妥当性について慎重な判断が求められるのである。

第4章　輸出管理の課題

　キャッチオール規制において、輸出管理当局がインフォームをかける場合、当該輸出貨物がどの程度大量破壊兵器等の開発等に転用の危険性がある場合にインフォームをかけるかについての条文上明確な基準は存在していない。輸出貿易管理令第4条では、その貨物が核兵器等の「開発、製造、使用又は貯蔵のために用いられるおそれがある」と政府が判断した場合に、インフォームがかけられる(392)。したがって、基準として考えられるものは、第一に「開発、製造、使用又は貯蔵」に用いることが可能であるか、第二にそのおそれの程度である。

　第一の論点では、例えば、大量破壊兵器等に使用する原材料を運搬することが可能なのでという理由だけでトラックにインフォームをかけられるか、ということが考えられる。運搬は「開発、製造、使用又は貯蔵」には含まれないと解されるため、こうした観点からインフォームをかけることは不可能であるとされる。大量破壊兵器の原材料を運搬したのであれば、それは「開発」又は「製造」の一部ではないかと解することも可能かと思われる。しかしながら、こうした解釈を許容すれば、当該要件は限りなく広がってしまい、要件としての意味がなくなってしまう。あくまでも「開発、製造、使用又は貯蔵」に直接関係するもの、すなわち当該貨物自体が「開発、製造、使用又は貯蔵」に使用することが可能な場合に限定されるべきである。

　第二の論点では、例えば、ある貨物が核兵器等の開発等に使用可能である場合、全ての輸出に対してインフォームをかけるのか、という論点である。もし、そのような運用をすればそれはリスト規制とすべきであり、インフォーム制度は形骸化してしまう。また、正常な貿易を阻害する危険性が非常に高い。例えば、迂回輸出の懸念があると判断する場合は、単に迂回輸出をすることが「可能」なだけでは全ての輸出が該当してしまいかねないので、具体的な迂回の懸念を示せることが必要であることは言うまでもない。第3章で紹介した「北朝鮮向けタイ経由迂回輸出事件」では直流安定化電源装置がタイ経由で北朝鮮に輸出されようとした。だからといって、タイ向けの直流安定化電源装置の輸出に全てイ

---

(392) 技術の提供の場合は、貿易外省令第9条第1項第四号に同様に規定がある。

ンフォームをかけてしまうことは妥当ではない。やはり事件になった当該輸出には当該輸出固有の懸念があったからであり、機械的には判断できない。また、本件を踏まえればタイ向けだから直流安定化電源装置の輸出は全て懸念がないとも言えないことは自明である。

　これらのことから、インフォーム制度を適正に運用していくためには、輸出貨物の大量破壊兵器等の開発等への転用可能性、及びその貨物の大量破壊兵器開発等における重要性を把握した上で、仕向地の大量破壊兵器等の開発等の懸念度、迂回輸出の懸念、大量破壊兵器等の開発等に関与している過去や可能性があるか等の輸入者や最終需要者の懸念等を個別の輸出ごとに総合的に判断する必要がある。これらの分析を経ずに機械的に判断するとインフォームの乱発、又は懸念輸出を見逃す危険がある。したがって、真に懸念ある輸出を発見するためには、政府の情報収集や分析の能力向上が欠かせない（後述3「輸出管理の実効性向上──キャッチオール規制における情報収集・分析体制の充実」参照）。

3　輸出管理の実効性向上──キャッチオール規制における情報収集・分析体制の充実

　第2章2（3）で述べたように、我が国では2002年4月にキャッチオール規制が導入された。キャッチオール規制の効果的な運用のためには、以下の2点が重要となる。第1に、輸出者が客観要件を判断する際に適切な判断基準を提供すること、第2にインフォーム要件の実効性を確保することである。

（1）客観要件の課題

　客観要件の判断に関しては、既に述べたように経済産業省は「輸出者等が『明らかなとき』を判断するためのガイドライン」（明らかガイドライン）を公表し、他にも大量破壊兵器等の開発等への関与が懸念される最終需要者を掲載した「外国ユーザーリスト」、及び大量破壊兵器等への転用懸念が強く、特に注意するべき40品目の貨物を例示した「大量破壊兵器等の開発等に用いられるおそれの強い貨物例」（懸念貨物例リスト）を公表している。また、経済産業省は輸出申請の要否に迷う輸出者に対

して「事前相談制度」を設け、申請の可否を文書で回答している(393)。

実際に輸出者が客観要件に該当すると判断した場合、又は経済産業省が客観要件に該当すると回答として輸出許可申請があった場合には、経済産業省において審査が行われるため、客観要件が適切に判断されている限りは大量破壊兵器等の開発等に用いられるおそれのある輸出が実際に行われる場合は少ないと考えられる。

こうした客観要件のあり方をもう一度見直してみたい。2002年にキャッチオール規制を導入する際には、輸出者にとって安全保障上の懸念情報の入手方法が分からない、又は困難だといった問題が指摘された。キャッチオール規制導入前の産業構造審議会安全保障貿易管理小委員会において、懸念企業リストの公表に関する要望があり（第一回小委員会：2001.10.19)、こうしたリストの公表が特に中小企業の輸出管理に有益である旨の指摘があった（第二回小委員会：2001.11.7）。こうした議論が反映され、2001年12月に発表された安全保障貿易管理小委員会の「大量破壊兵器の不拡散のための輸出管理の今後の方向」（輸出管理の今後の方向）においては、「輸出者が効率的に自主管理を行うことにより規制の実効性を高めるという観点から、輸出する貨物の用途、取引の態様等について慎重な調査が行われるべき外国ユーザーリストを輸出管理当局が積極的に提供すべきである」と提言されている(394)。したがって、こうした情報を提供してきたことには一定の意義があったと言えよう。

しかし、第1章で述べた内容は全て公開情報であり、インターネット等を利用すれば様々な懸念情報が入手できる。また、これらのリストの公表は懸念輸出者にとっては「企業の名称を変更すれば調達できる」といったメッセージを送っていることや、大量破壊兵器等の開発等に必要な貨物の「ショッピングリスト」を提供しているに等しい危険性があり、リストの内容を充実すればするほど、この危険性は明確になってくる。さらに、これまで述べてきた客観要件の規定は実体上、「外国ユーザーリスト」及び「懸念貨物例リスト」だけをチェックする「事実上の」リ

---

(393) 木原・前掲注（73）148頁。
(394) 産業構造審議会 安全保障貿易管理小委員会・前掲注（62）10頁。

スト規制と同様の効果をもたらす危険性がある。すなわち、「外国ユーザーリスト」に掲載されていない企業向けの輸出や、「懸念貨物例リスト」に掲載されていない貨物であっても、本来であれば大量破壊兵器等の開発等に用いられるものであれば経済産業大臣の許可を得ることが必要であるが、「明らかガイドライン」と相俟って、詳細に輸出者が確認すべき事項を定めた結果、「『外国ユーザーリスト』や『懸念貨物例リスト』に該当しなければ大丈夫だ」との誤解を与えかねない危険性を秘めている。これはキャッチオール規制の趣旨を没却しかねない問題であり、現行の制度はあくまで過渡的なものであると認識すべきである。輸出者の判断基準、具体的には「明らかガイドライン」の充実を図ることが正攻法である。何よりも危険なことは輸出管理当局が「規制をしたつもりになる」ことである。

　なお、前述の「輸出管理の今後の方向」では、「(懸念需要者の) リストを国際輸出管理レジーム加盟国で共通化し、公表することも今後政府においてよく検討すべきである」とも提言されている[395]。しかしながら、輸出管理レジームにおける情報交換は公開することを前提としていないため、たとえ共通のリストを作成しようという動きがあったとしても、その公表に対して諸外国の理解を得ることは難しい。つまり公開情報を前提とするならば、各国が (又は各個人が) 公開情報を分析すれば足りるため、共通のリスト化は不要であるという議論となろうし、秘情報を前提とすれば結果を公開できない。公開を前提とした対応は機微な情報交換を阻害する要因として働く可能性があることにも留意する必要がある。特に情報機関ではない経済産業省がこうした情報を扱う際にはより一層の慎重さが求められる (後述 (3 (2)「インフォーム要件の課題」参照)。実際、欧米諸国で我が国と同様に「外国ユーザーリスト」や「懸念貨物例」に相当する制度を採用している国はなく、わずかに米国が懸念需要者を記載した Entity List を公表しているだけである[396]。

---

(395) 同上。
(396) なお、「輸出管理の今後の方向」では、独の Early Warning List も指摘されているが、このリストは非公開である。こうした懸念輸出者リストを作成すべきかという論点と、そのリストを公開すべきかという論点は、それぞれ別個の論点で

第4章　輸出管理の課題

(2) インフォーム要件の課題

　インフォーム要件の効果的な運用のためには、税関による水際でのチェックが不可欠である。水際での厳格なチェックによって違法な輸出を未然に防止することができる[(397)]。しかしながら、毎日大量の貨物の輸出が行われる税関において、全ての貨物の性能や仕様等の確認は事実上不可能である。したがって、懸念輸出に関する効果的かつ効率的なターゲティングが不可欠である。こうしたターゲティングのためには政府部内、具体的には輸出管理当局である経済産業省及び水際での取締をする税関（さらに捜査当局である警察や海上保安庁）が、Ⅰ懸念貨物、Ⅱ懸念輸出者、Ⅲ懸念需要者、に対する情報を共有していることが重要である。

　① **懸念貨物に関する分析**　まず、Ⅰに関しては経済産業省及び税関等がいかなる貨物がいかなる懸念用途に用いられる危険性があるのかに関する知識を有しておく必要がある。もちろんこうした知識は輸出者も共有できることが望ましい。例えば、「技術情報等の適正な管理の在り方に関する研究会報告書」では、米国が公表している軍事機微技術リスト（MCTL）を参考としながら、我が国でも機微技術に関するリスト又はガイドライン等を整備することを検討するよう提言している。それによって法制度による硬直的な規制を回避しつつ、企業の自主的な安全保障への取組を促進でき、同時に安全保障上懸念が生じうる民生技術の拡散防止に役立つと指摘する[(398)]。問題はこうした知識を「誰が有しているか」である。軍事に関する専門的知識を有しているわけではない経済産業省や税関等が、こうした専門的知識を有する者及び機関との連携を図ることが、経済産業省や税関等の能力向上に不可欠であることは言うまでもない。一般的に貨物の軍事用途については自衛官が詳しいのではないかと期待される[(399)]。確かに防衛省との有機的な連関を図ることができればこうした知識を身につける上で有益であると考えられる。し

ある。
(397) 木原・前掲注（73）149頁。
(398) 技術情報等の適正な管理の在り方に関する研究会・前掲注（369）58頁。
(399) 志方俊之「安保輸出管理は省庁横断の体制で」（2006．2．27付産経新聞11面）。

かしながら、自衛官であればすべからく必要な知識が備わっているわけではない。特に、民生品の軍事利用については高度な専門知識が必要であり、そうした訓練を受けている人員は極めて少ない。また、核兵器など自衛隊で保有していない兵器については専門家が皆無であり、育成から始める必要がある(400)。防衛省には研究開発機関である技術研究本部（技本）があり、その人材の活用を検討してもよいだろう(401)。もちろん、我が国民間企業は民生技術の動向には詳しいと思われるが、その技術の軍事転用についての知見は少ない。したがって、重要なことは民生用途の専門家（すなわち民間企業や学者等の専門家）と軍事用途の専門家（防衛省の専門家）が情報交換し、議論できる場の設定であると言える。こうした情報交換は輸出管理に有効なだけでなく、防衛省や民間企業、学界の双方にとって有益なことであると思われる。

　② **懸念輸出者及び懸念需要者に関する情報共有**　キャッチオール規制が導入された背景には貨物の性能だけに着目し、規制の枠組みを決めるのでは、もはや有効な輸出管理はできないということであった。すなわち、同一の貨物でも大量破壊兵器等の開発等にも使用できれば、民生用途にも使用できるということである。リスト規制に関する見解であるが、軍事用にも民生用にも使用可能な汎用品に関する輸出許可の是非は「その性能、品質、最終使用目的、転用可能性、国際情勢等を踏まえ」判断するとし、「同様のものであってもそうした要素が異なる場合には…結論が変わることはあり得る」ものである(402)。したがって、貨物の

---

(400) この点については、①自衛隊は民生品の軍事利用の可能性には詳しくない（傍証として防衛省調達品の民生品の利用割合が非常に低いこと、自衛隊は実質的には装備品の仕様書を書かないこと（仕様書はメーカー任せなのが実態）を想起したい）。②また、自衛官の専門分野は高度に細分化されており、自らの専門分野以外には対応できない可能性がある。③さらに、②を踏まえ自衛隊が保有していない装備品（例えば核兵器）になると公開資料の範囲内での対応と大差ない。④自衛隊がどのような装備品を有しているかには詳しいものの、他国の装備品（特に自らが使用しない中国やロシアの装備品）や装備品開発の関心事項となると一般論の域を出ない、などの問題がある。

(401) 例えば、輸出許可申請を審査する経済産業省安全保障貿易審査課には、技本からの出向者がいる。

第4章 輸出管理の課題

機微度の知識だけでは不十分であり、有効なキャッチオール規制の運用には懸念輸出者や懸念需要者に関する情報が不可欠である。こうした情報を適時、的確に入手できるかどうかが有効な輸出管理の鍵となる。もちろん輸出管理当局である経済産業省も過去の輸出許可等から独自の分析を行っているが、情報機関ではないためその能力には自ずと限界がある。内外関係機関との協力が不可欠である。

米国会計検査院（General Accounting Office：GAO）の報告によると、国際輸出管理レジームでは懸念国の調達動向やフロントカンパニー、ブローカー等の情報交換を行っている。また、輸出許可申請を拒否した場合（不許可処分にした場合）、他のレジーム参加国に拒否情報を共有することで、他のレジーム参加国が同一案件で同一歩調を取る（すなわち、同一の許可申請があった場合に不許可にする）ことが期待されている（「ノー・アンダーカット・ポリシー」）。国際輸出管理レジームではこうした情報共有を図っているが、それでも GAO は更なる情報交換をレジーム国間で進めることが必要であると提言している[403]。

我が国国内での情報共有はどうであろうか。PHP 総合研究所は、その報告で、「硬直的な官僚制のために横の連絡が悪く、異なる官庁・組織間並びに同一官庁・組織内の異なる部署の間でのインフォメーションやインテリジェンスの共有が十分でない[404]」と指摘している。政府部内には官房長官が議長を務める内閣情報会議、及び内閣官房副長官（事務）が議長を務める合同情報会議がある[405]。これらを構成する省庁が

---

[402] 昭和62年8月20日 衆議院・本会議 田村通産大臣答弁（第109回国会衆議院会議録第10号224頁（1987.8.20））。

[403] General Accounting Office (GAO), "Nonproliferation - Strategy Needed to Strengthen Multilateral Export Control Regimes", pp.9-16, *supra* note 51. また、Michael A. Levi, Michael E. O'Hanlon "The Future of Arms Control" (Brookings, 2005) pp.68-70 でも輸出管理の改善策の第一として、上記 GAO 報告を引用しながら情報共有の強化を指摘している。

[404] PHP 総合研究所「日本のインテリジェンス体制変革へのロードマップ」（2006.6）4頁（http://research.php.co.jp/research/foreign_policy/policy/data/seisaku01_teigen33_00.pdf）（最終訪問日：2008年7月29日）。

[405] 内閣情報会議は我が国又は国民の安全に関する国内外の情報のうち、内閣の重要政策に関するものについて、関係行政機関が相互に緊密な連絡を行うことによ

「情報コミュニティ」を形成しているが、輸出管理当局である経済産業省や税関、海上保安庁はこれらのメンバーではない(406)。政府部内の情報は内閣情報調査室（内調）に集約されている。しかしながら、内調は情報を集約するのみで、自らの情報を各省庁と共有する姿勢が弱いと批判されている(407)。第1章で述べたように、「大量破壊兵器の拡散」や「テロとの戦い」といった時代においては安全保障の担い手はこれら伝統的な「情報コミュニティ」に限られない。今や輸出管理当局をはじめ、水際で貨物の輸送を阻止する税関、海上保安庁、またマネーロンダリングの観点からは金融庁等が最前線にあると言える。こうした法執行当局に適切な情報が共有されなければ、拡散を阻止することはできない。具体的には、「情報コミュニティ」内で拡散に関する懸念情報、例えば、ある者が我が国で大量破壊兵器開発のために貨物を調達しようとしているといった情報、を入手した場合、これらの法執行当局に情報が共有されなければ、輸出許可申請の審査や通関等を素通りしてしまい、結果的にこうした拡散を阻止できない(408)。「安全保障と防衛力に関する懇談会」の報告書においても、「衛星等の技術的手段により入手した画像情報、電波情報などは、周辺諸国の軍事動向を把握するために有用である

  り総合的な把握をするため設置されているもので、官房長官以下の委員は官房副長官（政務・事務）、内閣危機管理監、内閣情報官、警察庁長官、防衛事務次官、公安調査庁長官、外務事務次官。合同情報会議は関係行政機関相互間の機動的な連携を図るため、内閣情報会議に設置されているもので、官房副長官（事務）以下の構成員は、内閣危機管理監、内閣官房副長官補（安全保障、危機管理担当）、内閣情報官、警察庁警備局長、防衛庁防衛局長（現防衛省防衛政策局長）、公安調査庁次長、外務省国際情報統括官。（以上、「政府の意思決定と関係機関の連携について」（第9回『安全保障と防衛力に関する懇談会』資料（2004.9））9頁（http://www.kantei.go.jp/jp/singi/ampobouei/dai9/9siryou1.pdf）（最終訪問日：2008年7月29日）。内閣情報会議は年二回、合同情報会議は隔週で開催されている。（平成17年4月8日 衆議院・安全保障委員会 伊佐敷政府委員答弁（（第162回国会衆議院安全保障委員会会議録第6号12頁（2005.4.8））。
(406) 平成17年4月8日 衆議院・安全保障委員会 伊佐敷政府委員答弁・同上。
(407) PHP総合研究所・前掲注（404）29頁。
(408) 拡散阻止における情報共有の有効性については、省庁間ではなく国際的なものであるが第1章3(8)①「カーン・ネットワーク」における遠心分離機に使用されるリビア向けアルミニウム管の輸出が露見した事案を想起したい。

とともに、国際テロなどの新たな脅威に対処するためにも極めて有効である(409)」と指摘している。自民党の「国家の情報機能強化に関する提言」では、これからの「情報コミュニティ」に経済産業省、海上保安庁、財務省、金融庁を加えることが提案されている(410)。自民党の「国家の情報機能強化に関する提言」では、これからの「情報コミュニティ」に経済産業省、海上保安庁、財務省、金融庁を加えることが提案されている。こうした情勢の中、政府も2008年2月に公表された報告書において、これらの省庁も加えた「拡大情報コミュニティ」を設け、必要に応じて合同情報会議等への出席を認めることや、情報共有を図ることを方針とすることを表明している(411)。

③ **産業界との情報共有** ①や②について政府の能力向上が求められているが同時に産業界との適切な情報共有を図ることが重要である。我が国の輸出管理は、輸出者の自主管理を中心とした制度である。したがって、輸出者に対して適切な情報が提供されることが有効な輸出管理の鍵となる。米国では産業界向けの啓蒙活動として"Project Shield America"を実施している。同プロジェクトではテロ組織が関心を有するであろう技術を持っている企業に対して、テロリストが入手しようとしている貨物情報や輸出管理に関する情報を提供している。産業界からは違法輸出事案の端緒が提供されることもあるという(412)。我が国も産業界との情報交換・共有の枠組み作りを検討することは意味のあることだと思われる。

同時にこうした情報共有を進めていくためには産業界との間で秘密保

---

(409) 安全保障と防衛力に関する懇談会「『安全保障と防衛力に関する懇談会』報告書」(2004.10) 15頁（http://www.kantei.go.jp/jp/singi/ampobouei/dai13/13siryou.pdf）（最終訪問日：2008年7月29日）。

(410) 自民党「国家の情報機能強化に関する提言」(2006.6)（http://www.jimin.jp/jimin/seisaku/2006/pdf/seisaku-016.pdf）（最終訪問日：2008年7月29日）。

(411) 情報機能強化検討会議「官邸における情報機能強化の方針」(2008.2) 7頁（http://www.kantei.go.jp/jp/singi/zyouhou/080214kettei.pdf）（最終訪問日：2008年8月18日）。

(412) 米国税関プレスリリース "U.S. Customs Launches 'Operation Shield America'" (2001.12)（http://www.cbp.gov/hot-new/pressrel/2001/1210-01.htm）(last visited August 30, 2008).

持が図られなければならない。先述の自民党の「国家の情報機能強化に関する提言」でも「国家の秘密に接する全ての者に秘密保持を義務付ける法体系[413]」の整備が謳われているが、こうした観点からも秘密保護に関する法整備が重要である。

---

[413] 自民党・前掲注（410）。

終わりに──輸出管理のもつリスク管理・コンプライアンスの側面

終わりに──輸出管理のもつリスク管理・コンプライアンスの側面

　これまで輸出管理のもつ様々な側面について検討した。国際情勢や国際安全保障上の位置付け（第1章）や我が国法制度上の位置付け及び具体的な輸出管理のあり方（第2章）、過去の不正輸出事件や法解釈（第3章）について検討してきた。その中で輸出管理のもつリスク管理やコンプライアンスの観点についても個別の箇所で触れてきたが、最後にこうした観点のもつ意義についてまとめておきたい。

　輸出管理はとかく「政府にやらされるもの」という意識が強い。実際に、輸出管理は輸出者の立場からは輸出の際のコスト増加につながるものであり、こうした思いにも一理ある。こうした立場からは輸出管理は軽ければ軽いほどよい。極論すれば、輸出管理などない方がよい。しかしながら、輸出管理のもつ意義や、輸出管理に違反して不正輸出に加担した場合のリスクを考えた場合、その際に払わなければならないコスト（刑事罰や行政制裁、社会的制裁）は、個々の輸出管理（及びその和）をはるかに越える場合がある。そもそも企業の信用といった金銭に換算不可能なコストもあることから、輸出管理は輸出者のリスク管理の一環と捉えることもできる。第2章で論じたコンプライアンスもその根本はリスク管理である。コンプライアンスも「政府が推奨しているから」実施するのではなく、輸出者による主体的なコンプライアンスの一部に輸出管理も組み込むことが理想である。輸出者自身（企業内、大学や研究機関内）におけるリスク管理を検討する際に是非、輸出管理も含めて欲しい。ある企業の輸出管理担当者に「輸出管理はコスト増につながるだけで、利益には直結しない。だから社内で理解を得るのに苦労していないか」と聞いた際、その担当者は次のように言った。「輸出管理が利益と関係ないなどと言うことはない。企業は生産活動に従事している部門だけでは組織として機能しない。会計や人事だって何ら生産行為に寄与していないが、不要だという人がいないことと同様、輸出管理部門も必要だ。

さらに、会計や人事なら一つ失敗をしても多少の財産上の不利益があるだけだが、輸出管理は一つの失敗で会社が倒産してしまう可能性だってある。これが利益に直結しない部門だろうか。私は営業や開発には常にそう言っている。輸出管理は会社の浮沈がかかった重要な部門なのだ。」

また、リスク管理やコンプライアンスの一環として輸出管理を捉えれば、輸出管理業務が独立した業務でないことも容易に理解される。すなわち、本文でも紹介した輸出管理における監査業務は監査業務全体の一部として位置付けられるし、社員教育や法令遵守の一環、また、企業や大学等の技術流出防止の一環としても輸出管理は位置付けられる。

一方、輸出管理当局も、過去には「輸出管理は米国から言われているからやっている」と言った受け身的な発想があったことも否定できない。輸出振興を中心とした経済政策の側面からのみで輸出管理を見れば、こうした発想になることも無理はない。しかしながら、輸出管理は第1章で検討したとおり安全保障政策の重要な一部を形成しており、こうした状況は見通しうる将来において変化する見込みはない。

したがって、対外的な要請である国際情勢と、国内法である外為法第1条にある目的との整合を図りながら輸出管理を実効的なものにすることや、大量破壊兵器の拡散や我が国の安全保障への影響、我が国経済の発展と安全保障のバランス等を常に念頭に置きつつ、輸出管理を主体的に思考し続けない限り、機械的・形式的な判断や、場合によっては我が国の安全保障に否定的な影響を与える輸出管理となることすらあり得る。リスク管理やコンプライアンスの観点は政府も無縁ではなく、政府の不適切な輸出管理（それは制度面でもあり得るし、実施面（例えば不適切な輸出許可）でもあり得る）によって、大量破壊兵器の拡散に関与した輸出を見逃したり、我が国企業に不測の損害を生じさせる恐れもある。

リスク管理やコンプライアンスという観点からは、輸出管理には政府と輸出者との間で危険負担を分担したものという側面も見出せる。例えば、標識のない道路を考えてもらいたい。道路交通法では、標識のない道路での制限速度は60km/hであるが、果たしてどの道路でも60km/h出すものであろうか。子どもたちが遊んでいるような道路でそのようなスピードを出せば、どうなるかは誰の目にも明かである。同様に、外為

終わりに――輸出管理のもつリスク管理・コンプライアンスの側面

法で禁止されていない行為であれば何をやってもよいというのではない。企業等の社会的責任として、単に法令遵守だけではなく社会的要請に見合った行為が求められる時代になっており、特にグローバル化時代においては、社会的要請は国内だけではなく、国際的要請に対しても応えて行く必要がある。したがって、輸出に携わる事業者は、輸出管理に潜む様々な法的・社会的リスクを想定した管理が必要となってくる訳である。その一つの基準が外為法であり、輸出管理であると言えよう。こうした観点からの輸出管理はより主体的なものであり、「法律で禁止されている」行為以外の行為であっても自らを律する規範を考える必要がある。「法律で禁止されていないから」は万能の弁解とはならないことは輸出管理に限ったことではない。他方、輸出許可申請は、政府に対するリスクヘッジと捉えることも可能である。（もちろん不実申請でないという前提で）許可申請が許可されるということは、当該輸出に関する危険負担を（少なくとも一部は）政府側が負っていることを意味する。こうした側面も踏まえて単純な規制緩和や規制強化ではない、複眼的な視点で輸出管理を考えたい。政府と産業界との協力は我が国の輸出管理の大きな特徴であり、こうした信頼関係を基に今後の輸出管理のあり方について学界も加えた産学官が一体となって議論を深めていくことが重要である。

＜参考資料＞

◇ 外為法・関係政省令

(注) 2008年11月1日現在の法令である。法令は常に改正されるので最新の法令を確認されたい。【 】内は通称・略称。

・輸出・技術移転共通
外国為替及び外国貿易法（昭和24年法律第228号）【外為法】（抄）：
（目的）
第1条　この法律は、外国為替、外国貿易その他の対外取引が自由に行われることを基本とし、対外取引に対し必要最小限の管理又は調整を行うことにより、対外取引の正常な発展並びに我が国又は国際社会の平和及び安全の維持を期し、もつて国際収支の均衡及び通貨の安定を図るとともに我が国経済の健全な発展に寄与することを目的とする。
（適用範囲）
第5条　この法律は、本邦内に主たる事務所を有する法人の代表者、代理人、使用人その他の従業者が、外国においてその法人の財産又は業務についてした行為にも適用する。本邦内に住所を有する人又はその代理人、使用人その他の従業者が、外国においてその人の財産又は業務についてした行為についても、同様とする。
（定義）
第6条　この法律又はこの法律に基づく命令において、次の各号に掲げる用語の意義は、当該各号に定めるところによる。
　一　「本邦」とは、本州、北海道、四国、九州及び財務省令・経済産業省令で定めるその附属の島をいう。
　二　「外国」とは、本邦以外の地域をいう。
　三・四　（略）
　五　「居住者」とは、本邦内に住所又は居所を有する自然人及び本邦内に主たる事務所を有する法人をいう。非居住者の本邦内の支店、出張所その他の事務所は、法律上代理権があると否とにかかわらず、その主たる事務所が外国にある場合においても居住者とみなす。
　六　「非居住者」とは、居住者以外の自然人及び法人をいう。
　七～十四　（略）
　十五　「貨物」とは、貴金属、支払手段及び証券その他債権を化体する証書以外の動産をいう。

十六　（略）
2　（略）
第10条　我が国の平和及び安全の維持のため特に必要があるときは、閣議において、対応措置（この項の規定による閣議決定に基づき主務大臣により行われる第16条第１項、第21条第１項、第23条第４項、第24条第１項、第25条第４項、第48条第３項及び第52条の規定による措置をいう。）を講ずべきことを決定することができる。
2　政府は、前項の閣議決定に基づき同項の対応措置を講じた場合には、当該対応措置を講じた日から20日以内に国会に付議して、当該対応措置を講じたことについて国会の承認を求めなければならない。ただし、国会が閉会中の場合又は衆議院が解散されている場合には、その後最初に召集される国会において、速やかに、その承認を求めなければならない。
3　政府は、前項の場合において不承認の議決があつたときは、速やかに、当該対応措置を終了させなければならない。

（役務取引等）
第25条　居住者は、非居住者との間で次に掲げる取引を行おうとするときは、政令で定めるところにより、当該取引について、経済産業大臣の許可を受けなければならない。
　一　国際的な平和及び安全の維持を妨げることとなると認められるものとして政令で定める特定の種類の貨物の設計、製造又は使用に係る技術（以下「特定技術」という。）を特定の地域において提供することを目的とする取引
　二　国際的な平和及び安全の維持を妨げることとなると認められるものとして政令で定める外国相互間の貨物の移動を伴う貨物の売買に関する取引
2　経済産業大臣は、前項の規定の確実な実施を図るため必要があると認めるときは、非居住者との間で特定技術を同項第一号の特定の地域以外の地域において提供することを目的とする取引を行おうとする居住者に対し、政令で定めるところにより、許可を受ける義務を課することができる。
3　（略）
4　主務大臣は、居住者が非居住者との間で行う役務取引（第１項第一号に規定する特定技術に係るもの及び第30条第１項に規定する技術導入契約の締結等に該当するものを除く。）又は外国相互間の貨物の移動を伴う貨物の売買に関する取引（第１項第二号に規定するものを除く。）（以下「役務取引等」という。）が何らの制限なしに行われた場合には、我が国が締結した条約その他の国際約束を誠実に履行することを妨げ、若しくは国際平和のための国際的な努力に我が国として寄与することを妨げることとなる事態

を生じ、この法律の目的を達成することが困難になると認めるとき又は第10条第1項の閣議決定が行われたときは、政令で定めるところにより、当該役務取引等を行おうとする居住者に対し、当該役務取引等を行うことについて、許可を受ける義務を課することができる。
（制裁等）
第25条の2　経済産業大臣は、前条第1項の規定による許可を受けないで同項第一号に規定する取引を行つた者に対し、三年以内の期間を限り、非居住者との間で貨物の設計、製造若しくは使用に係る技術の提供を目的とする取引を行い、又は特定技術に係る特定の種類の貨物の輸出を行うことを禁止することができる。
2　経済産業大臣は、前条第1項の規定による許可を受けないで同項第二号に規定する取引を行つた者に対し、三年以内の期間を限り、非居住者との間で外国相互間の貨物の移動を伴う貨物の売買に関する取引を行い、又は貨物の輸出を行うことを禁止することができる。
3　経済産業大臣は、前条第2項の規定により経済産業大臣の許可を受ける義務が課された場合において当該許可を受けないで同項に規定する取引を行つた者に対し、一年以内の期間を限り、非居住者との間で貨物の設計、製造若しくは使用に係る技術の提供を目的とする取引を行い、又は特定技術に係る特定の種類の貨物の輸出を行うことを禁止することができる。
4　主務大臣は、前条第4項の規定により役務取引等を行うことについて許可を受ける義務を課した場合において、当該許可を受ける義務が課された役務取引等を当該許可を受けないで行つた者が再び同項の規定により許可を受ける義務が課された役務取引等を当該許可を受けないで行うおそれがあると認めるときは、その者に対し、一年以内の期間を限り、役務取引等を行うことについて、その全部若しくは一部を禁止し、又は政令で定めるところにより許可を受ける義務を課することができる。
（輸出の原則）
第47条　貨物の輸出は、この法律の目的に合致する限り、最少限度の制限の下に、許容されるものとする。
（輸出の許可等）
第48条　国際的な平和及び安全の維持を妨げることとなると認められるものとして政令で定める特定の地域を仕向地とする特定の種類の貨物の輸出をしようとする者は、政令で定めるところにより、経済産業大臣の許可を受けなければならない。
2　経済産業大臣は、前項の規定の確実な実施を図るため必要があると認めるときは、同項の特定の種類の貨物を同項の特定の地域以外の地域を仕向地として輸出しようとする者に対し、政令で定めるところにより、許可を

受ける義務を課することができる。
3　経済産業大臣は、前二項に定める場合のほか、特定の種類の若しくは特定の地域を仕向地とする貨物を輸出しようとする者又は特定の取引により貨物を輸出しようとする者に対し、国際収支の均衡の維持のため、外国貿易及び国民経済の健全な発展のため、我が国が締結した条約その他の国際約束を誠実に履行するため、国際平和のための国際的な努力に我が国として寄与するため、又は第10条第1項の閣議決定を実施するために必要な範囲内で、政令で定めるところにより、承認を受ける義務を課することができる。

(制裁)
第53条　経済産業大臣は、第48条第1項の規定による許可を受けないで同項に規定する貨物の輸出をした者に対し、三年以内の期間を限り、輸出を行い、又は非居住者との間で特定技術の提供を目的とする取引を行うことを禁止することができる。
2　経済産業大臣は、貨物の輸出又は輸入に関し、この法律、この法律に基づく命令又はこれらに基づく処分に違反した者(前項に規定する者を除く。)に対し、一年以内の期間を限り、輸出又は輸入を行うことを禁止することができる。

(行政手続法の適用除外)
第55条の12　第25条第1項若しくは第2項又は第48条第1項若しくは第2項の規定による許可又はその取消しについては、行政手続法(平成五年法律第八十八号)第二章及び第三章の規定は、適用しない。

(政府機関の行為)
第66条　この法律又はこの法律に基づく命令の規定中主務大臣の許可、承認その他の処分を要する旨を定めるものは、政府機関が当該許可、承認その他の処分を要する行為をする場合については、政令で定めるところにより、これを適用しない。

(許可等の条件)
第67条　主務大臣は、この法律又はこの法律の規定に基づく命令の規定による許可又は承認に条件を付し、及びこれを変更することができる。
2　前項の条件は、同項の許可又は承認に係る事項の確実な実施を図るため必要最小限のものでなければならない。

(立入検査)
第68条　主務大臣は、この法律の施行に必要な限度において、当該職員をして、外国為替業務を行う者その他この法律の適用を受ける取引又は行為を業として行う者の営業所、事務所、工場その他の施設に立ち入り、帳簿書類その他の物件を検査させ、又は関係人に質問させることができる。

2　前項の規定により当該職員が立ち入るときは、その身分を示す証票を携帯し、関係人に呈示しなければならない。
3　第１項の規定による立入検査又は質問の権限は、犯罪捜査のために認められたものと解釈してはならない。
第69条の6　次の各号の一に該当する者は、五年以下の懲役若しくは二百万円以下の罰金に処し、又はこれを併科する。ただし、当該違反行為の目的物の価格の五倍が二百万円を超えるときは、罰金は、当該価格の五倍以下とする。
　一　第25条第１項の規定による許可を受けないで同項の規定に基づく命令の規定で定める取引をした者
　二　第48条第１項の規定による許可を受けないで同項の規定に基づく命令の規定で定める貨物の輸出をした者
2　前項第二号の未遂罪は、罰する。
第71条　次の各号の一に該当する者は、六月以下の懲役又は二十万円以下の罰金に処する。
　一～九　（略）
　十　第68条第１項の規定による検査を拒み、妨げ、又は忌避した者
　十一　第68条第１項の規定による質問に対して答弁をせず、又は虚偽の答弁をした者
第72条　法人（第26条第１項第二号及び第四号、第27条第13項並びに第55条の５第２項に規定する団体に該当するものを含む。以下この項において同じ。）の代表者又は法人若しくは人の代理人、使用人その他の従業者が、その法人又は人の業務又は財産に関し、第69条の6から前条まで（第70条の2を除く。）の違反行為をしたときは、行為者を罰するほか、その法人又は人に対して各本条の罰金刑を科する。
2・3　（略）
第七十三条　次の各号の一に該当する者は、十万円以下の過料に処する。
　一　（略）
　二　第67条第１項の規定により付した条件に違反した者

・輸出関連

輸出貿易管理令（昭和24年政令第378号）【輸出令】（抄）：
（輸出の許可）
第１条　外国為替及び外国貿易法（以下「法」という。）第48条第１項に規定する政令で定める特定の地域を仕向地とする特定の種類の貨物の輸出は、別表第一中欄に掲げる貨物の同表下欄に掲げる地域を仕向地とする輸出とする。

2 法第48条第1項の規定による許可を受けようとする者は、経済産業省令で定める手続に従い、当該許可の申請をしなければならない。

(特例)
第4条　法第48条第1項の規定は、次に掲げる場合には、適用しない。ただし、別表第一の一の項の中欄に掲げる貨物については、この限りでない。
　一　仮に陸揚げした貨物のうち、本邦以外の地域を仕向地とする船荷証券(航空貨物運送証その他船荷証券に準ずるものを含む。)により運送されたもの(第三号から第六号までにおいて「外国向け仮陸揚げ貨物」という。)を輸出しようとするとき(別表第三に掲げる地域以外の地域を仕向地として輸出しようとする場合にあつては、次に掲げるいずれの場合にも該当しないときに限る。)。
　　イ　その貨物が核兵器、軍用の化学製剤若しくは細菌製剤若しくはこれらの散布のための装置又はこれらを運搬することができるロケット若しくは無人航空機(ロ、第三号及び第四号において「核兵器等」という。)の開発、製造、使用又は貯蔵(ロ、第三号及び第四号において「開発等」という。)のために用いられるおそれがある場合として経済産業省令で定めるとき。
　　ロ　その貨物が核兵器等の開発等のために用いられるおそれがあるものとして経済産業大臣から許可の申請をすべき旨の通知を受けたとき。
　二　次に掲げる貨物を輸出しようとするとき。
　　イ　外国貿易船又は航空機が自己の用に供する船用品又は航空機用品
　　ロ　航空機の部分品並びに航空機の発着又は航行を安全にするために使用される機上装備用の機械及び器具並びにこれらの部分品のうち、修理を要するものであつて無償で輸出するもの
　　ハ　国際機関が送付する貨物であつて、我が国が締結した条約その他の国際約束により輸出に対する制限を免除されているもの
　　ニ　本邦の大使館、公使館、領事館その他これに準ずる施設に送付する公用の貨物
　　ホ　無償で輸出すべきものとして無償で輸入した貨物であつて、経済産業大臣が告示で定めるもの
　　ヘ　無償で輸入すべきものとして無償で輸出する貨物であつて、経済産業大臣が告示で定めるもの
　三　別表第一の一六の項(一)に掲げる貨物(外国向け仮陸揚げ貨物を除く。)を同項の下欄に掲げる地域を仕向地として輸出しようとする場合であつて、次に掲げるいずれの場合にも(別表第三の二に掲げる地域以外の地域を仕向地として輸出しようとする場合にあつては、イ、ロ及びニのいずれの場合にも)該当しないとき。

イ　その貨物が核兵器等の開発等のために用いられるおそれがある場合
　　　として経済産業省令で定めるとき。
　　ロ　その貨物が核兵器等の開発等のために用いられるおそれがあるもの
　　　として経済産業大臣から許可の申請をすべき旨の通知を受けたとき。
　　ハ　その貨物が別表第一の一の項の中欄に掲げる貨物（核兵器等に該当
　　　するものを除く。ニ及び次号において同じ。）の開発、製造又は使用の
　　　ために用いられるおそれがある場合として経済産業省令で定めるとき。
　　ニ　その貨物が別表第一の一の項の中欄に掲げる貨物の開発、製造又は
　　　使用のために用いられるおそれがあるものとして経済産業大臣から許
　　　可の申請をすべき旨の通知を受けたとき。
四　別表第一の一六の項(二)に掲げる貨物（外国向け仮陸揚げ貨物を除く。）
　を同項の下欄に掲げる地域を仕向地として輸出しようとする場合であつ
　て、次に掲げるいずれの場合にも（別表第三の二に掲げる地域以外の地
　域を仕向地として輸出しようとする場合にあつては、イ及びロのいずれ
　の場合にも）該当しないとき。
　　イ　その貨物が核兵器等の開発等のために用いられるおそれがある場合
　　　として経済産業省令で定めるとき。
　　ロ　その貨物が核兵器等の開発等のために用いられるおそれがあるもの
　　　として経済産業大臣から許可の申請をすべき旨の通知を受けたとき。
　　ハ　その貨物が別表第一の一の項の中欄に掲げる貨物の開発、製造又は
　　　使用のために用いられるおそれがある場合として経済産業省令で定め
　　　るとき。
　　ニ　その貨物が別表第一の一の項の中欄に掲げる貨物の開発、製造又は
　　　使用のために用いられるおそれがあるものとして経済産業大臣から許
　　　可の申請をすべき旨の通知を受けたとき。
五　別表第一の五から一三まで又は一五の項の中欄に掲げる貨物であつて、
　総価が百万円（別表第三の三に掲げる貨物にあつては、五万円）以下の
　もの（外国向け仮陸揚げ貨物を除く。）を別表第四に掲げる地域以外の地
　域を仕向地として輸出しようとするとき（別表第三に掲げる地域以外の
　地域を仕向地として輸出しようとする場合にあつては、第三号のイ、ロ
　及びニのいずれの場合にも（別表第三の二に掲げる地域（イラク及び北
　朝鮮を除く。）を仕向地として輸出しようとする場合にあつては、同号の
　イからニまでのいずれの場合にも）該当しないときに限る。）。
六　別表第一の八の項の中欄に掲げる貨物又は同表の九の項の中欄に掲げ
　る貨物（(七)、(八)又は(十)に掲げる貨物に係る部分に限る。）のうち、
　当該貨物の仕様及び市場における販売の態様からみて特にその輸出取引
　の内容を考慮する必要がないものとして経済産業大臣が告示で定めるも

の(外国向け仮陸揚げ貨物を除く。)を輸出しようとするとき(別表第三に掲げる地域以外の地域を仕向地として輸出しようとする場合にあつては、第三号のイ、ロ及びニのいずれの場合にも(別表第三の二に掲げる地域を仕向地として輸出しようとする場合にあつては、同号のイからニまでのいずれの場合にも)該当しないときに限る。)。

2〜4 (略)

(政府機関の行為)

第12条 経済産業大臣が貨物の輸出を行う場合は、この政令の規定は、適用しない。

2 (略)

輸出貨物が核兵器等の開発等のために用いられるおそれがある場合を定める省令(平成13年経済産業省令第249号)

【おそれ省令】

　輸出貿易管理令第4条第1項第三号イ及び第四号イの規定に基づき、輸出貨物が核兵器等の開発等のために用いられるおそれがある場合は、次に掲げるときとする。

一　その貨物の輸出に関する契約書若しくは輸出者が入手した文書、図画若しくは電磁的記録(電子的方式、磁気的方式その他の人の知覚によっては認識することができない方式で作られた記録をいう。以下これらを総称して単に「文書等」という。)において、当該貨物が核兵器、軍用の化学製剤若しくは細菌製剤若しくはこれらの散布のための装置若しくはこれらを運搬することができるロケット若しくは無人航空機であってペイロードを300キロメートル以上運搬することができるもの(以下本則において「核兵器等」という。)の開発、製造、使用若しくは貯蔵(以下「開発等」という。)若しくは別表に掲げる行為のために用いられることとなる旨記載され、若しくは記録されているとき、又は輸出者が、当該貨物が核兵器等の開発等若しくは別表に掲げる行為のために用いられることとなる旨輸入者若しくは需要者若しくはこれらの代理人(以下「輸入者等」という。)から連絡を受けたとき。

二　その貨物の輸出に関する契約書若しくは輸出者が入手した文書等のうち経済産業大臣が告示で定めるものにおいて、当該貨物の需要者が核兵器等の開発等を行う旨記載され、若しくは記録されているとき、又は輸出者が、当該貨物の需要者が核兵器等の開発等を行う旨輸入者等から連絡を受けたとき(当該貨物の用途並びに取引の条件及び態様から、当該貨物が核兵器等の開発等及び別表に掲げる行為以外のために用いられることが明らかなときを除く。)。

三　その貨物の輸出に関する契約書若しくは輸出者が入手した文書等のうち経済産業大臣が告示で定めるものにおいて、当該貨物の需要者が核兵器等の開発等を行った旨記載され、若しくは記録されているとき、又は輸出者が、当該貨物の需要者が核兵器等の開発等を行った旨輸入者等から連絡を受けたとき（当該貨物の用途並びに取引の条件及び態様から、当該貨物が核兵器等の開発等及び別表に掲げる行為以外のために用いられることが明らかなときを除く。）。

別表
一　原子力基本法第3条第二号に規定する核燃料物質若しくは同条第三号に規定する核原料物質の開発等（沸騰水型軽水炉若しくは加圧水型軽水炉（以下「軽水炉」という。）の運転に専ら付帯して行われるものであることが明らかにされている場合を除く。）又は核融合に関する研究（専ら天体に関するもの又は専ら核融合炉に関するものであることが明らかにされている場合を除く。）。
二　輸出貿易管理令別表第一及び外国為替令別表の規定に基づき貨物又は技術を定める省令第1条第二号に規定する原子炉（発電の用に供する軽水炉を除く。）又はその部分品若しくは附属装置の開発等
三　重水の製造
四　核原料物質、核燃料物質及び原子炉の規制に関する法律（以下「規制法」という。）第2条第7項に規定する加工
五　規制法第2条第8項に規定する再処理
六　化学物質の開発若しくは製造（経済産業大臣が告示で定めるものを除く。）、微生物若しくは毒素の開発等、ロケット若しくは無人航空機（本則第一号に規定する核兵器、軍用の化学製剤若しくは細菌製剤若しくはこれらの散布のための装置を運搬することができるものであってペイロードを300キロメートル以上運搬することができるものを除く。）の開発等又は宇宙に関する研究（経済産業大臣が告示で定めるものを除く。）であって、軍若しくは国防に関する事務をつかさどる行政機関が行うもの、又はこれらの者から委託を受けて行うことが明らかにされているもの。

輸出貨物が核兵器等の開発等のために用いられるおそれがある場合を定める省令第二号及び第三号の規定により経済産業大臣が告示で定める輸出者が入手した文書等（平成13経済産業省告示第760号）
【文書等告示】
輸出貨物が核兵器等の開発等のために用いられるおそれがある場合を定める省令第二号及び第三号の規定により経済産業大臣が告示で定める輸出者が入

手した文書等は次のとおりとする。
一　その貨物の輸出に関し、輸入者等から入手したパンフレット又は最終製品のカタログ及びその他の輸出者が入手した文書等
二　輸出貿易管理令第4条第1項第三号イ及び第四号イに規定する核兵器等の開発等の動向に関し、経済産業省が作成した文書等
三　前二号に掲げるもののほか、その貨物の輸出に際して、輸出者がその内容を確認した文書等

輸出貿易管理令第4条第1項第二号のホ及びヘの規定に基づき、経済産業大臣が告示で定める無償で輸出すべきものとして無償で輸入した貨物及び無償で輸入すべきものとして無償で輸出する貨物（平成12通商産業省告示第746号）
【無償告示】
一　無償で輸出すべきものとして無償で輸入した貨物であって、次に掲げるもの（1から5までの項に規定する貨物であって北朝鮮を仕向地とするものを除く。）
　1　本邦から輸出された貨物であって、本邦において修理された後再輸出されるもの
　2　本邦において映画を撮影するために入国した映画製作者が輸入した映画撮影用の機械及び器具
　3　本邦において開催された博覧会、展示会、見本市、映画祭その他これらに類するもの（4に掲げるものを除く。）に外国から出品された貨物であって、当該博覧会等の終了後返送されるもの（輸出貿易管理令別表第4に掲げる地域（以下「特定地域」という。）以外の地域から輸入された貨物であって、特定地域を仕向地として返送されるものを除く。）
　4　保税展示場で開催された国際博覧会、国際見本市その他これらに類するものの運営又はこれらの施設の建設、維持若しくは撤去のために必要な貨物であって、当該国際博覧会等の終了後返送されるもの（特定地域以外の地域から輸入された貨物であって、特定地域を仕向地として返送されるものを除く。）
　5　物品の一時輸入のための通関手帳に関する通関条約（ATA条約）第1条(d)に規定するATAカルネ（以下「通関手帳」という。）により輸入された貨物であって、通関手帳により輸出されるもの
　6　一時的に入国して出国する者が携帯し、又は税関に申告の上別送する輸出貿易管理令別表第1の8の項の中欄に掲げる貨物であって、輸出貿易管理令別表第1及び外国為替令別表の規定に基づき貨物又は技術を定める省令（平成3年通商産業省令第49号。以下「貨物等省令」という。）第7条第一号ハに該当するもののうち、本人の使用に供すると認められ

るもの
- 7 一時的に入国して出国する者が携帯し、又は税関に申告の上別送する輸出貿易管理令別表第1の9の項の中欄に掲げる貨物（((7)、(8)、(10)又は(11)に掲げる貨物に係る部分に限る。）であって、貨物等省令第8条第九号、第十号、第十二号又は第十三号のいずれかに該当するもののうち、本人の使用に供すると認められるもの
- 8 一時的に入国して出国する者が携帯し、又は税関に申告の上別送する輸出貿易管理令別表第1の12の項の中欄に掲げる貨物であって、貨物等省令第11条第十三号に該当するもののうち、本人の使用に供すると認められるもの
- 9 輸出貿易管理令別表第1の3の項の中欄に掲げる貨物であって、貨物等省令第2条第2項第二号又は第七号に該当するもののうち、内容物を輸入するため輸入した貨物であって、当該輸入終了後返送されるもの（特定地域を仕向地として返送される貨物を除く。）

二 無償で輸入すべきものとして無償で輸出する貨物であって、次に掲げるもの（5及び6の項に規定する貨物であって北朝鮮を仕向地とするものを除く。）
- 1 国際緊急援助隊の派遣に関する法律（昭和62年法律第93号）に基づき派遣される国際緊急援助隊が国際緊急援助活動の用に供するために輸出する貨物であって、当該援助活動の終了後本邦に輸入すべきもの、国際連合平和維持活動等に対する協力に関する法律（平成4年法律第79号）に基づき派遣される国際平和協力隊、海上保安庁の船舶又は航空機の乗組員たる海上保安庁の職員及び自衛隊の部隊等（自衛隊法（昭和29年法律第165号）第8条に規定する部隊等をいう。）が国際平和協力業務の用に供するために輸出する貨物であって、当該業務の終了後本邦に輸入すべきもの又は自衛隊法第84条の3に基づく在外邦人等の輸送の用に供するために自衛隊が輸出する貨物であって、当該輸送の終了後本邦に輸入すべきもの
- 2 テロ対策海上阻止活動に対する補給支援活動の実施に関する特別措置法（平成20年法律第1号）に基づく補給支援活動の用に供するために自衛隊が輸出する貨物であって、当該補給支援活動の終了後本邦に輸入すべきもの
- 3 イラクにおける人道復興支援活動及び安全確保支援活動の実施に関する特別措置法（平成15年法律第137号）に基づく対応措置の用に供するため自衛隊及び関係行政機関（同法第3条第1項第三号に規定する関係行政機関をいう。）が輸出する貨物であって、当該対応措置の終了後本邦に輸入すべきもの

参考資料——外為法・関係政省令

4 原子力事故又は放射線緊急事態の場合における援助に関する条約に基づく援助の用に供するために援助を要請する締約国に輸出される資材又は機材であって、当該援助の終了後本邦に輸入すべきもの
5 貿易関係貿易外取引等に関する省令(平成10年通商産業省令第8号)第9条第1項第三号に該当する技術協力であって、国際協力事業団が派遣する専門家が行うものの用に供するために輸出される貨物であって、当該技術協力の終了後本邦に輸入すべきもの
6 第1種電気通信事業者が国際間海底ケーブルの障害復旧及び障害防止のために輸出する復旧機材並びに修理船及びケーブル陸揚局で用いる機器類であって、当該障害復旧作業及び障害防止作業の終了後本邦に輸入すべきもの
7 一時的に出国する者が携帯し、又は税関に申告の上別送する輸出貿易管理令別表第1の8の項の中欄に掲げる貨物であって、貨物等省令第7条第一号ハに該当するもののうち、本人の使用に供すると認められるもの
8 一時的に出国する者が携帯し、又は税関に申告の上別送する輸出貿易管理令別表第1の9の項の中欄に掲げる貨物(((7)、(8)、(10)又は(11)に掲げる貨物に係る部分に限る。)であって、貨物等省令第8条第九号、第十号、第十二号又は第十三号のいずれかに該当するもののうち、本人の使用に供すると認められるもの
9 一時的に出国する者が携帯し、又は税関に申告の上別送する輸出貿易管理令別表第1の12の項の中欄に掲げる貨物であって、貨物等省令第11条第十三号に該当するもののうち、本人の使用に供すると認められるもの
10 輸出貿易管理令別表第1の3の項の中欄に掲げる貨物であって、貨物等省令第2条第2項第二号又は第七号に該当するもののうち、内容物を輸出するために輸出する貨物であって、当該輸出終了後本邦に輸入すべきもの(特定地域を仕向地として輸出する貨物を除く。)

・技術移転関連

外国為替令(昭和55年政令第260号)【外為令】(抄):
(役務取引の許可等)
第17条 法第25条第1項第一号に規定する政令で定める特定の種類の貨物の設計、製造又は使用に係る技術を特定の地域において提供することを目的とする取引は、別表中欄に掲げる技術を同表下欄に掲げる地域において提供することを目的とする取引とする。
2 法第25条第1項第二号に規定する政令で定める外国相互間の貨物の移動

を伴う貨物の売買に関する取引は、次のいずれかに該当する取引とする。
　一　輸出貿易管理令　別表第一の一の項の中欄に掲げる貨物の外国相互間の移動を伴う当該貨物の売買に関する取引
　二　輸出貿易管理令　別表第一の二から一六までの項の中欄に掲げる貨物の外国相互間の移動を伴う当該貨物の売買に関する取引（当該取引に係る貨物の船積地域又は仕向地が同令　別表第三に掲げる地域であるものを除く。）であつて、次のいずれかに該当するもの
　　イ　当該取引に係る当該貨物が核兵器、軍用の化学製剤若しくは細菌製剤若しくはこれらの散布のための装置又はこれらを運搬することができるロケット若しくは無人航空機（ロにおいて「核兵器等」という。）の開発、製造、使用又は貯蔵（ロにおいて「開発等」という。）のために用いられるおそれがある場合として経済産業省令で定める場合に該当する場合における当該取引
　　ロ　当該取引に係る当該貨物が核兵器等の開発等のために用いられるおそれがあるものとして経済産業大臣から許可の申請をすべき旨の通知を受けた場合における当該取引
3　居住者が法第25条第1項の規定による経済産業大臣の許可を受けようとするときは、経済産業省令で定める手続により、当該許可の申請をしなければならない。
4　第1項又は第2項に規定する取引のうち経済産業大臣が当該取引の当事者、内容その他からみて法の目的を達成するため特に支障がないと認めて指定したものについては、法第25条第1項の規定による経済産業大臣の許可を受けないで当該取引をすることができる。

貿易関係貿易外取引等に関する省令（平成10年通商産業省令第8号）【貿易外省令】（抄）
（許可を要しない役務取引等）
第9条　令第17条第4項に規定する経済産業大臣が指定する取引は、次の各号の一に該当する取引とする。
　一　経済産業大臣が行う取引
　二　令別表中欄に掲げる技術（宇宙開発に関する日本国とアメリカ合衆国との間の協力に関する交換公文に基づき我が国に移転された技術を除く。）を輸出貿易管理令（以下「輸出令」という。）別表第三に掲げる地域において提供する取引であって、防衛大臣が行うもの
　三　日本国政府が外国政府に対して行う賠償又は無償の経済協力若しくは技術協力に関する協定に基づいて居住者が行う役務取引
　三の二　令別表の一六の項(一)に掲げる技術を同項の下欄に掲げる地域に

おいて提供することを目的とする取引であって、当該技術に係る情報を記録したものの提供を伴わないもの又は次に掲げるいずれの場合にも（輸出令別表第三の二に掲げる地域以外の地域において提供することを目的とする取引にあっては、イ、ロ及びニのいずれの場合にも）該当しないもの

 イ その技術が輸出令第四条第一項第一号イに規定する核兵器等（ロ、ハ及び次号において単に「核兵器等」という。）の同号イに規定する開発等（ロ及び次号において単に「開発等」という。）のために利用されるおそれがある場合として経済産業大臣が告示で定めるとき。

 ロ その技術が核兵器等の開発等のために利用されるおそれがあるものとして経済産業大臣から許可の申請をすべき旨の通知を受けたとき。

 ハ その技術が輸出令別表第一の一の項の中欄に掲げる貨物（核兵器等に該当するものを除く。ニ及び次号において同じ。）の開発、製造又は使用のために利用されるおそれがある場合として経済産業大臣が告示で定めるとき。

 ニ その技術が輸出令別表第一の一の項の中欄に掲げる貨物の開発、製造又は使用のために利用されるおそれがあるものとして経済産業大臣から許可の申請をすべき旨の通知を受けたとき。

四 令別表の一六の項(二)に掲げる技術を同項の下欄に掲げる地域において提供することを目的とする取引であって、当該技術に係る情報を記録したものの提供を伴わないもの又は次に掲げるいずれの場合にも（輸出令別表第三の二に掲げる地域以外の地域において提供することを目的とする取引にあっては、イ及びロのいずれの場合にも）該当しないもの

 イ その技術が核兵器等開発等のために利用されるおそれがある場合として経済産業大臣が告示で定めるとき。

 ロ その技術が核兵器等の開発等のために利用されるおそれがあるものとして経済産業大臣から許可の申請をすべき旨の通知を受けたとき。

 ハ その技術が輸出令別表第一の一の項の中欄に掲げる貨物の開発、製造又は使用のために利用されるおそれがある場合として経済産業大臣が告示で定めるとき。

 ニ その技術が輸出令別表第一の一の項の中欄に掲げる貨物の開発、製造又は使用のために利用されるおそれがあるものとして経済産業大臣から許可の申請をすべき旨の通知を受けたとき。

五 公知の技術を提供する取引又は技術を公知とするために当該技術を提供する取引であって、以下のいずれかに該当するもの

 イ 新聞、書籍、雑誌、カタログ、電気通信ネットワーク上のファイル等により、既に不特定多数の者に対して公開されている技術を提供す

   　る取引
   　ロ　学会誌、公開特許情報、公開シンポジウムの議事録等不特定多数の者が入手可能な技術を提供する取引
   　ハ　工場の見学コース、講演会、展示会等において不特定多数の者が入手又は聴講可能な技術を提供する取引
   　ニ　ソースコードが公開されているプログラムを提供する取引
   　ホ　学会発表用の原稿又は展示会等での配布資料の送付、雑誌への投稿等、当該技術を不特定多数の者が入手又は閲覧可能とすることを目的とする取引
六　基礎科学分野の研究活動において技術を提供する取引
七　工業所有権の出願又は登録を行うために、当該出願又は登録に必要な最小限の技術を提供する取引
八　貨物の輸出に付随して提供される使用に係る技術（プログラム及び経済産業大臣が告示で定めるものを除く。）であって、当該貨物の据付、操作、保守又は修理のための必要最小限のものを当該貨物の買主、荷受人又は需要者に対して提供する取引（輸出の許可を受けた日又は貨物の輸出契約の発効した日のいずれか遅い日以降に提供されるものに限る。）。ただし、当該技術のうち、保守又は修理に係る技術の提供については、次のいずれかに該当するものを除く。
   　イ　当該貨物の性能、特性が当初提供したものよりも向上するもの
   　ロ　修理技術であって、その内容が当該貨物の設計、製造技術と同等のもの
   　ハ　外為令別表の中欄に掲げる技術であって、貨物の設計、製造に必要な技術が含まれるもの
九　プログラムの提供に付随して提供される使用に係る技術（プログラム及び経済産業大臣が告示で定めるものを除く。）であって、当該プログラムのインストール、操作、保守又は修理のための必要最小限のものを当該プログラムの取引の相手方又は需要者に対して提供する取引（役務取引の許可を受けた日又はプログラムの提供契約の発効した日のいずれか遅い日以降に提供されるものに限る。）。ただし、当該技術のうち、保守又は修理に係る技術の提供については、次のいずれかに該当するものを除く。
   　イ　プログラムの機能、特性が当初提供したものよりも向上するもの
   　ロ　修理技術であって、その内容がプログラムの設計、製造技術と同等のもの
   　ハ　外為令別表の中欄に掲げる技術であって、プログラムの設計、製造に必要な技術が含まれるもの

十　プログラムを提供する取引であって、次のいずれかに該当するもの
　イ　令別表中欄に掲げるプログラム（経済産業大臣が告示で定めるものを除く。）であって、次の(一)及び(二)に該当するものを提供する取引。ただし、輸出令別表第三に掲げる地域以外の地域において提供する取引（販売されるものに限る。）にあっては、第三号の二のイ、ロ及びニのいずれかに（輸出令別表第三の二に掲げる地域において提供する取引（販売されるものに限る。）にあっては、第三号の二のイからニまでのいずれかに）該当するものを除く。
　　(一)　購入に関して何らの制限を受けず、店頭において又は郵便、信書便事業者（民間事業者による信書の送達に関する法律（以下「信書便法」という。）第２条第６項に規定する一般信書便事業者又は同条第９項に規定する特定信書便事業者をいう。以下同じ。）による同条第二項に規定する信書便（以下「信書便」という。）若しくは公衆電気通信回線に接続した入出力装置（電話を含む。）による注文により、販売店の在庫から販売されるもの又は使用者に対し何らの制限なく無償で提供されるもの
　　(二)　使用に際して供給者又は販売店の技術支援が不要であるように設計されているもの
　ロ　令別表の八の項及び九の項の中欄に掲げるプログラムであって、経済産業大臣が告示で定めるもののうち、次の(一)から(三)までのすべてに該当するものを提供する取引。ただし、輸出令別表第三に掲げる地域以外の地域において提供する取引（販売されるものに限る。）にあっては、第三号の二のイ、ロ及びニのいずれかに（輸出令別表第三の二に掲げる地域において提供する取引（販売されるものに限る。）にあっては、第三号の二のイからニまでのいずれかに）該当するものを除く。
　　(一)　購入に関して何らの制限を受けず、店頭において又は郵便、信書便若しくは公衆電気通信回線に接続した入出力装置（電話を含む。）による注文により、販売店の在庫から販売されるもの又は使用者に対し何らの制限なく無償で提供されるもの（外国でのみ販売又は無償で提供されるものについては、当該販売の態様若しくは無償で提供されることを書面により確認できるものに限る。）
　　(二)　暗号機能が使用者によって変更できないもの
　　(三)　使用に際して供給者又は販売店の技術支援が不要であるように設計されているもの
　ハ　輸出令別表第一の中欄に掲げる貨物（経済産業大臣が告示で定めるものを除く。）と同時に提供されるプログラムであって、次の(一)及び(二)に該当するものを提供する取引

　　　　(一)　当該貨物に内蔵されており、かつ、プログラムの書換え及びプログラム媒体の取替えが物理的に困難であるもの
　　　　(二)　当該貨物を使用するために特別に設計されたプログラムであって、いかなる形でもソースコードが提供されないもの
　　ニ　役務取引許可を受けて提供したプログラムについて、次の(一)又は(二)に該当するプログラムを当初役務取引許可を受けた取引の相手方又は需要者に対して提供する取引
　　　　(一)　許可を受けた範囲を超えない機能修正を行ったもの又は機能修正を行うためのもの
　　　　(二)　本邦から輸出された貨物を本邦において修理した後再輸出される貨物と同時に提供されるプログラムであって、役務取引許可を受けて提供したものと同一のもの

貿易関係貿易外取引等に関する省令第9条第1項第三号の二イ及び第四号イの規定により経済産業大臣が告示で定める提供しようとする技術が核兵器等の開発等のために利用されるおそれがある場合（平成13年経済産業省告示第759号）

【おそれ告示】
　貿易関係貿易外取引等に関する省令第9条第1項第三号の二イ及び第四号イの規定により経済産業大臣が告示で定める提供しようとする技術が核兵器等の開発等のために利用されるおそれがある場合は、次に掲げるときとする。
一　その取引に関する契約書若しくは取引を行おうとする者が入手した文書、図画若しくは電磁的記録（電子的方式、磁気的方式その他の人の知覚によっては認識することができない方式で作られた記録をいう。以下これらを総称して単に「文書等」という。）において、当該技術が核兵器、軍用の化学製剤若しくは細菌製剤若しくはこれらの散布のための装置若しくはこれらを運搬することができるロケット若しくは無人航空機であってペイロードを300キロメートル以上運搬することができるもの（以下本則において「核兵器等」という。）の開発、製造、使用若しくは貯蔵（以下「開発等」という。）若しくは輸出貨物が核兵器等の開発等のために用いられるおそれがある場合を定める省令別表に掲げる行為のために利用されることとなる旨記載され、若しくは記録されているとき、又は取引を行おうとする者が、当該技術が核兵器等の開発等若しくは輸出貨物が核兵器等の開発等のために用いられるおそれがある場合を定める省令別表に掲げる行為のために利用されることとなる旨当該取引の相手方若しくは当該技術を利用する者若しくはこれらの代理人（以下「相手方等」という。）から連絡を受けたとき。
二　その取引に関する契約書若しくは取引を行おうとする者が入手した文書

等のうち別表に掲げるものにおいて、当該技術を利用する者が核兵器等の開発等を行う旨記載され、若しくは記録されているとき、又は取引を行おうとする者が、当該技術を利用する者が核兵器等の開発等を行う旨相手方等から連絡を受けたとき（当該技術の用途並びに取引の条件及び態様から、当該技術が核兵器等の開発等及び輸出貨物が核兵器等の開発等のために用いられるおそれがある場合を定める省令別表に掲げる行為以外のために利用されることが明らかなときを除く。）。

三　その取引に関する契約書若しくは取引を行おうとする者が入手した文書等のうち別表に掲げるものにおいて、当該技術を利用する者が核兵器等の開発等を行った旨記載され、若しくは記録されているとき、又は取引を行おうとする者が、当該技術を利用する者が核兵器等の開発等を行った旨相手方等から連絡を受けたとき（当該技術の用途並びに取引の条件及び態様から、当該技術が核兵器等の開発等及び輸出貨物が核兵器等の開発等のために用いられるおそれがある場合を定める省令別表に掲げる行為以外のために利用されることが明らかなときを除く。）。

別表
一　その取引に関し、相手方等から入手したパンフレット又は最終製品のカタログ及びその他の取引を行おうとする者が入手した文書等
二　輸出貿易管理令第４条第１項第三号イ及び第四号イに規定する核兵器等の開発等の動向に関し、経済産業省が作成した文書等
三　前二号に掲げるもののほか、その取引に際して、取引を行おうとする者がその内容を確認した文書等

◇ 国連安保理決議等

APEC首脳宣言「大量破壊兵器」関連部分（抜粋）（2003.10）
（「2. 人間の安全保障の強化」より）

我々は、国際的なテロと大量破壊兵器の拡散が自由で開かれ、繁栄した経済というAPECの展望に対して直接的かつ重大な挑戦を突き付けているとの認識で一致した。我々は、APECが経済の繁栄を促進することだけでなく、人々の安全を確保するという補完的使命にも貢献していくとの認識で一致した。

その結果、我々は、バンコクにおいて、以下の点につき全ての必要な行動をとることを確約した。

・APECメンバーを脅かす国際的なテログループを完全に、かつ遅滞なく解体する。
・国際的な不拡散体制を強化し、効果的な輸出管理の採用・執行、及び拡

散を防止するその他の合法的かつ適切な方策を講じることにより、大量破壊兵器の拡散及びその運搬手段による深刻かつ増大する危険を除去する。
・我々の地域の安全に対するその他の直接的脅威に立ち向かう。

日・ASEAN 特別首脳会議（2003.12）
東京宣言（抜粋）

2　行動の共通戦略
（3）政治・安全保障の協力とパートナーシップの強化
　　「大量破壊兵器とその運搬手段並びにそれらの関連物資の軍縮、不拡散の分野において、協力を強化する」

行動計画（抜粋）

C　政治及び安全保障面での協力・パートナーシップの強化
　　「大量破壊兵器の拡散に反対し、効果的な輸出規制を採用・実施し、また、核兵器を含むすべての大量破壊兵器の全面撤廃という軍縮問題に関して、市民社会の参加を含め、様々な行動志向的な措置を通じて緊密に協力する」

国連安保理決議1540（抜粋）（2004.4）

　安全保障理事会は、
　核兵器、化学兵器及び生物兵器並びにそれらの運搬手段の拡散が国際の平和と安全に対する脅威を構成することを確認し、
　（中略）
　核兵器、化学兵器及び生物兵器の拡散の問題に新たな問題を付加し、国際の平和及び安全に対して脅威を与えるそのような兵器及びそれらの運搬手段並びに関連物資の不正取引の脅威を重大に懸念し、
　（中略）
　国際連合憲章第7章の下で行動し、
　（中略）
3　すべての国は、関連物資に対する適切な管理を確立することを含め、核兵器、化学兵器及び生物兵器並びにそれらの運搬手段の拡散を防止する国内管理を確立するための効果的な措置を採用し実施することを決定し、この目的のため、すべての国が、以下を行うことを決定する。
　（中略）
　(c)　自らの国内法的権限及び法律に従って、並びに、国際法に合致して、必要なときは国際的な協力を通ずることを含め、そのような品目の不正取引

及び不正仲介を探知し、抑止し、防止し及び対処するための適切で効果的な国境管理及び法執行の努力を策定し維持すること。
　(d) 輸出、通過、積換及び再輸出を管理する適切な法令、資金供与及び拡散に貢献する輸送といったそのような輸出及び積換に関連する資金及び役務の提供に対する管理並びに最終需要者管理の確立を含め、そのような品目に対する適切で効果的な国内的輸出及び積換管理を確立し、発展させ、再検討し及び維持すること。また、そのような輸出管理に関する法令の違反に対する適切な刑事上又は民事上の罰則を確立し及び執行すること。
　(以下略)

関連物資：　核兵器、化学兵器及び生物兵器並びにそれらの運搬手段の設計、開発、生産又は使用のために用いることができる物資、設備及び技術であって、関係する多国間条約及び取決めの対象となっているもの又は国内管理表に含まれているもの。

国連安保理決議1695（抜粋）（2006.7）

　安全保障理事会は、
　（中略）
　核、化学及び生物兵器並びにその運搬手段の拡散が、国際の平和及び安全に対する脅威を構成することを再確認し、
　北朝鮮の弾道ミサイルの発射について、このような装置が、核、化学及び生物兵器の弾頭の運搬手段として使用される可能性にかんがみ、重大な懸念を表明し、
　（中略）
　国際の平和及び安全の維持のための特別な責任の下に行動して、
　（中略）
三、すべての加盟国に対し、自国の国内法上の権限及び国内法令に従い、かつ、国際法に適合する範囲内で、監視を行い、ミサイル並びにミサイルに関連する品目、資材、物品及び技術が北朝鮮のミサイル又は大量破壊兵器（以下「WMD」という。）計画に対して移転されることを防止するよう要求する。
四、すべての加盟国に対し、自国の国内法上の権限及び国内法令に従い、かつ、国際法に適合する範囲内で、監視を行い、北朝鮮からのミサイル又はミサイルに関連する品目、資材、物品及び技術の調達並びに北朝鮮のミサイル又はWMD計画に関連する資金の移転を防止するよう要求する。
　(以下略)

国連安保理決議1718（抜粋）（2006.10）

　安全保障理事会は、

（中略）

核、化学及び生物兵器並びにその運搬手段の拡散が、国際の平和及び安全に対する脅威を構成することを再確認し、

2006年10月9日に核兵器の実験を実施したとの北朝鮮による発表、このような実験による核兵器の不拡散に関する条約及び核兵器の不拡散に関する世界的な制度を強化するための国際的な努力に対する挑戦、並びに、このような実験が地域内外の平和及び安定にもたらす危険に対し、最も重大な懸念を表明し、

（中略）

国際連合憲章第7章の下で行動し、同憲章第41条に基づく措置をとって、

（中略）

8　次のとおり決定する。

(a)　すべての加盟国は、北朝鮮に対する自国の領域を通ずる又は自国民による若しくは自国の旗を掲げる船舶若しくは航空機の使用による次のもの（自国の領域を原産地とするものであるか否かを問わない。）の直接又は間接の供給、販売又は移転を防止する。

(ⅰ)　国際連合軍備登録制度上定義されたあらゆる戦車、装甲戦闘車両、大口径火砲システム、戦闘用航空機、攻撃ヘリコプター、軍用艦艇、ミサイル若しくはミサイル・システム、若しくは、予備部品を含む関連物資、又は、安全保障理事会若しくは下記12の規定により設置される委員会（以下「委員会」という。）により定められる品目

(ⅱ)　文書S／2006／814及びS／2006／815の表に定められるすべての品目、資材、機材、物品及び技術（文書S／2006／816／の表も考慮して、本件決議の採択から14日以内に、委員会が規定を修正し又は完成させない場合に限る。）、並びに、安全保障理事会又は委員会により指定される、北朝鮮の核関連、弾道ミサイル関連又はその他の大量破壊兵器関連の計画に資するその他の品目、資材、機材、物品及び技術

(ⅲ)　奢侈品

(b)　北朝鮮は、上記(a)(ⅰ)及び(a)(ⅱ)の規定の対象となっているすべての品目の輸出を停止し、また、すべての加盟国は、自国民による又は自国の旗を掲げる船舶若しくは航空機の使用による、北朝鮮からのそのような品目（北朝鮮の領域を原産地とするものであるか否かを問わない。）の調達を禁止する。

(c)　すべての加盟国は、上記(a)(ⅰ)及び(a)(ⅱ)の規定にある品目の提供、製造、維持又は使用に関する技術訓練、助言、サービス又は援助の、北朝鮮に対する自国民による若しくは自国の領域からの又は北朝鮮からのその国民による若しくはその領域からの、あらゆる移転を防止する。

(d)　すべての加盟国は、それぞれの法的手続に従い、この決議の採択の日

に又はその後いつでも、自国の領域内に存在する資金、その他の金融資産及び経済資源であって、北朝鮮の核関連、その他の大量破壊兵器関連及び弾道ミサイル関連計画に関与し又は支援を提供している（その他の不正な手段を通じたものも含む。）として委員会若しくは安全保障理事会により指定される者又は団体により、又は、それらの代理として若しくはそれらの指示により行動する者若しくは団体により直接的又は間接的に所有され又は管理されるものを直ちに凍結し、また、いかなる資金、金融資産又は経済資源も、自国の国民又はその領域内にいる者若しくは団体により、そのような者又は団体の利益のために利用可能となることのないよう確保する。

　(e)　すべての加盟国は、委員会又は安全保障理事会により、北朝鮮の核関連、弾道ミサイル関連及びその他の大量破壊兵器関連の計画に関係のある北朝鮮の政策に責任を有している（北朝鮮の政策を支持し又は促進することを通じたものを含む。）として指定される者及びその家族の構成員が自国の領域に入国し又は領域を通過することを防止するために必要な措置をとる。ただし、この規定のいかなるものも、ある国に対して自国民が自国の領域内に入ることを拒否することを義務付けるものではない。

　(f)　すべての加盟国は、この規定の要求の遵守を確保し、これにより、核、化学又は生物兵器、その運搬手段及び関連する物資の不正な取引を阻止するため、必要に応じ、自国の権限及び国内法令に従い、かつ、国際法に適合する範囲内で、協力行動（北朝鮮への又は北朝鮮からの貨物の検査によるものを含む。）をとることが要請される。

（中略）

12　安全保障理事会の仮手続規則の規則28に従って、同理事会のすべての理事国により構成される同理事会の委員会を設置し、次の任務を遂行することを決定する。

　(a)　すべての国（特に上記8(a)に規定される品目、資材、機材、物品及び技術を生産し又は保有する国）に対し、この決議の8により課された措置を効果的に実施するためにとった行動に関する情報及び委員会がこの関連で有用と考える更なる情報を求めること。

　(b)　この決議の8により課される措置に関して申し立てられた違反に関する情報について検討し、適切な行動をとること。

　(c)　上記9及び10に定める免除の要請を受けた場合に検討し決定すること。

　(d)　上記8(a)(i)及び8(a)(ii)の目的のために特定される追加の品目、資材、機材、物品及び技術について決定すること。

　(e)　上記8(d)及び8(e)により課される措置の対象となる追加の個人及び団体を指定すること。

　(f)　この決議により課される措置の実施を促進するため必要とされる指針

を定めること。
　(g)　安全保障理事会に対し、委員会の作業について、特に上記 8 の規定により課される措置の効果を強化する方法に係る評価及び勧告とともに、少なくとも 90 日ごとに報告すること。
　（以下略）

輸出管理 Q&A

・簡潔にまとめているため、記述が若干不正確な部分があるので、関心がある場合、正確を期するため、是非、該当する本文の記述を読まれたい。また、＊印のある語は巻末の用語集に掲載されている。

Q1	輸出管理とは何ですか。
A1	輸出管理＊とは、国際的な平和と安全の維持を妨げるおそれがあると認められる場合に、貨物＊の輸出又は技術＊の提供に際して、輸出管理当局の許可を要求することを言います。我が国では、外為法及び関係政省令に基づき輸出管理＊が行われています。（→1頁、我が国の輸出管理制度66-125頁）
Q2	どうして輸出管理をしなくてはならないのですか。
A2	輸出管理＊の目的には核兵器などの大量破壊兵器等＊の不拡散や、通常兵器の過剰な蓄積を防止することで、地域的又は世界的な不安定化を防止するという目的があります。輸出管理＊は国連安保理決議により国連加盟各国の義務ともなっています。適切な輸出管理＊によって、輸出した製品が核兵器の開発などに利用されるリスクを軽減することができ、国際的な平和と安全の維持に貢献することができます。万が一、不適切な輸出管理によって核兵器などの拡散に巻き込まれてしまった場合、国際的な平和と安全の維持を脅かす上、輸出した企業などにとっては企業イメージの低下といった無形のものを含め計り知れないダメージを受けることになります。（→輸出管理の必要性（1・2頁）、輸出管理の果たす役割（18-33頁）、社会的制裁（63頁、134頁））
Q3	我が社の製品は兵器、ましてや核兵器とは関係のない民生品です。だから輸出管理とは無縁だと思うのですが…。
A3	輸出管理＊が必要な品目の多くは民生用途で利用されているものですが、同時に軍事用途にも使えるものです。これは、多くの民生技術が軍事用途、場合によっては核兵器などの開発にも利用できるからです。例えば、「カーン・ネットワーク」がリビアに提供した

A 3	ウラン濃縮に利用する遠心分離器の部品（アルミニウム管）は、マレーシア企業が製造したものですが、この企業は軍や原子力産業とは縁のない民間企業だったのです。したがって、核兵器などの開発に必要な技術は、必ずしも特殊なものではなく、広く民生用途に用いられている技術を利用することができます。ですから、自分は関係ないと思っていても巻き込まれてしまう危険性があるので、適切な輸出管理*を通じてこうしたリスクを軽減することができます。 （→民生技術転用の危険性（14-16頁）、「カーン・ネットワーク」59-63頁）
Q 4	輸出管理が必要な品目はどのように決まっているのですか。
A 4	輸出管理*には国際的な枠組み（国際輸出管理レジーム*）があり、我が国も参加しています。国際輸出管理レジーム*では規制が必要な貨物*や技術*について検討され、品目や仕様等がリスト化されています。我が国も国際輸出管理レジーム*での合意に基づいて規制する貨物*や技術*を定めています。この場合、「規制」とは輸出するに当たって許可が必要となるという意味であり、禁輸、すなわち輸出してはならないとう意味ではありません。（→国際輸出管理レジーム（21-23頁）、リスト規制（74-80頁）） また、リスト化されていない貨物*や技術*でも規制対象となる場合があります。これをキャッチオール規制*と言います。（→Q 7参照）
Q 5	輸出しようとする製品に許可が必要であるかどうかはどのようにすれば分かるのですか。
A 5	輸出に当たって許可が必要な貨物*は輸出貿易管理令（輸出令）別表第1に定められています。したがって、輸出しようとする製品が輸出令別表第1に該当するかどうかを確認することが必要です。これを該非判定*（がいひはんてい）といいます。（→Q 6参照） 輸出令別表第1の1の項から15の項にリスト化されている貨物*（リスト規制*）に製品が該当する場合、原則として輸出許可が必要です。（→74-80頁） 輸出令別表第1の16の項に製品が該当する場合（キャッチオール規制*）、さらに客観要件*及びインフォーム要件*に該当するかどうかの確認が必要であり、その上で許可の要否が決定します。（→Q 7参照）
Q 6	該非判定（がいひはんてい）とは何ですか。

A 6	輸出する貨物＊が輸出令別表第1に、又は提供する技術＊が外国為替令（外為令）別表に該当するかどうかを判定する作業を言います。リスト規制＊では、該当する貨物＊又は技術＊は仕向地や用途に関わりなく、原則として輸出許可が必要となります。該非判定は輸出者が最終責任を負う故、輸出者は製品の購入元から資料を取り寄せ、内容を確認する必要があります。（→74-75頁）
Q 7	キャッチオール規制とは何ですか。
A 7	キャッチオール規制＊とは、輸出する貨物＊や提供する技術＊について、許可が必要なものだと品目や仕様等リスト化されていないものであっても、これらが核兵器の開発などのために用いられるおそれがある場合には許可が必要となる制度のことです。具体的には輸出令別表第1及び外為令別表の16の項に掲げられた貨物＊又は技術＊で、客観要件＊又はインフォーム要件＊に該当した場合に、許可が必要になります。なお、16の項とは食料や木材等を除いたほぼ全ての品目が網羅されており、工業製品であれば概ね該当します。（→80-90頁） 客観要件＊とは、輸出者が輸出される貨物などが核兵器の開発などの一定の行為に使用されることを知ったとき、又は貨物などの需要者や利用者が核兵器の開発などを行っていることを知ったときに客観要件＊に該当し、許可が必要となります。（→82-87頁） インフォーム要件＊とは、経済産業大臣から許可が必要であるという通知を受領した場合のことであり、許可が必要となります。（→87頁）
Q 8	海外子会社向けの輸出でも輸出許可は必要なのですか。
A 8	輸出する製品が輸出貿易管理令別表第一の1の項から15の項にリスト化されている貨物＊の場合、用途を問わず輸出許可が必要です。したがって、海外子会社向けの輸出であっても輸出許可が必要です。（→77頁、111頁）
Q 9	海外展示会用に自社製品を海外に持ち出すことも輸出なのですか。
A 9	輸出とは貨物＊を外国に向けて送付する行為一般を指すことから、貿易などの商行為で貨物を外国に輸出する以外にも様々な行為が輸出となります。その際、我が国から持ち出す手段や目的を問いません。例えば、我が国に持ち帰ることを前提に外国での修理や検査等のために貨物を搬出する行為や、逆に海外から修理や検査等を依頼

	された貨物を送り返す行為、貨物を自分の手荷物として外国に持ち出す行為はいずれも輸出に該当します。海外展示会用に持ち出すことも「輸出」に該当します。(→77頁、111頁)
Q10	技術移転も輸出管理が必要な分野なのですか。
A10	輸出管理*は貨物*の輸出と技術*の提供が規制の対象となっています。様々な形態による技術移転は技術*の提供であり、輸出管理の対象となる分野です。(91-95頁)
Q11	国内工場に外国人研修生を受け入れますが、この場合でも輸出管理が必要だと聞いたのですが本当ですか。
A11	技術*の提供では、居住者*（主に日本人）から非居住者*（主に外国人）への取引が規制されます。居住者*が我が国に所在する非居住者*に技術*を提供するときも規制対象であり、具体的には我が国国内の工場で外国人研修生に技術移転をする場合などにこうした技術*の提供に該当することがあります。したがって、我が国国内での技術*の提供にも輸出管理*が必要な場面があります。(→92-93頁)
Q12	輸出管理のためにコンプライアンス・プログラムを作れと言われました。コンプライアンス・プログラムとは何ですか。
A12	我が国の輸出管理*は輸出者の自主管理に依存した制度となっています。不適切な輸出管理*による外為法に違反した輸出を未然に防止するためには、社内規程の整備と実施が重要になります。こうした輸出管理に関する外為法等の法令を遵守し、違反を未然に防ぐための社内規程をコンプライアンス・プログラム*（輸出管理社内規程*）と言います。コンプライアンス・プログラム*はあくまでも自主管理の一環であることから法的な義務ではありませんが、近年の大量破壊兵器の拡散*防止や国際的な輸出管理強化の流れにおいて、企業等におけるリスク管理などの観点からこうした自主管理体制の構築は社会的にも強く要請されているところです。(→101-110頁)

安全保障貿易管理用語集

- この用語集で＊印が付してある用語は、この用語集に収録されていることを示す。
- 「別表」とは、輸出貿易管理令別表第1及び外国為替令別表の総称であり、「各表」とはいずれかの別表を指す。
- 用語解説の末尾にカッコで示されているものは、関係する法令を示す。例えば、「貿易外省令9-1-十-ロ」は、「貿易外省令第9条第1項第十号ロ」を意味する。
- 関係法令の略称及び正式名称は末尾に掲載した。

<和　文>

明らかガイドライン

キャッチオール規制＊の需要者要件＊に該当するかどうかを確認する際に用いられる「輸出者等が『明らかなとき』を判断するためのガイドライン」のことで、輸出しようとする貨物等＊の用途並びに取引の条件及び態様から、当該貨物等＊が大量破壊兵器等＊の開発等＊、あるいは経済産業大臣が定める大量破壊兵器等＊の開発等＊と関連性のある行為（別表に掲げる行為＊）以外の行為に用いられることが「明らかなとき」に当るか否か判断するためのガイドライン。

暗号特例

輸出令第4条（特例）第1項第五号（注1）にて、経済産業大臣が告示で定める貨物（暗号特例告示）はリスト規制＊に該当する貨物でも輸出許可が不要となる。暗号特例貨物は以下のいずれか。

1. 輸出令別表第1の8の項（コンピュータ）の貨物であって、貨物等省令の第7条第一号ハ（注2）に該当するもの、
2. 輸出令別表第1の9の項（通信関連）の（7）から（10）までの貨物であって、貨物等省令の第8条第九号から第十二号までのいずれかに該当するもの、

上記1及び2のいずれの場合も、「在庫から販売され、暗号機能が変更できず、技術支援が不要」の全てに該当すること。

注1：「輸出令4－1－五」には、「8の項又は9の項の（7）－（10）の貨物のうち、仕様及び販売の態様からみて、取引内容を特に考慮する必要がないとして、経済産業大臣が告示で定めるもの（非ホワイト国向けは、客観要件及びインフォーム要件に該当しないときに限る）」と定められている。
注2：「貨物等省令第7条第一号ハ」は、以下の貨物等省令第8条第九号から第十二号までのいずれかに該当する貨物と同等の機能を有するもの」と規定されている。（特定のプログラムにより、下記と同等の機能を有するものを除く）
…第8条第九号：暗号装置又はその部品
　　　　第十号：信号漏えい防止装置又はその部品
　　　　第十一号：秘密保護機能等を有する装置又はその部品
　　　　第十二号：盗聴検知機能システム又はその部品

安全保障貿易管理　→輸出管理

安全保障貿易情報センター

（財）安全保障貿易センター（CISTEC：Center for Information on Security Trade Control）は、1989年に設立された企業の輸出管理*を支援する経済産業省所管の財団法人である。CISTECでは企業向けに個別輸出における輸出管理*の相談に応じるほか、規制貨物に関するガイダンスやモデルCPの提供、法改正等に伴う説明会の開催等と行っている。また、アジア輸出管理セミナーを主催し、アジア諸国の輸出管理の向上にも努力している。さらに、産業界の意見を集約して政府に提言している。

域外適用（米国法）

米国では、米国以外に居住する外国人に対しても米国国内法に基づく規制を行っている分野がある。輸出管理*分野では、米国から輸出された貨物が再輸出され別の第三国に輸出された場合、再輸出の際にも米国から直接輸出された場合と同様の規制を受ける。したがって、必要に応じ、再輸出許可等を米国商務省等から取得しなければならない（再輸出規制*）。

一般包括許可

一括して許可しても、輸出管理*上問題ないと認められる場合に、輸出令別表第1又は外為令別表の2～14の項のうちの特定の地域と特定の貨物又は特定の技術を指定して、3年を超えない範囲で経済産業大

臣が許可する制度。一般包括許可の取得に当たっては、「輸出管理社内規程*の整備と確実な実施」が申請の条件とされている。

委任立法
法律の委任に基づき、立法府以外の機関が法規を制定すること。

インフォーム要件
キャッチオール規制*において、輸出しようとしている貨物又は提供しようとしている技術*が大量破壊兵器等*の開発等*に使用されるおそれがあるとして、経済産業大臣より許可申請すべき旨の通知（インフォーム）を文書で受けた場合を指す。輸出者がインフォームを受領した場合、必ず輸出許可が必要となる。

この他、積替規制、仲介取引規制、通常兵器に係る補完的輸出規制でも経済産業大臣より許可申請すべき旨の通知（インフォーム）を文書で受けることがあり、同様に必ず輸出許可が必要となる。

インボイス
売り手と買い手の輸出入契約に基づいて作成し、誰から誰に貨物をいくらで販売するかを簡潔に記載した書類のこと。

迂回輸出
貨物を第三国を経由して輸出すること。最終仕向地を偽装する場合に利用されることが懸念される。

役務取引
1　労務又は便益の提供を目的とする取引（外為法25-3）。外為法第25条第1項に規定する技術の提供は役務取引の一形態である（2参照）。

2　居住者*が外為令別表で規制対象となる技術*やプログラム*を非居住者*に提供する場合には、提供形態、提供手段に拘らず、役務取引許可の対象となり、少額特例はない。

役務取引の時点
1　貨物の形による技術データの形態を提供する場合は、その貨物を非居住者*に引渡したとき、又は非居住者*に提供することを目的として外国に向けた船舶若しくは航空機に積込んだときのいずれか早い方。

2　技術支援＊又は貨物＊の形によらない技術データ＊の形態を提供する場合は、これ等の技術＊が非居住者＊に提供されたとき。

HSコード
貨物をその性質などを基に分類してそれに番号をつけて、輸出国と輸入国での審査を簡単にしたもの。HS条約に加盟した国で利用されており、10桁のコードのうち、初めの6桁は世界共通。残りの4桁はそれぞれの国の内情に委ねられている。

オーストラリア・グループ（AG）
化学・生物兵器の開発・製造に使用しうる関連汎用品及び技術の輸出管理を通じて、化学・生物兵器の拡散を防止することを目的とする国際輸出管理レジーム＊。2008年4月現在、40か国で構成されている。

外国ユーザーリスト
大量破壊兵器等＊の開発等に関連が指摘されている等、懸念が払拭されない企業・組織についての情報で、キャッチオール規制＊で客観要件＊における需要者要件＊を判断する際に必要となる情報。外国ユーザーリストに該当する企業・組織向けに輸出する場合、大量破壊兵器等＊の開発等＊に用いられないことが明らかな場合は、許可申請は不要である。大量破壊兵器等＊の開発等＊に用いられないことが「明らか」かどうかを判断するためには明らかガイドライン＊を用いる。大量破壊兵器等＊の開発等＊に用いられないことが明らかではない場合、輸出許可が必要である。

改正補完的輸出規制　→キャッチオール規制

ガイドライン：法令や施策などの解釈等を明確にし、円滑な法令などの運用を行うための指針。

開発等：開発、製造、使用又は貯蔵（輸出令4-1三-イ）

該非判定
1　輸出する貨物＊が輸出令別表第1に、又は提供する技術＊が外為令別表に該当するかどうかを判定する作業を指す。リスト規制＊では該当する貨物＊又は技術＊は仕向地＊や用途に関わりなく原則として輸出許可が必要となる。該非判定は輸出者が最終責任を負うゆえ、輸出者は購入元から資料を取り寄せ、内容を確認しておく必要

がある。

2 当該貨物＊又は技術＊がリスト規制＊に該当した場合は、貨物等省令の条番号を特定してゆくこと。項目別対比表＊やパラメーターシート＊を使用して該否判定を行うことが多い。

化学兵器禁止機関（OPCW）

化学兵器禁止条約＊（CWC）の発効に伴い1997年5月オランダのハーグに設置された国際機関。CWC＊に基づき化学兵器の廃棄のために化学兵器及び生産施設の廃棄の進捗を、査察を通じて検証し、また化学兵器の不拡散のために毒性化学物質を扱う産業施設等に対しても査察を行っている。

化学兵器禁止条約（CWC）

開発、生産、保有を含めた化学兵器の全面的禁止及び厳密な検証制度を特徴とする条約。1993年署名、1997年発効。2008年7月現在の締約国は184か国。

係る技術

関係する全ての技術。「専ら係る技術＊」とは異なり他の貨物にも用いることができる技術も含む。

拡　散　→大量破壊兵器等の拡散

核兵器等

核兵器、軍用の化学製剤若しくは細菌製剤若しくはこれらの散布のための装置又はこれらを運搬することができるロケット若しくは無人航空機（輸出令4-1-三-イ）。政省令においては核兵器等の用語が使われているが、基本的に大量破壊兵器等＊と同義であるため、本書では大量破壊兵器等＊に統一してある。

核兵器不拡散条約（NPT）

米露中英仏の5か国を「核兵器国」と定め、それ以外の非核兵器国による核兵器取得等の禁止と保障措置の受け入れ、核兵器国による核軍縮のための誠実な交渉義務等を定めている国際条約。1968年に成立し、1970年発効。日本は1976年批准。2007年5月現在の締約国は190か国（国連加盟国の中で非締約国は、インド、パキスタン、イスラエル）。

貨　物

貴金属、支払手段及び証券その他債権を化体する証書以外の動産をいう（外為法第5条第1項第15号）が、資機材を含めおよそ物として化体しているものは、ほとんど貨物に含まれる。

貨物等
貨物＊及び技術＊を言う。

技 術
貨物＊の設計、製造又は使用に必要な特定の情報を言い、技術データ＊及び技術支援＊の形態により提供される。プログラム＊は技術データに含まれる。

技術支援
技術指導、技術訓練、作業知識の提供、コンサルティング・サービス、電話による説明、その他の形態をとる。

技術データ
文書又はディスク、テープ、ROM等の媒体もしくは装置に記録されたもので、青写真、設計図、線図、モデル、数式、設計仕様書、マニュアル、指示書等の形態を取るもの又はプログラムを言う。

基礎科学分野の研究活動
自然科学の分野における現象に関する原理の究明を主目的とした研究活動であって、理論的又は実験的方法により行うものであり、特定の製品の設計又は製造を目的としないものを言う。

客観要件
キャッチオール規制＊において、輸出者が、その取引に関して入手した契約書、注文書、仕様書等の文書又は輸入者、需要者、利用者等からの連絡によって、次のいずれかの情報を得た場合には輸出許可が必要となる。①貨物等＊が大量破壊兵器等＊の開発等、あるいは経済産業大臣が定める大量破壊兵器等＊の開発等＊と関連性のある行為（別表に掲げる行為＊）に使用される情報を入手した場合、必ず輸出許可が必要である（用途要件＊）。②貨物等の需要者や利用者が大量破壊兵器等＊の開発等＊又はその関連行為を行う、あるいは行った旨の情報を入手した場合、原則として輸出許可が必要である。ただし、当該貨物の輸出又は技術の提供が大量破壊兵器等＊の開発等＊以外に用いられ

ることが明らかな場合を除く（需要者要件*）。用途要件*及び需要者要件*を合わせて客観要件と呼ぶ。

キャッチオール規制

1. 輸出令別表第1及び外為令別表の16の項に掲げられた貨物又は技術*を対象とし、これらが大量破壊兵器等*の開発等*のために用いられるおそれがある場合、具体的には、客観要件*（用途要件*及び需要者要件*）又はインフォーム要件*に該当した場合に、経済産業大臣の許可を義務付ける制度。
2. 輸出時点で、最終需要者と最終用途が判らなければ、キャッチオール規制の対象外となる。外為法上は輸出の時点、即ち、船積みまでキャッチオール規制に関する確認の義務がある。
3. 補完的輸出規制*を改正したとの観点から、改正補完的輸出規制*と呼ばれることもある。

許 可

法令で一般的には禁止されている行為について、特定の場合にこれを解除し、適法にその行為ができるようにする行政行為。従って、許可されないケースも想定される。

居住者

1. 本邦内に住所又は居所を有する自然人及び本邦内に主たる事務所を有する法人
2. 本邦内にある事務所（外国政府機関等を除く）に勤務する外国人や、入国後6か月を経過した外国人は居住者とみなされる。

組立て（アセンブリ）

複数の部品を組立て、一つの機能を持つ貨物を作ること。

経済産業大臣が定める行為　→別表に掲げる行為

化体する

無形の権利、例えば、技術が有形の証券や文書等に体現されること。

懸念4か国

輸出令別表第4に記載されていたイラン、イラク、北朝鮮及びリビアを指していた。懸念4か国向け輸出は少額特例*や包括許可*が適用されなかった。しかしながら、リビアをめぐる国際情勢の変化を踏ま

えリビア向け輸出には少額特例＊が適用されるように輸出令が改正された。

原子力供給国グループ（NSG）
核兵器開発に使用されうる資機材・技術の輸出管理＊を通じて核兵器の拡散を阻止することを目的とし、2008年6月末現在45か国で構成される国際輸出管理レジーム＊。原子力専用品・技術の規制指針であるロンドン・ガイドライン・パート1（1978年成立）と、原子力関連汎用品・技術の規制指針であるロンドン・ガイドライン・パート2（1992年成立）を指針として、NSG参加国政府の国内法規則に基づいて輸出管理＊が行われている。

工業所有権（産業財産権）
特許権、実用新案権、意匠権及び商標権を指す。

公訴の時効
刑事訴訟法に基づき外為法の公訴時効は5年とされている（起算日は、輸出の時点（BL DATE））。輸出者等は、該非判定等の書類を少なくとも5年間保管しておく必要がある。役務についても、居住者から非居住者へ役務が提供された日から起算して、関係書類を少なくとも5年間保管しておく必要がある。

公知の技術
既に公開されている技術であって、更に多くの者が何らの制限を受けることなく利用可能なものを言う。詳細は貿易外省令9-1-五参照。

高濃縮ウラン（HEU）
天然ウラン（核分裂するウラン235の割合が0.7％）を濃縮することによって得られる、ウラン235の濃縮度が20％以上であるウランをいう。

項目別対比表／パラメータ・シート
輸出者等＊が該非判定＊において貨物等＊が別表に該当するかどうかを判定することを容易にするために（財）安全保障貿易情報センター＊が法令や解釈を集約したもの。

国際原子力機関（IAEA）
原子力の平和的利用を促進するとともに、原子力が軍事的に利用されないことを確保するための保障措置の実施を目的とした国際機関

(1957年設立)。1)保障措置の実施、2)原子力発電及び核燃料サイクル分野での企画、研究、及び開発、3)医療、鉱工業、食品、農業等への放射線利用及び応用の促進、4)原子力安全上の基準の作成及び普及、5)原子力の平和的利用に係わる技術協力といった幅広い活動を行う。

国際輸出管理レジーム

大量破壊兵器等＊や通常兵器に利用可能な貨物や技術の供給能力を持ち、不拡散の目的に同意する諸国が輸出管理＊についての国際的な紳士協定に基づく枠組み。現在、NSG（原子力供給国会合）＊、AG（オーストラリア・グループ）＊、MTCR（ミサイル技術管理レジーム）＊及びWA（ワッセナー・アレンジメント）＊の4つの国際輸出管理レジームがあり、我が国はその全てに参加している。

ココム／ココム規制

東西冷戦時代に共産圏へのハイテク製品の輸出を規制するために実施されたもので、1949年に創設され、我が国は1952年に参加。ココムは国際条約ではなく、合意事項は参加各国の国内法により実施していたが、ココムに基づく外為法上の輸出管理をココム規制という。ココムは東西冷戦終結を受け、1994年3月にその使命を終えて解散した。

コンプライアンス・プログラム（CP） →輸出管理社内規程

再輸出規制（米国法）

米国における輸出管理＊では、米国から輸出された貨物＊が再輸出され別の第三国に輸出された場合、再輸出の際にも米国から直接輸出された場合と同様の規制を受ける。したがって、必要に応じ、再輸出許可等を米国商務省等から取得しなければならない。これを再輸出規制という。例えば、我が国が米国から輸入した貨物＊を加工等して第三国に再輸出する場合、外為法上の輸出管理に加えて、米国の再輸出規制にも注意する必要がある。

事後審査

経済産業省が無許可輸出や無許可役務提供を行った者に対して、無許可輸出等に至った原因分析や再発防止策の策定支援等を行うもの。

仕向地

最終的に消費、加工が行われる国。加工される国と消費される国とが異なることが明らかな場合は、消費される国。

出荷管理

取引審査＊を終了し、輸出許可が必要な場合には輸出許可を既に取得していることを確認する。さらに、出荷される貨物と記載されている書類の内容が一致していることを確認することを指す。これらに問題があった場合には出荷又は技術＊の提供が一時停止できる体制にしておくことが、適切な輸出管理＊には必要である。コンプライアンス・プログラム＊で規定されることが求められている。

需要者

貨物を費消又は加工する者。需要者の確認は、私企業の場合は法人単位で、政府機関の場合は行政機関単位で行う。

需要者等

技術＊を利用する者、又は貨物＊の需要者＊

需要者要件

キャッチオール規制＊において、輸出者等が入手した文書等＊、又は輸入者等＊からの連絡により、貨物＊又は技術＊の需要者が核兵器等＊の開発等＊を行う又は行ったおそれがある場合について定めたものである。ただし、当該貨物＊の輸出又は技術＊の提供が大量破壊兵器等＊の開発等以外に用いられることが明らかな場合は除かれており、明らかガイドライン＊で確認する必要がある。需要者要件に該当する場合には経済産業大臣の輸出許可が必要となる（客観要件＊参照）。

使用

操作、据付（現地据付を含む）＊、保守（点検）、修理、オーバーホール、分解修理等の設計及び製造＊以外の段階で用いられる技術を言う。

仕様

貨物＊又は技術＊の性能を数値等で示したもの。リスト規制＊では貨物等省令において規制される貨物＊や技術＊の仕様が具体的に示されている。

少額特例

輸出令第4条第1項第四号に規定されている特例で、リスト規制＊に

該当する貨物＊を輸出する場合、輸出貨物の金額が以下の金額であれば、許可申請は不要となる。技術＊の提供及びキャッチオール規制＊には適用されない（注2参照）。

輸出令別表第1の項番		右記三か国以外	イラク、イラン、北朝鮮
1の項		適用不可	
2～4の項		適用不可	
5～13の項	告示(注1)で定める貨物	5万円以下	適用不可
	告示で定める貨物	100万円以下	
14の項		適用不可	
15の項		5万円以下	適用不可

注1：少額特例が5万円以下の貨物として、「輸出貿易管理令別表第3の3の規定により経済産業大臣が定める貨物」に規定されている。
注2：ホワイト国＊以外の国・地域向けの場合は、客観要件＊又はインフォーム要件＊に該当しないことが条件となる。
注3：少額特例の適否は、一契約における輸出令別表第1の項番の総価額＊に拠る。

数値制御

動作が進行中に読み取れる数値データを扱う装置によって行われるプロセス自動制御を言う。

据　付（現地据付を含む）

単体又は組立品であっても、ひとつにまとめられているものの設置を言い、据付は製造＊の一部ではなく使用＊の技術と考えられるため、据付が輸出に含まれる場合には貨物＊の輸出についての該非判定＊だけでなく、技術＊の提供についても該非判定＊を行う必要がある。

スペック／スペックダウン品

スペックとは仕様＊や能力のこと。輸出管理＊におけるスペックダウン品とは、貨物＊又は技術＊のスペックがリスト規制＊の規制値以下の貨物＊や技術＊を指す。

製　造

建設、生産エンジニアリング、製品化、統合＊、組立て（アセンブリ）＊、検査、試験、品質保証等のすべての製造工程を言う。

設　計

設計研究、設計解析、設計概念、プロトタイプの製作及び試験、パイ

ロット生産計画、設計データ、設計データを製品に変化させる過程、外観設計、総合設計、レイアウト等の一連の製造過程の前段階のすべての段階を言う。

生物兵器禁止条約（BWC）
開発、生産、保有を含めた生物兵器の全面的禁止及び保有する生物兵器の廃棄を目的とする条約。1972年署名、75年発効。2008年7月現在の締約国は162か国。

専用技術　→専ら係る技術

ソフトウェア
コンピュータで利用するために考案・設計されたもの、又は、コンピュータで実行する形にしたもの。

大量破壊兵器（WMD）
一般に、核兵器、生物兵器、及び化学兵器をいう。

大量破壊兵器等
大量破壊兵器＊及びミサイル等の運搬手段を総称した言い方。政省令で規定されている核兵器等＊と同義。

大量破壊兵器等の拡散
大量破壊兵器等＊を保有する者が増大していくことを指す。

デュアルユース（dual use）品　→汎用品

電磁的記録
電子的方式、磁気的方式その他の人の知覚によっては認識することができない方式で作られた記録を言う（おそれ省令）。

特定包括許可
特定の貨物＊又は技術＊と仕向地（提供地）の範囲で、コンプライアンス・プログラム（CP）＊を的確に実施している輸出者が、継続的な取引関係を有する同一の非居住者＊との間で行う取引について、2年を超えない範囲で経済産業大臣が許可する制度。CP＊を整備し、安全保障貿易検査官室に届け、受理票の交付を受け、経済産業省による実地の調査を事前に受けることが必要である。対象は輸出令別表第一又は外為令別表の2～14の項の内の特定のもの。

取引審査

取引審査では、①該非判定*、②用途確認、③需要者確認を行う。①〜③を踏まえて当該取引の可否を総合的に審査することを言う。輸出管理部門が審査を行い、その取引の承認を行う。承認されない場合はその取引は行われないことが、適切な輸出管理*には必要である。コンプライアンス・プログラム*で規定されることが求められている。

パラメータ・シート　→項目別対比表

汎用技術
民生用途にも軍事用途にも利用可能な技術*。「両用技術」とも言う。

汎用品
民生用途にも軍事用途にも利用可能な貨物*。「両用品」とも言う。

非居住者
居住者*以外の自然人及び法人を指す。本邦人であっても、外国にある事務所に勤務する者は非居住者と見なされる。

必要な技術
規制の性能レベル、特性若しくは機能に到達し、又は、これらを超えるために必要な技術*を言う。例えば、あるレベルの製品を製造*する場合に、Aという技術*を使ったが、レベルを到達できなかったが、Aに加えてBという技術*を使って当該レベルを超えた場合、Bは必要な技術*として規制され、Aは必要な技術*以外の技術*とみなされる。この場合、Bは輸出令別表第1の非該当貨物の製造*に使用する場合であっても、規制の対象となり、許可が必要となる（役務通達別紙1）。

不拡散型輸出管理
NSG（原子力供給国会合）*、AG（オーストラリア・グループ）*、MTCR（ミサイル技術管理レジーム）*及びWA（ワッセナー・アレンジメント）*の四つの国際的な輸出管理*の枠組みによる輸出管理*を言う。兵器及びその専用品のみならず、汎用品（デュアルユース品）*も規制対象とし、大量破壊兵器等*の拡散防止や通常兵器の過剰な蓄積を防止すること等を目的とする。

武　器
外為法上の武器とは、軍隊が使用するものであって、直接戦闘の用に

供されるものを言い、具体的には、輸出令別表第1の1の項の（1）
～（14）までのうち、前述の定義に相当するものを言う。
武器輸出三原則
次の場合には、原則として、武器の輸出は認めない。
1　共産圏諸国向けの場合
2　国連決議により武器等の輸出が禁止されている国向けの場合
3　国際紛争当事国又はそのおそれのある国向けの場合
武器輸出に関する政府統一見解（武器輸出三原則等）
1　武器輸出三原則対象地域については、武器＊の輸出は認めない。
2　武器輸出三原則対象地域以外の地域については、憲法及び外為法の精神にのっとり、武器＊の輸出は慎むものとする。
3　武器製造関連設備の輸出については、武器＊に準じて取り扱うものとする。
不正輸出等
外為法の趣旨、即ち、国際的な平和及び安全の維持に反して輸出されたり、現地で転売されたりすること。このようなことがないよう、可能な範囲で対策を講じることが望まれる。
プログラム
コンピュータに特定の処理を実行させるための一連の命令であり、電子装置が実行できる形式又はその形式に変換可能なものを言う。広義には、ソフトウェアと同義。なお、技術＊の中にプログラムは含まれるが、プログラムのみが規制される場合には、プログラムと特記される。又、プログラムを除く、技術＊のみが規制される場合は、「技術（プログラムを除く）」と規定される。
文書等
1　貨物＊の輸出に関する契約書若しくは輸出者が入手した文書、図画若しくは電磁的記録＊（電子的方式、磁気的方式その他の人の知覚によって認識することができない方式で作られた記録をいう）（おそれ省令）。
2　技術＊の提供に関する契約書若しくはその取引を行おうとする者が入手した文書、図画若しくは電磁的記録＊（おそれ告示）。

併　科
併合罪の処断に関し、各罪について定められている刑罰を併せ執行すること。外為法第48条第1項に違反して、経済産業大臣の許可を受けずに、貨物の輸出あるいは技術の提供をした者は、5年以下の懲役若しくは200万円以下の罰金、又は、これを併科される。ただし、違反行為の目的物の価格の5倍が200万円を超えるときは、罰金は当該価格の5倍以下とする。

ペイロード
一般的には貨物の積載重量を指すが、ミサイル分野では弾頭部分に搭載する爆薬や起爆装置等の重量を指す。

別表行為　→別表に掲げる行為

別表に掲げる行為
おそれ省令別表の一号～六号の総称で、大量破壊兵器等*の開発等*と関連性のある行為を指す。キャッチオール規制*において、用途要件*を判断する際に確認する必要がある。

包括許可
リスト規制*に該当する貨物*を輸出又は技術*を提供する場合、基本的には輸出ごと、又は提供ごとに許可（個別許可）を取得することが必要である。これに対して、そうした輸出又は提供を一括して許可しても、輸出管理上問題ないと認められる場合に、特定の地域と特定の貨物*及び特定の技術*を指定して経済産業大臣が包括的に許可する制度。包括許可には一般包括許可*、特定包括許可*及び特別返品等包括許可等がある（輸出規則2の2、貿易外省令7）。これらを取得すると、個別の輸出許可申請が不要となる。なお、包括許可の取得に当たっては、「輸出管理社内規程*の整備と確実な実施」が申請の条件となっている。

補完的輸出規制
2008年11月から導入される通常兵器への転用懸念を対象とする非リスト規制を通常兵器に係る補完的輸出規制と呼ぶ。

元々はキャッチオール規制*の導入前に大量破壊兵器*不拡散を目的として、輸出令別表第一の2～4の項のスペックダウン品*を16の項

で取り上げ、大量破壊兵器等＊に使われることを知っている場合、あるいは政府から通知を受けた場合に輸出許可を義務づけたものである。我が国では1996年に導入された。

しかしながら、これら以外の貨物＊には規制の網が掛けられていなかったため、規制対象外の貨物＊が大量破壊兵器等＊の開発等＊に利用される可能性があるとの指摘がなされたため、2002年4月より、キャッチオール規制＊を導入することになった。

ホワイト国

不拡散政策遵守国のことで、輸出令別表第3に規定されている国であって、キャッチオール規制＊等の対象外となる国を指す。現在26か国が規定されている。

ミサイル技術管理レジーム（MTCR）

大量破壊兵器＊の運搬手段となるミサイル及びその開発に寄与しうる関連汎用品＊・技術＊の輸出規制を目的とする国際輸出管理レジーム＊。2007年11月現在、34か国で構成されている。

未遂罪

犯罪の実行行為に着手したものの、結果が発生しなかったため、犯罪が完成しなかったが処罰されるもの。外為法第48条第1項の違反に対しては、未遂罪も罰せられ、その成立時期は犯罪の実行に着手した時、即ち、貨物を保税地域に搬入し、輸出申告を行った時点と解される。

みなし輸出（米国法）

米国では、技術移転（technology transfer）を輸出（export）の概念に含め、米国人（米国籍保有者、市民権、永住権を有する者を含む）から、非米国人への技術又はソフトウェアの開示（release）をその本国への輸出とみなす「みなし輸出（Deemed Export）」規制が行われている。「みなし輸出」規制は、米国内に居る米国人が米国外に所在する非米国人への規制対象技術等の開示だけでなく、米国内に所在する非米国人へ規制対象技術等を開示する場合についても米国商務省の技術移転許可の対象となる。

無形技術

例えば、工場見学の際の説明や通信回線（電話、FAX、電子メール等）

など有形の媒体に化体せずに提供される技術*

専ら係る技術

キャッチオール規制*の対象となる技術*を指し、輸出令別表第1の16の項に該当する貨物*以外の貨物*に適用できる技術*以外のもの。すなわち、16の項の規制対象貨物*に係る技術*であっても、この貨物*以外の貨物*と共通する技術*はキャッチオール規制*の対象外である。

有形技術

資料提供を伴う形で提供される技術*。例えば、文書又はディスク、テープ、ROM等の媒体若しくは装置に記録された技術データの提供を言う。文書等の有形のものに化体*して提供される技術*。

輸出管理

国際的な平和と安全の維持を妨げるおそれがあると認められる場合に、貨物*の輸出又は技術*の提供に際して、輸出管理当局の許可を要求することをいう。我が国では、こうした観点から外為法により経済産業大臣の許可を取得することが要求されている。

輸出管理社内規程

輸出管理*に関する外為法等の法令を遵守し、違反を未然に防ぐための社内規程をいう。コンプライアンス・プログラム（CP）*ともいう。経済産業省は輸出者による自主管理体制の整備を促進するため、輸出者に対して輸出管理社内規程の整備と実施を呼びかけている。輸出管理社内規程には、以下の9項目を定めることを求めている。1輸出管理体制、2取引審査*、3最終判断権者の疑義ある取引の未然防止、4出荷管理*、5監査、6教育、7資料管理、8子会社等指導、9違反。

輸出者が入手した文書等

輸出者がその貨物の輸出に当たっての個々の契約に限定されず、輸出の前に入手した全ての文書等*を言う。輸出者に対して特定の文書等の入手を義務づけるものではなく、通常の商慣習の範囲内で入手した文書等を意味する（文書等告示）。

輸出者等

輸出者又は取引を行おうとする者（明らかガイドライン）。
輸出等
　貨物＊の輸出（輸出を前提とする国内取引を含む）及び居住者＊から非居住者＊への技術＊の提供をいう。
輸出の時点
　貨物＊を外国へ向けて送付するために、船舶又は航空機に積込んだ時を指す。
輸入者等
　貨物＊の輸入者又は技術＊の提供を目的とする取引の相手方をいう。
要　件
　特定の法律上の資格、行為等に必要とされる前提条件。
用途要件
　輸出者等＊が入手した文書等＊又は輸入者等＊からの連絡で、当該貨物・技術＊が大量破壊兵器等＊の開発等＊に使用されるおそれがある場合を指す。
リスト規制
　輸出令別表第1又は外為令別表の1の項から15の項に該当する貨物＊の輸出又は技術＊の提供をしようとする場合に、経済産業大臣の許可を必要とする制度。貨物等省令に規制の対象となる貨物＊又は技術＊のスペック＊が具体的に規定されている。規制の対象となる貨物の輸出や技術の提供をしようとする場合には、一部の例外に該当する場合を除き、用途の如何に関係なく経済産業大臣の許可が必要となる。
ワッセナー・アレンジメント（WA）
　通常兵器及び通常兵器の開発・製造に使用されうる汎用品＊や技術＊の国際的な移転に関し、透明性の向上及びより責任ある管理の実行を目的とする国際輸出管理レジーム＊。2007年12月現在、40か国で構成されている。

＜欧　文＞

AG（Australia Group）　→オーストラリア・グループ
BWC（Biological Weapons Convention）　→生物兵器禁止条約

CISTEC →安全保障貿易情報センター

CP →コンプライアンス・プログラム

CWC（Chemical Weapons Convention）→化学兵器禁止条約

EAR（Export Administration Regulation）【輸出管理規則（米国法）】
米国の汎用品に関する輸出管理規則で、輸出許可は商務省が所掌する。

HEU（Highly Enriched Uranium）→高濃縮ウラン

IAEA（International Atomic Energy Agency）→国際原子力機関

ICBM（Intercontinental Ballistic Missile）【大陸間弾道ミサイル】
射程が5500kmを超える弾道ミサイル

IRBM（Intermediate-range ballistic missile）【中距離弾道ミサイル】

ITAR（International Traffic in Arms Regulations）【国際武器取引規則（米国法）】
米国の武器に関する輸出管理規則で、輸出許可は国務省が所掌する。

MAD（Mutual Assured Destruction）【相互確証破壊】
一方が他方に対して先制核攻撃を加えても、攻撃を受けた国が攻撃国に対して耐え難い被害を与えうる第二撃（反撃）を加える能力を確保することにより、お互いに核攻撃を思いとどまる（抑止）という考え方

MRBM（Medium-range ballistic missile）【準中距離弾道ミサイル】
射程が1000～3000kmの弾道ミサイル
射程が3000～5500kmの弾道ミサイル

MTCR（Missile Technology Control Regime）→ミサイル技術管理レジーム

NPT（Treaty on the Non-Proliferation of Nuclear Weapons）→核兵器不拡散条約

NSG（Nuclear Suppliers Group）→原子力供給国グループ

OPCW（Organization for Prohibition of Chemical Weapons）→化学兵器禁止機関

PSI（Proliferation Security Initiative）【拡散に対する安全保障構想】
国際社会の平和と安定に対する脅威である大量破壊兵器＊・ミサイル及びそれらの関連物資の拡散を阻止するために、国際法・各国国内法の範囲内で、参加国が共同してとりうる移転（transfer）及び輸送

(transport）の阻止のための措置を検討・実践する取組。2003年5月、ブッシュ米大統領が提唱し、現在、日本、米国、英国、伊、オランダ、豪州、仏、独、スペイン、ポーランド、ポルトガル、シンガポール、カナダ、ノルウェー、ロシアの15か国をはじめとする60か国以上が、PSIの活動の基本原則を定めた「阻止原則宣言」を支持し、実質的にPSIの活動に参加・協力している。PSI活動の主眼は、①連携の深化（阻止訓練の実施や情報交換など）、及び②連携の拡大（アウトリーチ活動）。

QDR（Quadrennial Defense Review）【4年ごとの国防計画の見直し（米国国防省）】
「軍隊の戦力構成見直し法」（1996年発効）により米国防長官が4年ごとに行う国防計画の見直し

SLBM（Submarine-Launched Ballistic Missile）【潜水艦発射弾道ミサイル】
潜水艦から発射する弾道ミサイル（射程にかかわらず全てを含む）

SRBM（Short-range ballistic missile）【短距離弾道ミサイル】
射程が1000km未満の弾道ミサイル

TEL（Transporter-Erector-Launcher）【発射台付き車両】
弾道ミサイルを運搬して発射位置などへ移動し、ミサイルを起立させ、発射まで行うことができるように設計された車両

WA（Wassenaar Arrangement）　→ワッセナー・アレンジメント

WMD（Weapons of Mass Destruction）　→大量破壊兵器

法令用名略語一覧

(五十音順)

暗号特例告示　輸出貿易管理令第4条第1項第五号の規定に基づき、経済産業大臣が告示で定める貨物を定める件

運　用　通　達　輸出貿易管理令の運用について

役　務　通　達　外国為替及び外国貿易法第25条第1項第一号の規定に基づき許可を要する技術を提供する取引について

おそれ告示　貿易関係貿易外取引等に関する省令第9条第1項第四号イの規定により経済産業大臣が告示で定める提供しようとする技術が核兵器等の開発等のために利用されるおそれがある場合

おそれ省令　輸出貨物が核兵器等の開発等のために用いられるおそれがある場合を定める省令

外　為　法　外国為替及び外国貿易法

外　為　令　外国為替令

貨物等省令　輸出貿易管理令別表第1及び外国為替令別表の規定に基づき貨物又は技術を定める省令

文書等告示　輸出貨物が核兵器等の開発等のために用いられるおそれがある場合を定める省令第二号及び第三号の規定により経済産業大臣が告示で定める輸出者が入手した文書等

別表第3の3告示　輸出貿易管理令別表第3の3の規定により経済産業大臣が定める貨物

貿易外省令　貿易関係貿易外取引等に関する省令

輸　出　令　輸出貿易管理令

◇ 索　引 ◇

◆ あ行 ◆

アウトリーチ ……………… 28, 30, 32
明らかガイドライン ………… 83-85, 88,
　　　　　　　　　　187, 226, 229, 235
アジア輸出管理政策対話 ………… 29, 30
アジア輸出管理セミナー …… 29, 101, 227
暗号特例 ………………… 80, 112, 226
安全保障貿易管理説明会（適格説明会）
　………… 77, 85, 87, 100, 105, 107, 109
安全保障貿易情報センター（CISTEC）
　……………………… 29, 100, 227, 234
安全保障貿易に係る機微技術管理ガイ
　ダンス（大学・研究機関用）……121,
　　　　　　　　　　　　　　　　166
一般包括許可 ……………… 79, 91, 104,
　　　　　　　107-109, 115, 227, 240
イラン ………………………… 39, 43, 53
イラン向けジェットミル不正輸出事件
　………………… 127, 140, 149, 152, 176
インフォーム …………… 132, 142, 144, 149,
　　　　　　　　171, 173, 185, 186
　──の効力 ………………………… 87
インフォーム要件 ……72, 81, 87, 89,
　　　　　　　　178, 224, 228, 232
迂回輸出 …………………………… 228
運用通達 …………………………… 73
営業の自由 ……………………… 67, 100
役務通達 ……………………… 73, 94, 96
役務取引 …………………………… 166, 228
役務取引許可 ……………… 72, 91, 95, 97,
　　　　　　　　105, 112, 114, 164
オーストラリア・グループ（AG）… 21,
　　　23, 24, 28, 70, 75, 76, 99, 229, 234, 238
おそれ告示 ………………………… 73
おそれ省令 …………………… 73, 144

◆ か行 ◆

海外子会社の管理 ………………… 109
外国為替及び外国貿易法（外為法）… 1,
　　　　　　　　　　　　　66, 73, 99
　第5条 …………………………… 110
　第6条 …………………………… 92
　第25条第1項第一号 ……… 72, 91, 126
　第25条第1項第二号 …………… 172
　第25条の2 …………………… 130
　第48条第1項 ……… 72, 126, 152, 153
　第53条 ………………………… 130
　第53条第1項 ………………… 148
　第69条の6 …………………… 126
　第72条第1項 ………………… 127
　第73条 ………………………… 129
　──の目的 ……………………… 66
外国為替令（外為令）…………… 72, 73
　別表 …………………………… 74, 93
外国ユーザーリスト ……82-85, 88, 99,
　　　　　　　　　113, 123, 187, 229
開発等 …………………………… 229
該非（がいひ）判定 …… 75, 77, 100, 103,
　　104, 112, 120, 223, 229, 234, 236, 238
該非判定書 ……………………… 104, 111
ガウリ …………………………… 39, 52
化学兵器 ……………………………… 9
化学兵器禁止機関（OPCW）……… 17,
　　　　　　　　　　　　　　58, 230
化学兵器禁止条約（CWC）…… 16, 22, 230

247

索　引

拡散に対する安全保障構想（Proliferation Security Initiative：PSI）……33, 244
核兵器……………………………………7
核兵器不拡散条約（NPT）………16, 22, 27, 34, 230
株主代表訴訟………………………134, 139
貨　物………………………………72, 230
貨物等省令………………………………73, 74
貨物の輸出………72, 97, 116, 126, 222
仮陸揚げ……………………………156, 171
監　査……………………………………105
間接正犯…………………………………144
カーン・ネットワーク……15, 19, 36, 52, 54, 57, 59, 61, 62, 109, 134, 222
カーン博士…………………………51, 59
関連物資…………………………………18
技　術…………………………72, 231, 239
　──の移転に関する仲介取引……174
　──の意図せざる流出……………165
　──の提供………72, 91, 92, 95, 97, 112, 117, 120, 126, 222, 225
技術移転規制……………………91-97, 165
技術支援………………………94, 229, 231
技術情報等の適正な管理の在り方に関する研究会報告書………170, 190
技術データ……………………94, 229, 231
技術流出……………………………163-167
基礎科学分野の研究活動……95, 166, 231
　──において技術を提供する取引……………………………………118
北朝鮮………………………………34, 52, 55
北朝鮮向けタイ経由迂回輸出事件……31, 87, 142, 149, 186
北朝鮮向け凍結乾燥機不正輸出事件……………………………………153
客観要件……………72, 81, 82, 89, 100, 104, 144, 224, 229, 231, 232, 235

キャッチオール規制……25, 67, 71, 76, 80, 90, 91, 99, 100, 102, 104, 177, 179, 223, 224, 228, 229, 231, 232, 235, 240, 241
行政制裁………………………………130, 152
許可条件………………………………115, 129
許可の有効期間…………………………91
許可を要しない役務取引………………95
居住者………………………73, 92, 93, 163, 225, 228, 232, 238
禁止顧客リスト（DPL）………………114
経済産業大臣が定める行為（別表に掲げる行為）…82, 144, 226, 231, 232, 240
経済産業大臣の許可……………………74
刑事罰…………………………………126
懸念貨物例………………………………99
懸念貨物例リスト…………84, 85, 88, 187
懸念企業リスト（Entity List）………113
研究者…………………………………163
原子力供給国グループ（NSG）…21-25, 48, 70, 75, 76, 99, 233, 234, 238
工作機械不正輸出事件………69, 102, 135, 149, 158
公訴（の）時効……………105, 126, 233
公知（の）技術………95, 112, 117, 233
　──の提供……………………………117
行動計画………………………………217
高濃縮ウラン（HEU）………………233
項目別対比表………………………230, 234
子会社等（への）指導……………105, 109
国際原子力機関（IAEA）……16, 36, 53, 54, 58, 59, 61-63, 147, 151, 234
国際武器取引規則（International Traffic in Arms Regulations：ITAR）………………………124, 175, 244
国際輸出管理レジーム………1, 21-24, 26, 223, 234
国連安保理決議

248

索　引

1540 …… 2, 12, 18, 64, 99, 156, 170, 217
1673 …………………………… 18
1695 ……………………… 39, 99
1718 ……………………… 36, 99
国連大量破壊兵器廃棄特別委員会
　（UNSCCM）…………………… 24
国連武器禁輸国 ………………… 177
ココム ………… 24, 27, 67-70, 99, 234
個別許可 ……………… 79, 91, 240
コンプライアンス ………… 134, 196
コンプライアンス・プログラム（CP）
　→輸出管理社内規程

◆ さ 行 ◆

再処理 ……………………… 8, 35
再輸出規制 ……………… 96, 227, 234
産業スパイ ……………………… 47
三次元測定機 …………………… 63
三罰規定 ………………………… 176
自主管理 ……………………… 100, 225
仕向地 ……… 79, 81, 90, 91, 158, 229, 235
社会的制裁 ………………… 134, 152
社会的責任 ……… 105, 109, 134, 198
シャハブ3 …………………… 39, 55
シャヒーン2 …………………… 52
出荷確認 ……………………… 114
出荷管理 ………………… 105, 235
需要者確認 ……………… 104, 238
需要者要件 ……… 82, 229, 232, 235
巡航ミサイル ………………… 9, 11
準中距離弾道ミサイル（MRBM）…… 9
使　用 ……………… 94, 235, 236
仕　様 ………………………… 235
少額特例 ……………… 79, 97, 235
仕様等 ………………………… 74
据　付 ………………………… 236
スペック ………………… 236, 243
スペックダウン品 ……………… 236

製　造 ………………… 94, 236
生物兵器 …………………………… 9
生物兵器禁止条約（BWC）…… 16, 22, 237
設　計 ………………… 94, 236
善管注意義務 ………………… 139
潜水艦発射型弾道ミサイル（SLBM）
　………………………………… 10
相互確証破壊（Mutual Assured
　Destruction：MAD）………… 13

◆ た 行 ◆

大陸間弾道ミサイル（ICBM）…… 10
大量破壊兵器（WMD）………… 6, 237
　――の運搬手段 ………………… 6
大量破壊兵器等 ………… 7, 222, 237
　――の開発等に用いられるおそれの
　　強い貨物例 ……………… 85, 187
　――の拡散 …………… 11, 18, 237
短距離弾道ミサイル（SRBM）……… 9
弾道ミサイル ……………………… 9
地下鉄サリン事件 ……………… 65
仲介取引 ………………… 172, 228
中距離弾道ミサイル（IRBM）…… 10
中　国 ……………… 41, 52, 55
　――のスパイ行為 ……………… 47
中国向け無人ヘリコプター不正輸出未
　遂事件 ………………………… 128
忠実義務 ……………………… 139
通　過 ………………… 156, 170
通常兵器 …………………… 6, 26
　――に係る補完的輸出規制 …… 90,
　　　　　　　　　　　　177, 228
通常兵器キャッチオール規制 …… 90
積　替 ……………… 156, 170, 228
適格説明会 …………………… 105
テポドン2 ……………… 38, 39
デュアルユース品 ……………… 237
テ　ロ ………………… 25, 26

249

索引

同時多発テロ……………………………… 25
特定包括許可 ………… 79, 107, 237, 240
特定輸出申告制度 …………………… 102
取引審査 ……………………… 103, 237

◆ な行 ◆

日・ASEAN 行動計画 ……………… 18
濃　縮 ……………………………………… 7
ノドン ………………… 37-39, 52, 55

◆ は行 ◆

パキスタン ………………… 39, 43, 51
発射台付き車両（TEL）… 10, 39, 42, 245
パラメータ・シート ………… 230, 234
汎用技術 …………… 15, 16, 18, 47, 238
汎用品 …………… 18, 74, 75, 237, 238
非居住者 ……………… 73, 92, 93, 124,
163, 164, 225, 228, 238
非国家主体 ………………… 13, 14, 59
必要最小限の技術の提供 ………… 96
必要な技術 ………………………… 238
秘密特許 …………………………… 169
不拡散型輸出管理 ………… 24, 26, 67,
69, 70, 102, 238
武　器 ……………………………… 238
武器輸出三原則（等）…… 27, 78, 184, 239
プログラム ……………… 112, 231, 239
文書等 ……………………………… 239
防衛計画の大綱 …………………… 14
貿易外省令 ……………………… 73, 95
包括許可（制度）…… 78, 89, 90, 106, 240
法人重課 …………………………… 175
補完的輸出規制（キャッチ・オール）
…………………………………… 71, 99
ホワイト国 …… 81, 88, 171, 173, 178, 241
香港税関 ……………… 31, 142, 151

◆ ま行 ◆

マレーシア等向け三次元測定機不正輸
出事件 ………………… 63, 150, 176
ミサイル …………………………………… 6
ミサイル技術管理レジーム（MTCR）
………………… 21, 23, 24, 28, 70,
75, 76, 99, 234, 238, 241
未遂罪 ………………… 97, 128, 241
みなし輸出 ……………………… 97, 241
民生技術 …………………………… 14
民生用原子力協力 ………………… 49
無許可輸出 ………………………… 126
無形技術 …………………………… 241
無償貨物特例 ……………………… 79
無償告示 ……………………… 80, 97
無人航空機（UAV）……………… 11

◆ や行 ◆

8つの「D」 ………………………… 19
有効期間 …………………………… 91
輸　出 ……………………………… 154
輸出管理 …………… 1, 20, 21, 28,
32, 33, 64, 222, 242
――の果たす役割 ………………… 18
大学等における―― ……………… 165
法人内における―― ……………… 165
輸出管理規則（Export Administration
Regulations：EAR）……… 96, 124,
128, 244
輸出管理社内規程（コンプライアンス・
プログラム（CP））……… 99, 101-103,
106-109, 225, 228,
234, 235, 237, 240, 242
――の整備と確実な実施 ………… 79
輸出許可 ……………… 72, 90, 97, 105
――の効力 ………………………… 156
輸出者等が『明らかなとき』を判断す

索　引

るためのガイドライン ……… 187, 226
輸　出 ……………………………… 77
　　──の既遂 …………………… 154
　　──の禁止 …………………… 130
　　──の時点 ……………… 128, 154
　　──の自由 ……………… 67, 100
　　──の定義 ………… 77, 156, 171
　　──の未遂 …………………… 154
　　──をしようとする者 ……… 152
輸出貿易管理規則　→おそれ省令
輸出貿易管理令（輸出令）……… 72, 73
　　別表第 1 …………… 74, 171, 172, 223
　　別表第 3 ……………………… 241
　　別表第 3 の 2 ………………… 177
用途確認 …………………… 104, 238
用途要件 ………… 82, 178, 231, 240, 243
4 年ごとの国防計画の見直し（Quadrennial Defense Review：QDR）…… 15, 64, 245

◆ ら行 ◆

リスク管理 ……… 32, 63, 106, 134, 196
リスト規制 ……… 67, 74, 90, 95, 104,
　　　　111–114, 223, 229, 240, 243
リビア …………… 15, 19, 20, 39, 57,
　　　　59, 61, 63, 147, 222
留学生 ……………………… 122, 163
両罰規定 …………………… 127, 175
両用技術 ……………………… 238
両用品 ………………………… 238

◆ わ行 ◆

ワッセナー・アレンジメント（Wassenaar Arrangement：WA）…… 23,
　　　　25, 26, 69, 70, 75, 76,
　　　　99, 177, 234, 239, 243

◆ A ◆

AG　→オーストラリア・グループ
APEC 首脳宣言 ………………… 17, 216

◆ B ◆

BBC チャイナ号（事件）……… 19, 20, 60
BWC　→生物兵器禁止条約

◆ C ◆

CHASER 情報 …………………… 113
CISTEC　→安全保障貿易情報センター
CWC　→化学器禁止条約
CP　→輸出管理社内規程

◆ D ◆

DPL　→禁止顧客リスト

◆ E ◆

EAR（Export Administration Regulation）　→輸出管理社内規程

◆ H ◆

HS コード ……………………… 229

◆ I ◆

IAEA　→国際原子力機関
ITAR（International Traffic in Arms Regulations）　→国際武器取引規則（米国法）

◆ M ◆

MTCR（ミサイル技術管理レジーム）
　　……………… 23, 24, 75, 76, 234, 238

◆ N ◆

NPT　→核兵器不拡散条約
NSG　→原子力供給国会合

251

索　引

◆ P ◆

PSI（Proliferation Security Initiative）
　→拡散に対する安全保障構想

◆ Q ◆

QDR（Quadrennial Defense Review）
　→4年ごとの国防計画の見直し

◆ T ◆

TEL（Transporter-Erector-Launcher）
　→発射台付き車両

◆ U ◆

UNSCOM　→国連大量破壊兵器廃棄特別委員会

〈著者紹介〉

田上博道（たのうえ ひろみち）

1999年	九州大学理学部物理学科卒業
同 年	通商産業省入省
	大臣官房総務課企画室、産業技術環境局大学連携推進課、特許庁技術調査課等を経て、
2004年	貿易経済協力局安全保障貿易検査官室 室長補佐。
	資源エネルギー庁省エネ・新エネ部政策課等を経て、
2008年	経済産業省資源エネルギー庁電力・ガス事業部電力基盤整備課 課長補佐（現職）

森本正崇（もりもと まさみつ）

1996年	東京大学法学部卒業
同 年	防衛庁入庁
2000年	タフツ大学フレッチャースクール卒（修士）
	防衛局防衛政策課、装備局管理課、防衛局調査課情報室等を経て、
2003年	経済産業省貿易経済協力局安全保障貿易管理課 課長補佐
2006年	経済産業省安全保障貿易管理調査員
2008年	（財）安全保障貿易情報センター 輸出管理アドバイザー（現職）

理論と実際シリーズ
3
国際関係・政治

❀❀❀

輸出管理論
―国際安全保障に対応するリスク管理・コンプライアンス―

2008（平成20）年12月25日 第1版第1刷発行

著 者	田上博道・森本正崇	
発行者	今井 貴　渡辺左近	
発行所	株式会社 信山社	

〒113-0033　東京都文京区本郷 6-2-9-102
Tel 03-3818-1019　Fax 03-3818-0344
info@shinzansha.co.jp
エクレール後楽園編集部　〒113-0033 文京区本郷 1-30-18
笠間才木支店　〒309-1611 茨城県笠間市笠間 515-3
笠間来栖支店　〒309-1625 茨城県笠間市来栖 2345-1
Tel 0296-71-0215　Fax 0296-72-5410
出版契約 2008-5833-2-01010　Printed in Japan

©田上博道・森本正崇, 2008　印刷・製本／松澤印刷・渋谷文泉閣
ISBN978-4-7972-5833-2 C3332 分類329.200a011-a002 国際関係・政治
5833-0101：012-010-005 p264：b1500：P4500 《禁無断複写》

「理論と実際シリーズ」刊行にあたって

　いまやインターネット界も第二世代である「web2.0」時代を向かえ、日本にも史上類をみないグローバリゼーションの波が押しよせています。その波は、予想を超えて大きく、とてつもないスピードで私たちの生活に変容をもたらし、既存の価値観、社会構造は、否応もなくリハーモナイズを迫られています。法、司法制度もその例外ではなく、既存の理論・判例や対象とする実態の把握について、再検討を要しているように思われます。

　そこで、わたしたちは、現在の「理論」の到達点から「実際」の問題、「実際」の問題点から「理論」を、インタラクティブな視座にたって再検討することで、今日の社会が回答を求めている問題を検討し、それらに対応する概念や理論を整理しながら、より時代に相応しく理論と実務を架橋できるよう、本シリーズを企図致しました。

　近年、社会の変化とともに実にさまざまな新しい問題が現出し、それに伴って、先例理論をくつがえす判決や大改正となる立法も数多く見られ、加えて、肯定、否定問わず理論的な検討がなされています。今こそその貴重な蓄積を、更に大きな学問的・学際的議論に昇華させ、法律実務にも最大限活用するために巨視的な視座に立ち戻って、総合的・体系的な検討が必要とされるように思います。

　本シリーズが、新しい視軸から集積されてきた多くの研究と実務の経験を考察し、時代がもとめる問題に適格に応えるため、理論的・実践的な解決の道筋をつける一助になることを願っています。

　混迷の時代から順風の新時代へ、よき道標となることができれば幸いです。

　　　2008年12月15日　　　　　　　　　　　　信山社　編集部